组织的逻辑

THE LOGIC
OF
ORGANIZATION

丛龙峰 —— 著

机械工业出版社
China Machine Press

图书在版编目（CIP）数据

组织的逻辑 / 丛龙峰著 . —北京：机械工业出版社，2021.1（2025.1 重印）

ISBN 978-7-111-66969-2

I. 组… II. 丛… III. 企业管理 – 组织管理学 – 研究 IV. F272.9

中国版本图书馆 CIP 数据核字（2020）第 233836 号

组织的逻辑

出版发行：机械工业出版社（北京市西城区百万庄大街 22 号 邮政编码：100037）	
责任编辑：杨振英	责任校对：殷 虹
印　　刷：保定市中画美凯印刷有限公司	版　　次：2025 年 1 月第 1 版第 13 次印刷
开　　本：170mm×230mm　1/16	印　　张：23.5
书　　号：ISBN 978-7-111-66969-2	定　　价：89.00 元

客服电话：（010）88361066　68326294

版权所有·侵权必究
封底无防伪标均为盗版

———————

献给我的父母、妻子和未来的孩子。
这是我的第一本书。

赞 誉
... PRAISE ...

古人云:"树桑麻,习组织。"面料好坏并非决定于其原材料,而关键在于织法。著述写作亦是如此。

此书,以组织面对的一系列现实问题为起头,以巴纳德经典理论为机轴,开启了对组织的"编织"之旅。进而,以组织运营效率的"点—线—面—体"为纬线,以组织决策导向的"任务中心—结果中心—关系中心"为经线,为我们呈现出组织机能的"经济形态—社会形态—政治形态"的深层纹理。最后,以组织模式的客观约束与主观认定为基色渲染,以组织运行的应然与实然为明暗调节,并以一系列深入调研的企业案例为镶嵌图案,为我们编织出了一幅基于中观视角的组织全景图卷。

好的编织可以化平凡为神奇。有了这幅图,我们既可以按图索骥,去探寻解决组织具体问题的方法;也可以胸中自成沟壑,去瞻望组织的愿景与使命。丛龙峰博士的《组织的逻辑》,为这些年在全球化、网络化、数字化喧嚣中被疏离冷落的组织研究领域,注入了新的活力和希望。

——杨斌
南开大学商学院教授

把一群人组织起来，这件事情，从古至今，不知难倒多少英雄汉。组织学背后，是经济学、社会学、社会心理学、文化人类学、法学、宗教学……光是理论，就已经浩如烟海、深不可测，更何况不同历史、制度、文化环境下的实践，它们千差万别，无奇不有。《组织的逻辑》努力把理论与实践打通，是在中国情境下研究中国企业组织规律的力作。

——肖知兴

领教工坊学术委员会主席

以理论的方式写组织的书，通常都枯燥无味、难以卒读，硬着头皮读下去也往往不知所云。丛龙峰博士的这本《组织的逻辑》，一举推翻了组织类图书的这种现状，让组织理论纲举目张，令组织的逻辑"眉清目秀"，煞是好看，意味隽永，令人跃跃欲试想实操实试。

——王明夫

和君集团董事长、和君商学院院长

市面上涉及"组织"的图书不少，但能够把欧美的经典理论和中国的具体实践有机结合起来、系统地阐述组织的深层逻辑的著作，恐怕只有这一本。天天与组织问题打交道的管理工作者，书架上不妨都放上这本"准教科书"，时常翻阅，受益无穷！

——张伟俊

知名领导力教练

龙峰为我们公司服务好多年了，他能够跟高管打成一片，高管都会跟他讲知心话！有时，他比我还了解德邦！他能够直面问题，给我提很多建议。此书极其接地气，对德邦的阐述精准！此书极其深刻，值得仔细研读！

——崔维星

德邦快递董事长

这是一本作者在亲身经历多个企业组织管理的基础上，真正从实践中得出的理论指导书，每次看时，在不同的点都会有不同的启发。书中创新提出的组织机能论，能够让企业在组织能力建设过程中抓住核心，少走弯路，避免走进过度依赖通过调整组织结构提高组织能力的误区，回归组织真正的核心——机制，用机制关联能力，将能力真正组织化。此书值得放在身边，常看常新。

——高德福

喜家德创始人

龙峰很年轻，但对组织管理的理解很深，关键是他把组织的逻辑讲得很明白，讲得很通透，这点不容易，我佩服龙峰。

——贾国龙

西贝餐饮集团创始人

这是一本致敬经典又根植中国商业和组织实践的管理类图书。书中的企业案例剖析源于作者长期的跟踪研究或者作为顾问参与其中，这种致力于在中国企业的真实组织情境中去做"田园写生"式研究的努力，诚意十足，也让此书拥有了广泛的实践价值和借鉴意义。行云流水的散文式风格让此书的文字显得亲切且更具有阅读性，能够让更多的读者从中受益。

——廖创宾

潮宏基董事长

奈雪从深圳走向全国后，团队人数激增，管理难度也上了好几个台阶。让门店伙伴坚持标准给顾客超出期望的体验，整个公司在快速奔跑的同时既稳健又不断创新，这中间组织和文化建设是最重要的事情之一。从2018年认识丛龙峰博士开始，他就是我和团队的重要外脑和老师。丛博非常善于学习、总结知识，也非常善于洞察组织里每一个人的状况，既直言不讳又有温度，团队伙伴常常跟我说有困惑时喜欢和他聊聊。在这次疫情期间，丛博将自己的思考和经验整理成册，它们不单单是理论，更是经历过企业验证的实战总结，这是此书最大的价值。

——彭心

奈雪的茶创始人

龙峰博士是我在和君商学院的同学，我立志创业时写的"十年之约"毕业信一直放在他那里，他免费替我保管了3000多天。从十年前创业至今，没有一个人会比龙峰更"虔诚"地见证和守护我的"初心"。"组织"是我从创业原点便考虑的问题，我甚至花了几个月的时间来给公司起名字。至于后来的历程，更是掏心掏肺、如切如磋、眼含热泪，甚至百转千回。我对"组织"的理解，全部来自我对于人生和世界的朴素认知，所以当我读到龙峰这本书的时候，就像看到了一个新世界。本书系统性地提出了"组织机能论"和"组织形态说"，让我创业以来使用这么多年的"土办法"竟然找到了共鸣。经营组织，"如人饮水，冷暖自知"。这种感受，就是本书所描述的组织主体性和客体性的对立统一。本书不卖弄教条，内容源自熠熠生辉的商业实践。是的，如果你是一个创业者，哪怕本书能够让你有一点点开悟，也不枉龙峰博士这十二年来的精妙洞察和赤子之心。

——刘春河

赤子城集团董事长

前言
PREFACE

我为什么要写这本书

写这本书,我用了完整的六个月时间,后来又仔细改了三个月,但为了准备这本书,却用了足足十二年。六年前,我就为本书拟好了书名和大致的提纲,但直到今天,我才更有把握,是时候把它呈现在各位读者的面前了。

本书研究的是组织管理,这是我长期以来的研究领域,我对它充满兴趣。这也是一个与我们的日常生活息息相关的话题,我们中的绝大多数人一生中都要在不同的组织里完成工作与生活,它们可能是企业组织、事业单位、政府机关、非营利组织等。

组织与组织间经常差别很大、气质迥异。在有的组织中,你总能感受到同事间的热心支持,工作也更容易取得进展,你每天都充满干劲儿;但在另一些组织中,你可能经常会感受到压抑与孤军奋战的艰难,甚至每天走进办公室之前,都要进行一番心理建设,下班之后更是垂头丧气。显然，组织不仅关乎你的事业成功，也影响你的生活、你的人生质量。

尽管我们每天都要与组织朝夕相处，每个人都对其有所感受，但是当谈到究竟什么是组织，组织中的问题是如何发生的，以及如何系统性地提升组织效率等话题时，又常常觉得不知道从何说起，从何处着手。

恐怕许多人都会感到，组织管理是个很复杂的问题。似乎组织内部发生的一切，都与组织管理有关。高管意见不一，是组织的问题；部门间协作不力，是组织的问题；员工执行力不够，工作落不了地，还是组织的问题。但许多人常常还会有另一种感觉，即这一切的问题好像又不能推到组织管理上，因为组织中没有哪个特定的部门能对这些问题负责。组织管理既不是战略部的责任，又跟常规意义上的人力资源管理不是一码事儿。即使有的企业设有"组织部"，其从事的工作也主要是干部管理，而非组织管理。

但这恰恰是组织管理之所以重要的原因，以及发挥作用的地方。简单来说，组织管理涉及的是对工作的组织和对人的组织，而不是工作本身，但它却在更高层面、整体层面影响着人们的效率和工作的达成。可以说，正是组织管理在战略（或称经营）与人才（或称对人的管理）之间架起了一座桥梁。

许多时候，不是员工的执行力不够，而是他们没有得到妥当的安排，整个系统运转得不顺畅；而人力资源工作者，如果不触碰组织命题，实际上也很难真正理解业务。

组织管理是企业在成长中早晚要面对的一个问题，在早期不明显，但在后期却越来越重要。随着企业的规模不断增大，业务日渐庞杂，人员也越来越多，如何把如此多的业务和人有效地组织起来便成了一件困难的事。许多企业无法取得进一步的成长，创业者与企业家无法完成再一次的自我突破，往往就是卡在组织的问题上了。

经常有人误以为，创业者只擅长业务，不擅长管理。我认为这不大对。恰恰相反，许多创始人都是团队管理的一把好手，他们懂得如何找人搭伙，是兄弟们信任的好大哥，也能把事业做到一定规模。他们真正不擅长的，往往是从团队管理到组织管理的跨越。团队管理处理的是"直接管理"的问题，而组织管理的内涵则要复杂得多，它必须要面对"间接管理"所带来的挑战。就像在华为出台《华为基本法》之前，任正非曾面临的一个难题就是：如何给不认识的人发工资？

任正非后来感悟道："我后来明白，一个人不管如何努力，永远也赶不上时代的步伐。只有组织起千百人一同奋斗，你站在上面，才摸得到时代的脚。我放弃做专家，而是做组织者。如果不能充分发挥各路英雄的作用，我将一事无成。"

组织管理的思考方式，与业务管理、团队管理不太一样。它要求管理者必须从一个个具体的业务、具体的人中跳出来，思考整个组织的运转是否高效，并在此过程中捋顺关系、确立原则、形成秩序，然后在适当的时候打破规则、重塑组织。换言之，组织管理天然是一个系统性问题，而管理者也应具备相应的系统思考能力。

为此，我希望通过本书帮助读者，首先从整体上对组织管理的核心问题建立起一个框架性认识，即先有正确的认识，再谈适当的方法。等读完本书，当人们再聊起组织管理的话题时，如果你能够较为清晰地分辨出正在谈论的实际上是组织管理的哪类问题，它处于坐标系的哪一位置，我便会感到由衷的欣慰。

本书对组织问题的分析，主要以企业组织为蓝本，始终关心的核心问题是：如何让一个企业真正成为一个组织，并形成组织起来的力量？

企业组织是我最熟悉的一种组织类型，但我也希望，本书对企业问题的剖析能对其他类型组织的管理者同样有所启发。

本书的整体定位

近几年随着中国经济的持续发展，人们对组织问题的关注度也与日俱增。还记得2012年6月，我最初在和君总裁班讲组织管理课程时，面对的普遍是年营收10亿～100亿元规模企业的一把手，但他们中的许多人对组织的概念是陌生的。但现如今，平台型组织、生态型组织、无边界、阿米巴、合弄制、中台等说法，已经满天飞了。

但遗憾的是，这些林林总总的概念并没有让我们豁然开朗，反倒让我们更迷糊了。在我看来，许多所谓的新式管理专家离企业现场太远，幻觉严重，整天只顾着生搬硬套、制造概念，把自己也没整明白的问题给别人讲得更糊涂了。

这让我想起组织理论奠基人之一赫伯特·西蒙曾提出的警告："管理理论的各种术语的数量远超过了术语指代的新概念的数量，而且空洞的居多，这对学生会造成极为不利的影响，可能把原本非常直接的东西弄得更加复杂混乱。"

目前，组织管理领域就面对这样的麻烦。以前讲课的时候，我还有可能把一些基本问题有条不紊地讲清楚，但现在许多课一上来，学员的呼声便是："请老师讲讲移动互联网时代的组织创新吧！"有时老师讲得越"出格"，学员就越觉得老师有见识。想想这也是件挺让人无奈的事。

事实上，大多数中国企业还处于组织建设的初级阶段、发展中阶段，远远没到一味追求组织创新的时候。它们需要的是认清组织中的基本命题，并结合企业的现实需要，稳扎稳打地推进组织建设。盲目追求组织创新，反倒让不少企业走了弯路，有时甚至连补救的机会都没有了。

现在，社会上有一种对经典管理理论的"傲慢与偏见"，我当然能够理解，这就是追求进步所必然带来的副产物。但我想提醒的是，我们不能因为某一理论是过去提出的，就认定它是过时的；就像我们也不能因为某一理论是新近发明的，就认为它一定是对的，一定是好的。更有可能的情况是，经典理论在边界条件下的有效性已经得到了充分的验证，而新近理论的争议很大，有的甚至人们连其基本概念的内涵与外延都没有搞清楚。

实际上，对任何一个学科的学习，都要从基本概念、基本原理、基本方法入手，才能把握住问题的实质，否则一定是丈二和尚——摸不着头脑。读研究生时，我的导师杨斌教授教育我，"管理学是一门解释学，要把道理讲清楚，把逻辑说明白"。因此，我将本书命名为"组织的逻辑"，希望能借用一套尽可能通俗的概念体系，把组织问题的内在逻辑阐释清楚，并给出相应的管理办法。

我希望呈现给各位读者的是一本"准教科书"，这是本书的整体定位。它像传统教科书的地方，集中体现在它对学科历史的尊重，对概念的审慎使用，以及对逻辑自洽性的追求。它不像传统教科书的地方，在于我也希望它足够鲜活、有趣、好读。本书在很大程度上是一部理论演绎与现实感受相互结合的作品，同时，我也希望能用大量案例将读者带回到管理现场，使他们对管理问题建立起质感。

组织管理是我的专业、职业，也是我的职志所在。时至今日，我依然希望能把我第一次学习组织管理课程时的兴奋感觉传递给各位读者。

在我的视野范围内,尽管这些年组织管理领域出过太多本书,但依然缺少这样一本"准教科书",能够理论联系实际地把一个真实世界中的组织到底要面临哪些管理问题一次性说清楚。这也是我在六年后,仍要动笔写作本书的原因。

本书的研究视角

目前,对组织问题的主流研究常常表现出的情况是:要么过于宏观,要么过于微观,中观视角的研究通常是缺席的。

在宏观视角下,最具代表性的是对"组织构型说"的研究,如工业时代的组织 Vs.互联网时代的组织、官僚型组织 Vs.创新型组织、封闭式组织 Vs.开放式组织,等等。每一种都可以划分出许多维度和特征,并对彼此间的不同之处进行比较。但坦诚地说,这更多只是对现象的一种解释,很有思维上的乐趣,对于解决问题却帮助不大。

管理者每天面对的组织困扰,不是它究竟是 A 类型还是 B 类型的问题,更无法从特征维度上对组织进行调整,该怎么调整呢?一个企业通常是为了应对经营挑战做出一系列管理变革,最终使组织从 A 类型演变为 B 类型的,这是有可能的。但"构型说"只是对组织样貌的一种描述,它是对结果的一种总结,而不是描述组织建设真正要面对的挑战。㊀

在微观视角下,人们则热衷于对动机、领导成员关系、"场"等主题

㊀ 对"构型说"感兴趣的读者,推荐阅读《重塑组织》一书。作者莱卢用多种颜色,对以往的组织范式做出区分,诸如红色组织、琥珀色组织、橙色组织、绿色组织,并提出青色组织的说法,强调组织的自我进化能力。尽管我对此书的主要假设并不认同,但不可否认,作者提出了许多富有洞见的思考。

的研究。这些的确是组织中的重要问题,而且它们更适合被测量,换言之,其研究成果更适合作为学术论文被发表。但问题也在于,这类研究过于微观了,它们很难被用于体系化的组织建设。在我看来,组织管理首先要纲举目张,先搭起大架子,再收拾小摊子,而不能反过来。

况且,这类偏向组织行为学、心理学的研究中,充斥着大量莫衷一是、互为因果的研究结论。例如,到底是员工满意度带来绩效,还是绩效达成带来员工满意,始终也没有被搞清楚,双方总是各执一词,换一种情境就是另一番结论。这种心理上的微妙差异,当事人自己都未必说得清,恐怕永远也无法被研究明白。

创业者、企业家若是过于关注这类微观问题,就很容易走进管理的死胡同。而且,受到文化传统的影响,一些中国企业家更容易夸大"心态"对做事成败的影响,甚至认为心态对了,事就成了。但员工心态与组织绩效间的因果链条,可太长了。如果一个组织在功能上是不健全的,硬要靠员工用心力和体力去扛,这注定是不长远的,终究是行不通的。

我们更不能误以为,搞懂了人心、人性,在管理上就能一通百通。这看似是一回事,实则是两码事,否则世界上就不需要这么多学科了。况且,许多心理学家都曾做过这类尝试,试图毕其一生了悟人性,但后来发现,人性远比想象的复杂。㊀但人性在大多数情况下又表现得较为

㊀ 哲学、心理学领域诞生过许多不世出的天才和堪称伟大的作品,比如斯宾诺莎和他的《伦理学》。后来,企业情境下的心理问题又有了新的表现形式及新的问题,于是出现了工业心理学、组织行为学等研究领域。目前对组织问题的研究,通常有两种路径,一种是组织行为学(organization behavior),另一种是组织理论(organization theory),本书更偏向后者。许多人认为,人力资源管理的理论基础在于组织行为学,但我认为,人力资源从业者真正缺少的是对经济学、法学、组织理论的理解,这也导致了现有实践中的不足。关于此,我在我的博士论文《以组织内关系整合为导向的人力资源管理功能转型研究》中做过探讨。

简单。更直接的状况是，环境塑造人。我们需要创设一个好的组织环境，去激发人的潜力、善意和创造力。为此人们必须重视组织管理中的技术性问题，掌握相应的方法，而不是去试探或验证人性的可能，那显然不是企业的任务。

基于上述原因，本书希望在中观维度上，打开组织的黑箱。换言之，相对于宏观视角，本书所做的研究并不是站在组织之外，而是身处组织之中；关注的并不是组织最终长什么样子，有哪些特征，而是它究竟是如何长成这番模样的。相对于微观视角，本书并非不重视人们在组织情境下的感受，而是更看重如何创建一种合适的情境，让人们得以发挥。在这一问题上，本书将"对工作的组织"排在"对人的组织"之前，即尽管人与人之间的情感联系是重要的，但同事关系仍然排第一位，首要之事是如何更高效地完成工作。

另外，近些年许多管理者一谈起组织问题，想到的就是组织能力，进而从员工意愿、员工能力、员工治理结构等方面着手做起。但恕我直言，这仍然是人力资源范畴的问题，而不是组织管理。

组织管理首先应关注的是"组织的××"，而不是"员工的××"。组织管理要处理的是将散落在各部门、各单元的能力，有机地串联起来，乃至发挥出互补相乘的效果，这才称得上是组织的能力，而不是直接从员工处着力。为此，我们要先明确组织起来的目的，然后建立组织起来的机制，进而呈现为一种组织结构。

现在有许多研究把组织结构问题等同于组织问题，但这是不完整的，在逻辑顺序上也是颠倒的，即应当先有组织机制，再有组织结构，结构是对机制的一种呈现。这也是为什么我们研究了许多企业的组织结构图，却依然搞不懂这一组织究竟是如何运转起来的。

本书的逻辑线索

尽管本书涉及的内容较多，但所使用的概念并不多。我也希望能用尽可能少的核心概念将整本书的逻辑线索串联起来，给读者一种层层递进的感觉。

本书的核心概念只有"组织""组织机能""组织形态"这三个，把握住这三者间的关系，就能理顺整本书的脉络。

理论篇部分，第一章首先抛出了"组织"的概念。简单来说，"组织"二字都是绞丝旁，原本的意思就是"编织"；在英文中，组织的词源是organ，指的是器官，而器官就要有其功能。其次，本章在此基础上引申出"组织机能"的含义，并展开全书的逻辑线索。

"组织机能"指的是一组被有机关联起来的功能，或称能力。如果把"机能"二字拆开来看，"机"指的是"机制"，即无论是机器，还是有机体、组织体，其内部的各部分之间都有相互关系及相应的运行原理；"能"指的是"功能""能力"。从这个意义上讲，"组织机能"可转换为两个词，即"组织机制" + "组织能力"。

"组织即编织"，对应的是组织机制，诸如组织中横向的流程、纵向的层级、纵横结合的部门，乃至最终形成的画面，或称形态。"组织即器官"，对应的是组织功能、组织能力。由此，本书使组织的概念与其管理内涵之间取得了一种统一。

之所以采用"组织机能"的说法，也是想着重强调：不能离开机制谈能力。在组织维度上，如果想发挥出一种能力，便应当有一组机制作为支撑，否则这种能力还是集中于单一部门、团队或个人身上，而没有被组织化。实际上它依然是一种单点能力，算不上系统能力，或称组织能力。这就像打拳一样，仅靠胳膊的力量是不够的，还需要腰、腿协同发力，才能把整个身体的力量都发挥出来。专业运动员显然不会只用胳膊打拳，他们挥出的重拳之所以如此有力，是因为他们调用的是全身之力。

本书对组织机能的阐释分为两条线索，一条是组织机制建设，包括组织中横向的流程、纵向的层级、纵横结合形成的部门及结构等，此为本书的一条明线，并直接体现在目录体系中；另一条是机制背后的组织能力建设，此为一条暗线，体现为本书在各部分对知识、经验、功能、竞争力等问题的关注。两条线相结合，才完整构成了本书所提出的"组织机能论"。

之所以又提出"组织形态"的概念，是因为一个组织即使具备了相应的机能，但能否发挥出来，或发挥出怎样的水准，仍取决于组织的状态。这就像一个人具备了相应的运动机能，但能否跑得快、跳得高，仍取决于他的身体状态一样。

组织形态中的"形"指"形式""形状"，"态"指"状态"。"形式"与"形态"常常被混用，但"形态"更多了一重含义，即表达了一种在形式之外的、可被感知的真实状态。

在本书中，组织"机制""形式""形态"之间的关系如下：组织内部的运转机制、各单元之间的组织方式对外呈现为"组织形式"，因此"组织形态"的存在依托于组织机制、形式的存在；组织形态是组织中内在逻辑的一种衍生态，它强调了组织可被感知的那一种真实状态；反过来，人们对组织形态的感知，会影响他们的内心感受和行为选择，进而对组织机制的运行产生正向或负向的影响。

例如，有的组织中风清气正，人们一门心思做事就好了，用不着顾虑太多，有了矛盾也很容易被化解，大家都不藏着掖着，所谓"你简单，世界就不复杂"。但在另一些组织中，就要考验你的"生存智慧"了：说话做事都要小心着点；开大会很少有公开的冲突，散了会就冒出许多小声的嘀咕。长此以往，组织中便也形成了一种文化，你要么选择离开，要么选择适应，非到一定时候，你很难打破这种文化。

本书提出，组织中有三种形态：经济形态、社会形态、政治形态。这是因为组织中同时存在着三种逻辑：效率逻辑、情感逻辑、博弈逻辑。之所以如此，是因为企业组织本身就是一个多面体，它首先是一个经济组织，但同时还是一个社会组织、政治组织。虽然企业最初是为了完成工作而被组织起来的，但是有工作联系的地方就会衍生出情感联系，有人的地方就有江湖，进而对工作效率产生影响。

如此，第二、三、四章的递进关系统一由效率问题串联起来，涉及的主题及相对应的关系体现为：组织流程决定运营效率，组织层级决定决策效率，组织结构产生结构效率，组织形态影响整体效率。

第五章关注的是整体秩序之外的创新单元，它研究的不再是效率问题，而是效果问题。但能否在组织内部产生新的业务创新，仍然是对组织有效性的一种考验。这一章很像正餐之外的一道甜品，让本书理论部分的阐释在逻辑上更加完整。

实践篇部分，第六章的德胜洋楼案例，回应的是"以任务为中心的组织设计"；第七章的韩都衣舍案例，回应的是"以结果为中心的组织设计"；第八章的小米生态链案例，回应的是"以关系为中心的组织设计"。

第九章包括喜家德、德邦快递、传音控股三个案例，它们在写法上是颇为一致的,每一个案例都分成三个小节,分别是"创始人对组织的影响""组织机制问题""组织形态问题",以此回应本书在学理部分探讨最多的三方面内容。

我有意对全书做出这样的结构安排,使实践篇和理论篇对应得较为工整,以使读者从中获得更多的阅读乐趣,对案例有更深刻的理解,或对理论有更鲜活的体会。

本书的创新之处

结合上述内容,本书的创新之处与研究视角、研究主题有较强的相关性,主要体现在以下三方面。

第一,本书较为完整地提出了"组织机能论",使以往对组织问题的探索有机地统合为一个整体。从认识层面上,这样更便于读者从整体维度上把握组织问题的实质;从方法层面上,这样更利于管理者从关联、系统的角度思考组织问题,并推动组织的整体进步。

由于本书的"准教科书"定位,我没有办法完全绕开经典理论,另立一派,而且从读者理解组织问题的角度来看,也没有必要那样做,否则可能会造成更多的混乱。因此,我选取了一些管理思想史中颇具价值的理论和实践呈现给读者,并加以我的解读。但是,对组织中何为重要命题的把握,以及将这些命题以"组织机能论"形成一种新的组合,是本书的首创。

第二,本书提出了"组织形态说",以使对组织问题的阐释更接近于它在现实中的真实状态。借由"组织形态说",更容易认清组织机制与组织能力发挥之间的差距,以及组织者与组织成员之间的作用关系。更进一步，我是想用"组织形态说"在组织的理想状态（或称组织设计）与现实状态（或称组织实际运行）之间搭起一座解释的桥梁。

同时，组织形态与组织文化间的关系体现为：形态具有短期性，文化更为长期；文化总体上是对企业成功经验的一种总结，是基于企业良性秩序的一种沉淀，但形态展现的只是企业当前的真实状态；形态中相对稳定的部分也可能成为一种新的文化。除此，企业家的个人特质、用人偏好、决策导向等也会对组织形态产生影响。

第三，本书将领导力问题与组织理论相结合，从而使人们对实践中的组织问题的理解更为完整。以往的组织理论集中于探讨组织的客观合理性，最经典的莫过于"战略决定组织，组织跟随战略"；而领导力理论往往又热衷于分析领导与成员间的关系，或领导对使命、愿景、价值观产生的影响，很少涉及组织理论的内容。但在实践中，领导对组织有效性的影响却几乎无处不在，同样的组织设计，哪怕企业的客观条件完全一样，但由于领导者的差异，也可能产生截然不同的效果。

本书将组织运行中的主体性与客体性做出区分，并明确提出：组织模式的合理性，客观上是由业务的技术属性等因素所决定的，但主观上取决于企业家的内心认定。

就像我们常说的"海底捞你学不会"，根本意义上不是学不会办法，而是学不会张勇，你就不是那样的人。张勇14岁时躲在图书馆里，把卢梭、尼采、柏拉图、孟德斯鸠等西方哲学家的书囫囵吞枣地看了一遍。暂且不论他究竟读懂了多少，但是这些书帮他建立起了一个认识，就是张勇后来所说的"天赋平等的人权和尊严"。

有什么样的认识，就会做出什么样的选择。管理制度的背后，是企业家心智模式的一种自然投射。正因如此，即使你把海底捞的组织机制、管理文本、培训手册，包括张勇的个人语录等统统照搬过来，员工还是觉得不像，甚至味道都不搭！

我在长期跟企业打交道的过程中，经常感受到这一点。如果企业的商业模式要求视客为友，或把顾客当家人，企业文化也倡导温暖感，但创始人因早期经历而家长制作风严重，员工就会感到困惑，经常有一种背离感。只有当企业家的心智模式与组织管理的客观要求两者一致时，力量才能使在同一个方向上，否则早晚会限制企业的进一步成长。

企业家领导力是决定组织有效性的核心命题。企业成长的背后是企业家的成长，企业家成长的核心取决于思维、观念上的进步。对这两类成长主题的探索，从本书的第一章起就有所涉及，直至实践篇的最后一章，贯穿本书的始终。

组织本身就有"编织"的含义，本书的论述也像"织网"一样，层层叠叠地构建起来。我想把我感受到的组织管理的复杂性呈现给各位读者，也希望这种表述本身就是逻辑清楚的。

在很大程度上，本书的核心观点可以用六句话来概述：①组织管理是一类永远都不会过时的问题；②组织问题不等于组织结构问题；③仅有结构是不够的，关键是建立组织机制；④仅有机制是不够的，关键是形成组织能力；⑤组织机能能否被发挥出来，取决于组织形态；⑥组织形态能否被激活，取决于企业家领导力。我相信，读者在读完本书后再回看这六句话，会有更深的体会。

关于本书的阅读顺序，我设想有两种可能：一种是按照章节顺序一口气读完，我希望本书能让读者读起来很爽，在逻辑上不断递进，读起来有快感；另一种是先读第九章，对现实问题有一些感觉，这样读理论部分的时候可能更有代入感。

此外，在这个轻阅读的时代，本书写得有点"重"。不过，本书大部分章节都可以独立成篇，希望不会给读者造成阅读上的负担。作为我的第一本书，它也难免用力过猛。不当之处，请读者多多指正。

就像每一位热爱经济学理论的人，书架上都有一本曼昆的《经济学原理》；喜欢做市场营销的人，都有一本科特勒的《营销管理》，或里斯与特劳特的《定位》；我希望对组织问题感兴趣的读者，书架上也少不了这本《组织的逻辑》。

愿本书能对你有所启发！

目 录
CONTENTS

前言 我为什么要写这本书

上篇 理论篇

第一章 认识组织，组织起来 / 002

引言 组织学的邀请 / 002

一、组织的由来与组织三要素 / 004

组织的概念 / 004

组织的由来 / 006

组织三要素 / 013

 1. 警惕时髦的观点 / 013

 2. 回归朴素的道理 / 015

二、共同的目标与贡献的意愿 / 019

共同的目标 / 019

 1. 目标的共同化 / 020

 2. 总目标与分目标的一致性 / 022

　　　　3. 对目标的动态调整　/ 026

　　贡献的意愿　/ 029

　　　　1. 把人用好　/ 029

　　　　2. 把人留住　/ 032

三、组织成长与领导力的发展　/ 033

　　企业成长阶段论　/ 033

　　组织的复杂化　/ 036

　　领导力的发展　/ 040

　　　　1. 团队管理阶段的领导力　/ 041

　　　　2. 组织建设阶段的领导力　/ 041

　　　　3. 文化管理阶段的领导力　/ 043

第二章　组织流程与运营效率　/ 045

引言　不能离开效率谈组织　/ 045

一、点效率——分工效率　/ 047

　　科学管理的起点　/ 048

　　胖东来的岗位管理　/ 052

二、线效率——合工效率　/ 057

　　福特制与华为 IPD　/ 058

　　流程管理的四项原则　/ 060

　　　　1. 流程管理遵循统一领导原则　/ 060

　　　　2. 流程分解遵循自我管理原则　/ 061

　　　　3. 将例外事件转为例常管理　/ 061

　　　　4. 在空白地带补强管理功能　/ 063

三、面效率——部门间效率　/ 064

　　基于竞争需求明确组织重心　/ 065

基于整体协同构建流程闭环　/ 068
　　　1. 生产与销售之间的协同　/ 069
　　　2. 营销与销售之间的协同　/ 071
　　　3. 营销与研发之间的协同　/ 075
　　　4. 跨部门机制与整体协同　/ 078
　　基于责任分担匹配利益分享　/ 083
　　　1. 明确利益分享的原则　/ 083
　　　2. 落实利益分享的方法　/ 085

四、体效率——企业间效率　/ 087
　　哪些环节可以合作　/ 088
　　哪些环节应该保留　/ 090
　　哪类企业更具前途　/ 091

第三章　组织层级与结构效率　/ 095

引言　结构效率大于运营效率　/ 095

一、对组织设计基本类型的划分　/ 097

二、以任务为中心的组织设计　/ 099
　　与直线层级相关的问题　/ 102
　　　1. 权力与权威　/ 102
　　　2. 权威与组织　/ 104
　　　3. 信息的不对称　/ 106
　　　4. 管控与赋能　/ 108
　　与职能部门相关的问题　/ 110
　　　1. 部门任务 Vs. 公司目标　/ 112
　　　2. 专业能力 Vs. 高管责任　/ 114
　　　3. 职能工作对管理权威的消耗　/ 115

三、以结果为中心的组织设计　/ 116

斯隆的历史性贡献 / 119
区域事业部制 / 123
 1. 纵向结构设计 / 126
 2. 横向责任划分 / 129
产品事业部制 / 133
 1. 外在多样性与发展路径 / 134
 2. 内在统一性与管理协同 / 138

四、以关系为中心的组织设计 / 143

狭义的平台与生态 / 144
 1. 对平台与生态的概念辨析 / 144
 2. 平台企业的三种战略选择 / 147
 3. 从"中间组织"到"中间市场" / 150
泛化的平台与生态 / 152
 1. 已经发生的现实 / 153
 2. 超组织管理的选择 / 157

第四章 组织形态与整体效率 / 160

引言 非结构性控制见真章 / 160

一、经济形态、社会形态与政治形态 / 163

经济形态的特征 / 163
社会形态的特征 / 165
政治形态的特征 / 167
索尼的接班之误 / 169
 1. 从井深大到大贺典雄（1946~1995年） / 170
 2. 出井伸之的动荡十年（1995~2005年） / 172
 3. 斯金格继任与混乱七年（2005~2012年） / 174
形态背后的文化 / 176

二、组织模式的客观约束与主观认定 / 182
  技术属性与客观约束 / 183
  企业家心智与主观认定 / 189

三、组织运行的应然状态与实然状态 / 195
  没有企业是完美的 / 195
   1. 组织在空间上是不完美的 / 195
   2. 组织在时间上是不完美的 / 196
   3. 没有企业家是完美的 / 198
  增长并不等于发展 / 199
   1. 组织机能的竞争力 / 199
   2. 在长处上做文章 / 200
   3. 在瓶颈处做改善 / 201
  对组织成长进行管理 / 202
   1. 以差距为目标 / 202
   2. 在不平衡中求发展 / 203
   3. 管理的有限性 / 204

第五章　秩序之外的创新单元 / 206

引言　重大创新总来自边缘 / 206

一、为什么总有一些组织更擅长创新 / 209
  培育创新的土壤 / 210
  呵护创新的种子 / 211
  对失败保持宽容 / 212

二、如何提高创新成功的概率 / 213
  视源股份的故事 / 213
  可供参考的经验 / 215

三、如何减少内部创新的阻碍 / 217

　　警惕没有主人的项目 / 217

　　不要死在 0.9 阶段 / 218

　　别让组织政治毁了创新 / 219

下篇 实践篇

引言　穿梭在理论与实践之间 / 222

第六章　德胜洋楼的组织理性建设 / 226

一、科学理性建设——一切按程序办事 / 230

二、制度理性建设——一切按制度办事 / 235

　　制度理性建设之立法 / 235

　　制度理性建设之执法 / 237

　　制度理性建设之司法 / 240

三、道德理性建设——一切按文化办事 / 242

　　道德理性建设之敬业精神 / 243

　　道德理性建设之君子文化 / 245

第七章　韩都衣舍：小组制背后的组织能力 / 249

一、欢迎来到电商现场 / 253

二、从陆地世界到海洋世界，玩法变了 / 257

三、时尚孵化平台，做中平台式的企业 / 261

四、仅靠机制是不够的，关键是能力 / 265

第八章　小米生态链的多样性与统一性 / 271

一、从 90 分旅行箱看小米生态链模式 / 272

90 分品牌的重要事件及时点　/ 272

　　小米对 90 分品牌的帮助　/ 274

二、关于小米生态链的十问十答　/ 277

三、生态战略的外在多样性与内在统一性　/ 287

第九章　管理顾问工作带给我的启示　/ 289

一、喜家德：产品主义与以人为本的胜利　/ 292

　　创始人对组织的影响　/ 292

　　　1. 关于时间感　/ 293

　　　2. 常识感之于产品　/ 294

　　　3. 常识感之于用人　/ 295

　　组织机制问题　/ 297

　　　1. 关于产品力　/ 297

　　　2. 关于模式复制　/ 298

　　　3. 关于文化建设　/ 301

　　组织形态问题　/ 302

　　　1. 员工的工作风格　/ 302

　　　2. 干部的工作风格　/ 303

　　　3. 关于员工群体　/ 303

　　　4. 关于干部群体　/ 304

　　　5. 关于决策问题　/ 305

二、德邦快递：从管理制胜到战略驱动　/ 306

　　创始人对组织的影响　/ 307

　　　1. 长跑精神与大局观　/ 307

　　　2. 对细节的关注与对管理的追求　/ 308

　　　3. 向最优秀者学习　/ 309

　　　4. 乐观主义与直面不足　/ 310

组织机制问题 / 310

　　　　1. 总部与一线的关系 / 311

　　　　2. 一线与一线的关系 / 312

　　　　3. 总部与总部的关系 / 314

　　组织形态问题 / 315

　　　　1. 鲜明的子弟兵文化 / 315

　　　　2. 自家长成的经理人 / 317

　　　　3. 纪律严明的军队文化 / 317

　　　　4. 家庭般的温暖感 / 318

　　　　5. 德邦人的正气 / 319

　　　　6. 我与德邦这些年 / 319

三、传音控股：中国品牌出海的非洲样本 / 320

　　创始人对组织的影响 / 322

　　　　1. 谦逊的成功者 / 322

　　　　2. 超级产品经理 / 322

　　　　3. 忘我的勤奋 / 323

　　　　4. 有人情味的老板 / 324

　　组织机制问题 / 325

　　　　1. 市场驱动型的组织 / 325

　　　　2. 产品部与地区部的联动 / 326

　　　　3. 组织变阵与机制调整 / 326

　　组织形态问题 / 328

　　　　1. 文化的整体性与适应性 / 328

　　　　2. 持续成长与自我突破 / 329

　　　　3. 二次创业与组织进化 / 329

跋　未完成的组织管理研究 / 333

参考文献 / 341

上 篇
PART I

理 论 篇

第一章

CHAPTER1

认识组织,组织起来

引言　组织学的邀请

组织学看似离我们很远,实则却很近。至今为止,我们仍生活在一个组织型的社会中,我们在每天的工作与生活中都可以感受到组织的存在。

你在一个企业组织里待得还开心吗?是觉得未来充满希望,还是已有打算要离开了?

你在组织中的工作还顺畅吗?是感到相互之间的配合很给力,还是总觉得流程没理顺、结构上有掣肘?

你和同事间有认知冲突吗?是经常觉得心照不宣,还是有一些根本性问题没讲清楚?

你在组织中需要站队吗?或是,这类问题对你来说压根就不存在?

……

以上这些问题，都在组织学的范畴之内。不过，为了更好地解决问题，我们首先要弄清楚问题是什么，以及问题是怎么来的，即它为什么会发生。

实际上，对任何一个问题的研究，都离不开追问：是什么？为什么？怎么做？因此，本章的题目"认识组织，组织起来"中：

第一个"组织"是名词属性，即 organization，更多研究的是 what 和 why，即组织是什么，为什么要有组织，以及组织包括哪些范畴的问题。

第二个"组织"是动词属性，即 organize，侧重的是 how，即如何进行组织建设。

组织与我们息息相关，但真要研究起来却并不容易，好像你在组织中感受到的一切都与此相关，这门学问太庞杂了。

一般说来，对组织的研究分为三个层面：其一是微观层面，更多关心的是个体在组织中的心理感受，即什么对你产生影响；其二是中观层面，如组织流程、组织结构是其中的典型问题，它着力于从管理者的视角来看待组织，即如何建设一个更为健康的组织；其三是宏观层面，如未来整个社会将由哪些组织模式所构成，即组织生态学视角。

本书做出的选择是从中观视角切入。因为这仍然是一类重要问题：过往这些年，我们在经济上取得了长足进步，组织规模也快速增大，但人们在组织中的感受更好了吗？还是加班在不经意间越来越多了，人均效能不升反降？整个社会的幸福指数增加了吗？而对这类问题的回答，仍要回到一个个具体的组织之中，即如何进行更有效的组织管理。

因此，我有强烈的愿望写这样一本书——能够更完整地阐述组织管理的框架、体系、原则和方法，理论联系实际，以让读者能对组织管理中的基本问题有一个清晰的把握。

有必要先指出的是，组织管理指的不仅是文化管理。文化是一种观念、意识，但我们不能说人们有了意识，就自然有了能力。组织管理要解决的是把组织内部的能力形成整体关联。尽管意识和人心在其中发挥着重要作用，但我们更常面对的是，如何把不同的人组织起来，并形成组织起来的力量，所谓"和而不同"。我们也不要指望统一员工的价值观，因为人们的价值观终究是很难被统一的。

组织管理也不等同于人力资源管理，而是后者的"上一级目录"。企业大了之后，所谓的人力资源管理不是基于对人本身的管理，而是基于对组织的管理；然后把人放进去，才能让组织逐渐摆脱对个别能人的依赖——人走了，但组织的功能还在。我们不能把组织层面的问题归咎于员工，那是员工解决不了的问题。类似地，我们也不能把责任推给人力资源总监，他们通常不是组织的设计者，而只是参与组织管理。高管的责任是有限的，只有企业家、一把手才是组织真正的当家人。

当个体无论怎样努力，好像都无法冲破局面时，你很可能是遇到了系统性问题、组织层面的问题，那么——

欢迎你跟我一起，开启这段组织之旅！

一、组织的由来与组织三要素

组织的概念

《礼记·大学》中有言，"物有本末，事有终始，知所先后，则近道矣"。首先，我们还是要从本源性问题说起，即组织的概念与组织问题的由来。

"组织"二字都是绞丝旁，从词源上看，《辞海》有解释，《辽史·食货志》中说："饬国人树桑麻，习组织。""饬"是动词，意思是整顿、使有条理、整饬。整句话指的是，把国民安排起来种桑树和种麻，进而养蚕取茧，或利用麻的纤维学习纺织技术。所以最早"组织"的意思，即为"编织"。就像小时候，妈妈给我们织毛衣、编围巾，做编织。

这一概念放到管理学语境下也说得通。编织是一条线搭一条线，一横一纵，在现代组织管理中，我们可以把这条横着的"纬线"称为"流程"，把这条纵着的"经线"称为"层级"，两者叠加形成"结构"，进而把最终形成的整体画面称为"形态"。

这样，组织的一些基本组成部分、组织建设的一些基本命题，就被我们勾勒出来了——建流程，建层级，建结构，建形态。企业能否成为一个组织，能否形成组织起来的力量，也像编织一样，既取决于线与线之间的编法，必要的地方要多搭几道，也取决于每个部分、每条线自身的力量。

现任阿里巴巴集团董事局主席张勇先生说，企业一号位的人最不可推卸的责任是商业设计和组织设计，他对组织设计的理解是"在特定的时间点，解决纵和横、分和合的问题"。这是有道理的，指出了问题的关键。

"组织"作为名词在英语中是 organization，以"-ization"为后缀的这类名词通常来自拉丁语，它由"-ize"+"-ation"组合而成。organization 是"organ"+"-ization"，动词则是 organize。organ 在英语中通常指的是器官，可引申为机构。概言之，组织即"器官"。

放在管理维度上，这对我们也有启发。就像器官要在机体中发挥功能，如肺是呼吸器官，胃是消化器官，进一步说，是呼吸系统、消化系统在发挥作用，企业组织也需要各部门、单元发挥出其相应的功能，进一步说，许多功能不是由单个部门完成的，而是要形成系统性的支撑。例如，企业里的人力资源功能要由 CEO、业务负责人、人力资源部等合力实现，而不仅仅是人力资源部的责任。

管理大师德鲁克很喜欢使用"器官"作为隐喻，他在多本著作中都谈到，组织是社会的器官，管理是组织的器官。这实际上是在强调，各类组织机构要在社会中发挥出相应的功能，社会才得以正常运转；管理要在组织中发挥出相应的功能，组织才得以正常运转。

这种对功能的强调是有意义的。尤其人们经常容易把组织管理片面地理解为组织结构设计，这是不完整的。如果不付诸管理上的努力，发育起相应的组织功能，即使做了结构上的调整，组织也是运转不起来的。换言之，重要的不是组织模式，而是组织能力。

我讲过很多组织管理的课程，又长期给各类企业做顾问和辅导，我发现，让管理者对组织问题建立起感觉，形成所谓的"组织感"，常常是困难的。

这很可能是因为，"组织"是一个相对抽象的概念，不像研发、生产等概念来得那么直接。组织管理也不像销售、会计那样，是单一而具体的一项工作，是必须做的一摊事，做了之后立即就有结果，而且有一个部门作为抓手。对于组织管理而言，它必须将部门与部门之间、单元与单元之间的工作连起来思考，通常要站在更高维度上考虑整体效率最大化，而不是追求局部最优，也因此它才成为部门主管、企业一把手要经常思考的问题。

不少企业家学员都跟我反馈过，当他们听到我所说的"组织即编织""组织即器官"时，开始对组织问题有感觉了。于是我想，我们不妨把组织问题理解成"将各个器官的功能有机关联起来，形成整体协同，以让整个组织更有效地运转起来"。而我们用以连接、整合各组成部分的工具是流程、层级、结构，乃至文化。当我们对组织内部关系做新的调整时，组织形式上呈现出的变化是排列上的纵与横、功能上的分与合。

本书正是在这个意义上提出了"组织机能论"。许多时候我们一谈起组织管理，就想到组织结构设计。但只有结构是不够的，背后还要有一套运行机制。有了机制还不够，最终还要落实于能力建设，发育起相应的功能。

"组织机能"指的是一组被有机关联起来的功能，或称能力。组织机能＝组织机制＋组织能力。因此，本书在论述中，始终有"组织机制"和"组织能力"两条线索，其中组织机制对应的是"组织即编织"，组织能力对应的是"组织即器官"。

但我们先不急着对组织中的纵横、分合等问题做详细展开。就像任何组织设计都是为特定战略服务的，器官不能反过来决定生命体本身的意义。因此，为回答组织的目的是什么，我们仍要回到问题的源头——为什么会有组织？组织又因何而存在？

组织的由来

"正式组织产生于非正式组织，而非正式组织则依赖于正式组织。不过，在正式组织产生之后，它又创造了非正式组织，并且需要非正式组织。"

这段话初读起来有点绕，但仔细想想却很有道理。它是切斯特·巴纳德先生说的，此人被誉为现代管理理论之父，是组织理论的奠基人。

就像谈创新问题，言必称熊彼得，对组织问题的探讨，也绕不开巴纳德。

组织管理领域大师辈出，泰勒、法约尔、马克斯·韦伯、福列特、赫伯特·西蒙、麦格雷戈、阿吉里斯、德鲁克、明茨伯格……倘若管理学有诺贝尔奖，我估计半数以上的获奖者都要来自组织领域。但在这所有人中，巴纳德仍足够耀眼。他在1938年留下的《经理人员的职能》一书，开创了组织理论，也使后世几乎每个研究组织问题的一流学者都无法绕开巴纳德的思想，堪称一座真正的丰碑。如果本书能有幸让读者记住一位管理学大师的名字，我希望是巴纳德。

管理学最初的奠基者，大多是行走于理论与实践之间的跨界人士，巴纳德也不例外。他早年求学于哈佛大学，有很好的哲学素养，后来长期在美国电话电报公司（AT&T）工作，从20多岁直至退休，并担任新泽西贝尔电话公司总裁一职达20年之久。

巴纳德以其个人经历感悟到，来自各行各业的经理人员，尽管行业不同、职位不同，但是一聊起各自单位那点事儿，比如遇到了什么麻烦，采取了什么措施，结果如何等，只要不涉及各自的专业领域及术语，彼此间的交流并不存在什么障碍，好像有一种共同的背景似的。这是因为我们都工作和生活于组织的情境下。因此，巴纳德希望把他体会到的那种"组织感"用一套完整的概念体系表达出来，以鼓励其他学者也去从事这方面的工作。

我在读管理学经典文献时，经常会很感动。特别是像巴纳德这样的初代学者，他们对许多问题的探讨抱持着极为审慎的态度，生怕自己弄错什么，绞尽脑汁思考，从不放过自己。直至《经理人员的职能》一书的书稿完成后，巴纳德仍然感到非常遗憾，没能把他体会到的那种强烈的"组织美感"表述出来。⊖但实际上，他的思想贡献真正经住了时间的检验。

⊖ 巴纳德在《经理人员的职能》序言的结尾部分写道："此外，还有一点也是我觉得相当遗憾的，那就是我没有能够向读者表述出组织感——一种无法表述出来的、强烈的审美感，这种感情主要产生于个人习惯性的、感兴趣的深切体验。很显然，许多人之所以对组织科学不感兴趣，是由于他们没有感受到组织的艺术，没有看到其中的重要因素。由于没有乐感，所以他们往往无法理解交响乐的构成、作曲的艺术和演奏的技巧。"

移动互联网时代的传播方式，更加重了人们对"箴言体"管理哲学的偏爱。但对于经典名著、好的研究来说，结论反倒没那么重要，更宝贵的是借此体验大师的思想过程，换言之，体验他是如何得出这个结论的，从而使我们自己的头脑得到锻炼。

学习大师最好的方式并不是记住他说过什么，复述名人名言，而是借鉴他的思维方式去应对新的时代命题。以下，我们用四个问题将巴纳德的思考逻辑串起来。⊖你会发现，许多时候我们对组织的理解都未曾超越巴纳德，盲目"去组织化"的论调很可能是虚妄的。为了理解上的方便，我在阐释过程中也会举一些生活化的例子。

问题一：为什么一定要形成组织？不组织起来不行吗？

答：正式组织是从非正式组织、非正式合作中产生的。假设最初没有组织，而只有人。在这种情况下，个体成员之间仍会有社会交往，进而自然而然地产生了非正式合作。这种交往与合作之所以发生，一方面源于个体的自由意志、动机或目的，例如追求更高的目标；另一方面源于每个人在能力、经验或资源上所受到的限制。于是，便有了合作的必要性。

这符合我们的生活经验。举个例子，假如有两个司机都要通过一条狭窄的山路，但路被一块巨石挡住了，至少两个人才搬得动。可以预想，前面的司机一定得把车停下来，等第二个人来，以解除力量上的限制。第二个司机同样也需要这样的合作。这时你会发现，当两个人合作时，共同的目标是搬开巨石，但每个人的目标都是赶路，由此便有了如图 1-1 所示的个人目标与共同目标的关系。

⊖ 必须说明的是，巴纳德原著的内涵极为丰富，我在这里只是概要地展示一下他提出问题的方式。若想真正理解巴纳德的思想，唯有读其原著。中国人民大学的包政教授曾说，"不认真解读巴纳德的思想，要想在企业管理领域，使自己的'抽象思维的能力'或'把握本质的能力'达到一流的境界，几乎是不可能的"。这段话我起初并不理解，但现在却越来越认同。

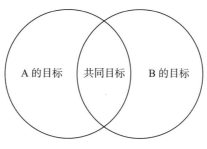

图 1-1　个人目标 Vs. 共同目标

这也埋下了合作关系中的第一个麻烦。老板有老板的愿景，员工有员工的打算，这两者不完全一致，是部分交集，而交集的部分也是合作得以维系的基础。就像西蒙说的，"组织目标一般不会与个人目标完全一致……关键问题是组织目标是否接近他个人的目标"。德鲁克认为，"公司的共同目标不是公司成员个人目标的加总。它是一个共同目标，却不是联合目标"。此是后话，等会儿再详细展开。

问题二：非正式合作何以持续？需要什么条件？

答： 非正式合作能否持续下去，非正式组织能否存续，牵涉两类条件：一是合作目标的实现，称之为"有效果的"；二是个体愿望和动机的满足，称之为"有能率的"⊖。如果一项行动达成了目标，但对个体的合作动机造成了损伤，那么虽然有效果，但是无能率；反过来，有时尽管目标没有达成，但每个个体都很起劲儿，合作仍可持续。

这一阐释未免抽象。举个例子，假设我是研究组织模式的青年学者，我的师弟张北留校任教，他跟我很要好，信任我。有一天我找到张北，希望一起创业做咨询。张北年纪轻轻，日子过得不宽裕，加上打算组建家庭，更需要用钱，就决定先试试。张北现在是每月 1 万元的收入，我跟他

⊖ 原著中是"efficiency"，在早期的译本中多译为"有能率的"，而在晚近的译本中直译成"有效率的"。考虑到上下文，此处主要与能动性、意愿有关，而不是指做事的效率，因此仍采用"有能率的"。

谈到，希望半年之后能让他每月有 6 万元的收入，这无疑对他是有吸引力的。我们姑且假设，这就是此时促成张北跟我合作的最重要的原因。

这样，半年之后有可能出现以下三种结果：

（1）创业很快赚到钱，项目不断，半年后，我完全可以给张北 6 万元月薪，甚至更高。

（2）创业不温不火、磕磕绊绊，但我还是可以给张北 1 万元月薪，对他而言等于不亏不赚。

（3）创业出师不利，甚至把我自己的钱也搭进去了，尽管做了各种努力，状况也有所改善，但还是没赚到钱，半年之后，我只能给张北开出 5000 元的月薪。

如果你是张北，你还会选择继续跟我合作吗？在第一种情况下，你一定会继续跟我合作吗？在第二种情况下，你一定会继续跟我合作吗？如果是第三种情况，你就一定不会跟我继续合作了吗？

如果仔细考虑上述三种情况，答案很可能是：视条件而定。

第一种情况，我们的合作是"有效果的"，赚到了钱，但也可能太过辛苦，透支了张北的身体，也让他没时间陪伴家人，他觉得不值得，于是终止了合作。

第三种情况，我们六个月内的合作目标没有达成，但张北觉得大方向是对的，前途是光明的，而且我们相处得不错，患难见真情，没准再坚持一下就熬出头了！这类例子在现实中也常见，就像阿里巴巴早期的创业故事，大家都拿着低薪，但干得起劲儿，甚至愈挫愈勇，觉得今天残酷、明天残酷都不怕，坚持下去就一定能看到后天的太阳！

简单地说，巴纳德是把合作后的结果反馈分成了"事的维度"和"人的维度"。如图 1-2 所示，如果"事成 × 人爽"，天时地利人和，合作继续；如果"事不成 × 人不爽"，那也没什么好说的，一拍两散；如果"事不成 × 人爽"，则业务上需要继续找出路；但怕就怕"事成 × 人不爽"，刚发完绩效奖金，结果兄弟们就撤了。这也在提醒组织者，不能眼里只有胜负，没有人情世故。

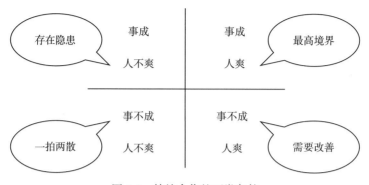

图 1-2 持续合作的两类条件

巴纳德的原话是:"组织的生命活力,在于组织成员贡献力量的意愿,而这种意愿要求这样一种信念,即共同目标能够实现。如果在进行过程中发现目标无法实现,那么这种信念就会逐渐削弱并降到零。这样,有效性就不复存在了,做出贡献的意愿也就随之消失了。同时,意愿的持续性,还取决于成员个人在实现目标的过程中所获得的满足。如果这种满足不能超过个人所做出的牺牲,这种意愿也会消失,组织就没有能率了。"

仔细读下来,这段话说得入情入理、照进生活。巴纳德始终从两个角度思考问题,一是"事的逻辑",即事情有没有办成;二是"心的逻辑",即人们感受如何。

实际上,理论书并不难读,好的理论背后总有现实参照。有时我们觉得某位老师讲得太理论化了,听不懂,这其实往往不是因为该老师所讲的内容理论性太强,而是因为其理论修养不够,难以将理论联系实际,更没法做到"深入"而"浅出"。

我很认同社会心理学家库尔特·勒温先生的一个观点,"没有什么比一个好的理论更实用的了"(there is nothing so practical as a good theory)。读那些真正好的理论书籍,每每对这句话有共鸣。

问题三:非正式组织继续下去,为何会向正式组织转化?

答: 随着非正式组织的发展,彼此间合作程度的加深,必然会逐渐强化每个个体各自的经验和特长，强化个体间的相互依赖关系，同时也促进个体间的社会性规范或称社会交往规则的形成，以协调个体之间的行为关系或社会关系。

如何理解？仍以我和张北的故事举例。假如我们合办了一家咨询公司，早期都是共同见客户，共同做项目，收入对半分，先把事业干起来再说，肉烂在锅里。但是做着做着，我俩都意识到，张北更适合谈单、做市场，我更适合做交付、做专家。而且随着合作的深入，彼此越来越离不开对方。然后张北可能会找到我，或是我找他谈：亲兄弟要明算账了，不能再稀里糊涂地五五分了。比如，三七还是六四？做市场的多拿，还是做交付的多拿？得把道理说清楚，把规则明确下来。

类似地，许多公司在早期都面对过路线之争。例如，到底是走"技工贸"，还是"贸工技"？实则也是要把内部的合作关系、交往规则确定下来，这样才能走更远的路。和君咨询创始人王明夫先生认为，民营企业在成长过程中，管理工作千头万绪，但可以简化为就做两件事：一手抓制度建设，一手抓文化建设。一硬一软，这是有道理的，为的都是形成组织规则。

问题四：究竟什么是正式组织？如何定义？

答：正式组织就得有个正式的样子。经过一番逻辑推演后，巴纳德终于给出了正式组织的定义——"有意识地协调两个或两个以上的人的活动或力量的一种系统"。

这段话可拆解为三个部分：①"有意识地协调"，说明组织中出现了正式的管理功能，以及从事管理的人，这才是正式组织，而不是"无意识地协调"。②协调什么？"协调两个或两个以上的人的活动或力量"，有可能是协调一群人，也可能是协调几种力量，例如协调子公司之间的关系。③正式组织如何呈现？呈现为"一种系统"。

哈佛商学院教授安德鲁斯曾对这一定义给予高度评价，"巴纳德所概括或提炼的概念框架，简单明了且便于应用；同时，又相当精确与复杂，可以帮助我们持续地洞察错综复杂的组织过程"。

至此，巴纳德对组织给出正式定义，组织理论由此诞生了。

组织三要素

1. 警惕时髦的观点

近些年，总有人不断提出"去组织化""砸组织""未来商业组织不再是'公司＋雇员'，而是'平台＋个人'"……好像到了移动互联网时代，一切皆变，所有都要改头换面、另辟新天了。⊖这时候，我总想追问一句：你想砸掉的组织，是什么组织？

在某种意义上，哲学就是前提批判，理论的进步是对既有假设的修正与补充。

当我们回顾巴纳德于1938年提出的组织理论时，你会发现他的逻辑是缜密的，论证是环环相扣的：首先，基于个体要追求更大的目标及自身的有限性，催生出了非正式合作、非正式组织；其次，非正式组织持续下去有两类条件，有效果的、有能率的，即事的维度、人的维度；再次，说明非正式组织向正式组织的必然转化；最后，给出正式组织的定义。

你会发现，我们是很难推翻巴纳德的前提假设和逻辑体系的。难道每个人都不再追求更大的目标了吗？难道每个人都刚好在自己的能力边

⊖ 不少中国互联网公司认为，管理要灵活化、组织要扁平化、信息要全流通，动辄出现一个CEO下面有数十个乃至上百个直接汇报者的情况。实际上，这不是什么符合管理新趋势的做法，而是管理不善的表现。而且我发现，近些年所谓的管理新思潮对大公司的影响有限，它们是过来人，更懂得明辨真伪，反倒给中小企业带来更多不必要的管理震荡，令人心疼。如果做下东西方对比，看看西方企业对待当下管理问题的态度，比如谷歌前CEO施密特写的 *How Google Works*，或是谷歌首席人才官拉斯洛·博克写的 *Work Rules*，你会发现，他们是很强调管理的，也重视组织秩序，书中还有大量学术成果引用。这两本书的中译本分别是《重新定义公司》《重新定义团队》，已由中信出版集团出版。但原著的标题及内容中可没有什么"重新定义"的意思，而就是谷歌是如何工作的，工作规则是怎样的。

界内行事，而不再依靠合作了吗？

毋庸置疑的是，在知识经济时代，人的价值、个体的创造力及重要性、自我实现的需要，都显著提升了；人们也更迫切地希望得到"自我认同"；[一]这背后又伴随着生活水平的提高，以及人均可支配收入的大幅增长等因素。每个人都对自己的生命价值更加重视，这对人与人之间合作关系的建立提出了新的挑战。它变得更难，而不是更容易了。

德鲁克曾经说过，管理知识分子是一个世界性难题。现在这已然成为现实。这是组织管理要解决的新问题，而不是说我们从此不再需要组织了。

我甚至怀疑，那些鼓吹"去管理""去组织""自管理""自组织"的所谓专家，自己从没有感受过一流的管理，也未曾体会过组织对个人的有力支撑。他们很可能是这个社会中少数的个人工作者，或是曾有过糟糕的被管理的经历，于是将"错误的管理"等同于"管理"。他们甚至厌恶"管理"这一概念本身，而反过来，又对人性抱有过高的期待，乃至美好的幻想。但是在现实中，在大多数情况下，他们提出的办法都是行不通的。

这可能是自媒体时代的一个麻烦，极端的观点总是更抓眼球，更易于传播。这常常导致那些被一再验证的经典理论与方法反而备受歧视。因此，我们有必要先批驳一些错误的看法，再导入正确的理解。"极端"就意味着与"正常"的对立，它带来的效果也很可能是极端化的。

到目前为止，企业组织仍然是人类社会找到的、能妥善解决大规模协作问题的最有效的办法。而我所看到的实情是，优秀的企业组织总是太少，中国企业仍需要向管理要效率。不可否认的是，更多人还是期望着能在华为、阿里巴巴这样的企业里，跟同事一起打拼出一番事业，并收获丰厚的回报。这种回报甚至是自由职业者永远都难以企及的——无论是物质，还是成就感。这正体现出组织的力量、组织起来的意义。

我所知道的是，即便那些广受欢迎的职场明星，在经历多次跳槽以

[一] 社会学家吉登斯在《现代性与自我认同：晚期现代中的自我与社会》中指出，在全球化背景和互联网迅猛发展的今天，我们正面临着向一种新个人主义（individualism）的转变，个人比以前有更多的机会改变他们自己的生活，构造自我认同，即"个体通过向内用力，通过内在参照系统形成自我反思，由此形成自我认同"。

后，也会明白企业不仅是利益交换的竞技场，或者一个经济性组织，而且还是社会承诺的来源。大多数人既希望通过就业使自己最大限度地在经济上得到回报，同时，又渴望在企业里得到一种家庭般的归属感。企业组织也应当在社会中发挥出这样的功能，这是社会得以稳定与安宁的前提之一。

组织居于社会与个人之间的缓冲地带、抗风险地带，"个人—组织—社会"三位一体的社会结构被证明是有效的，而绝不仅仅是观念层面的"平台＋个人"那么简单。

2. 回归朴素的道理

继承性创新是本书秉持的态度。尤其对组织问题而言，太多顶尖的头脑对此进行过深入的思考，我们不妨先看看他们的思路有无可取之处。

在给出正式组织的定义后，巴纳德谈到对组织的管理。在他看来，为了使组织的动态过程能够持续，就必须进行有意识的协调，必须发育出相应的管理功能。因此，维持"共同的目标"与"贡献的意愿"之间的动态平衡，就成为管理问题的来源。这依然是延续之前"有效果""有能率"的分析思路。

巴纳德谈到，"实现共同目的的可能性和存在愿意为这个共同目的做出贡献的人，是合作努力体系的两极。使这些可能性成为动态过程的，是沟通与交流""所有同效果或能率（组织存在下去的要素）有关的其他实际问题，都要以沟通体系及其维持为基础"。

巴纳德研究的是组织理论，但书名却定为《经理人员的职能》。因为他很清楚，任何管理职能都必须落实到管理者身上，而经理人员的第一项职能就是建立和维持一套沟通体系。巴纳德提出，组织的存续有三个要素：共同的目标、贡献的意愿、信息的沟通（见图1-3）。

只有这三个要素，已近极简。在这样删繁就简之后，组织的单纯性及其本质特征却凸显得异常明朗。组织可以很大，也可以很小。一个小的组织可以没有流程、层级、部门，也可以没有办公场地，没有IT系统，等等，但只要它是一个正式组织，就不能没有这三个要素。反过来，再大的组织,如果少了这三个要素,也不行。

图 1-3 组织三要素模型

组织三要素提供了一个很好的分析与解决问题的思维框架。它可以提醒我们这些做管理工作的人,当无法把大家团结起来,难以形成组织起来的力量时,不妨想想到底是哪儿出了问题:没有共同的目标、贡献的意愿?还是缺乏有效的沟通?

尤其管理者自身就处在信息沟通体系的"交叉点"位置上,扮演着沟通纽带的角色。许多企业的当家人,每天的工作就是了解情况、召开会议,然后做出工作和人事安排,等等。尤其对那些已不再直接管理业务的一把手,就更是如此了。但是你真的有采集、处理、传递信息的能力吗?下属真的认你吗?他们愿意跟你说实话吗?敢跟你讲实话吗?你制定的决策、新的目标,更多的是出自一厢情愿,还是民心所向?下属接受你的指令,是因为他们真的信任你,还是因为你是领导?领导力归根结底是 personal power(与人相关的权力),而不是 position power(与职位相关的权力),权力不等于影响力,真正为你赢得尊重的是你的行为、你这个人本身。反过来说,没有什么比每天在做着自己并不认同的事,对工作意愿伤害更大的了。

我们需要注意到的是,正式组织是从非正式组织在非正式合作中演变而来的,也就是说,企业中人与人之间的关系,根本意义上是一种合作关系,而不是雇用与被雇用的关系。雇用关系只是企业组织经济属性的一种选择与体现而已。不要以为老板跟员工签了劳动合同,就可以肆无忌惮地发号施令——把劳动合同忘了吧！在具体的合作中，大家都是人。况且，企业能买到的只是劳动者的时间，买不到真心实意的努力。

反过来，不妨问问：如果不是为了钱，他还愿意在这家企业干吗？还愿意跟着这位领导干吗？还愿意从事眼下这份工作吗？实际上，当我们尽量把报酬因素剥离之后，就更能看清目的与意义本身，看清组织本身所具有的力量。

巴纳德在《经理人员的职能》的最后部分，格外强调了领导力对形成组织合力的关键作用——"领导是各种合作力量的引爆剂"。越是在复杂不确定的外部环境中，越需要通过树立某种信念来鼓舞人们坚持下去、合作下去，而这一切与领导者自身的责任心、道德感密不可分。这也符合我们的日常经验，即所有人都在框架之内忙碌着，但领导者是能影响整个框架的人，只有领导者能为整个组织赋予一种精神的力量。

长期研究华为的田涛先生在《下一个倒下的会不会是华为》一书中谈道："华为最核心的精神动力机制之一是吹大牛——坐而论道。"

华为创立之初的前10年，每到晚上9点左右，任正非经常性地端着一个大茶缸，来到研发人员简陋的办公室，把大家叫到一起"坐而论道"。20多岁的小青年们被任正非一通激励："你们好伟大啊！你们今天干的事情比贝尔实验室做的事情还要伟大……"然后，"吹完牛，（大家）就觉得浑身有使不完的劲儿"，接着去加班、去奋斗……有时夜里很晚了，"老板又把大家拉出去吃夜宵，又是一起豪气冲天"……

1993年之后的持续多年，华为每年的销售额都翻番增长，每到确定下一年的销售目标时，大家都普遍认为"不可能完成"，但每次都能够突破整个组织心理的天花板极限。长期主管市场体系的胡厚崑说，"每年都是拍脑袋定目标，年年都完成了"。所以，每到年底市场部开大会时，市场部的几百人、几千人集体站起来唱一首老歌：《真心英雄》。

什么叫组织愿景？说到底，它是一种组织牵引力。为什么那么多优秀的知识青年愿意追随任正非，那么多"枭雄式"的"李云龙"愿意集结在统一的旗帜下，向着同一个目标前进，就是因为这个目标或者愿景足够远大和宽阔，能够寄托和容纳他们的个人雄心、远大抱负、成就感。

巴纳德认为，"作为整体的创造职能，是领导的本质，是经理人员职能的最高考验……这一职能就是一种同化剂，把信念传达到组织的各个成员中去，传达到服从于所有正式组织的非正式组织中去。没有这一职能，所有组织都将趋于灭亡。之所以如此是因为，在使自愿向组织贡献力量的人产生依附于某个组织的愿望的各项因素中，这一职能是不可缺少的一项重要因素，没有任何诱因可以代替"。

显然，这一切都离不开有效的沟通。如果借用领导力理论来说，就是企业家要学会讲故事，尤其是学会讲三种故事，⊖以获得组织成员的理解与认同，共享组织愿景。

第一，"我是谁"的故事：通过讲述自身经历，建立信任关系和情感纽带，并帮助追随者发现自我，建立起他们自己的身份认同感。

第二，"我们是谁"的故事：讲述组织中的人的共同经验和信仰，以生动形象的价值观讲述指引和激励员工。

第三，"我们向何处去"的故事：关于公司业务是什么以及将来如何获得成功。既有理性层面的思考，又在情感和行动层面唤起人们的热情与参与。

人为金钱而工作，为理想而献身。如果你在一个真正有理想的企业里工作过，并看着理想一天天成为现实，就会由衷地感到：没有什么比参与成长更让人热血沸腾的了！

从这个意义上讲，领导者是经营希望的人，他要为整个组织赋予意

⊖ 这是哈佛大学教授霍华德·加德纳的观点。诺埃尔·蒂奇在《领导力引擎》中引用过这一观点，但最初的想法来自加德纳。关于故事的作用，赫拉利在《人类简史》中表达过类似的看法，他认为想象力，也可以说讲故事的能力，让人类成为唯一能够进行大规模有效合作的物种。人类总是能生活在双重现实之中，除了客观现实，还有虚拟现实，比如上帝、货币、国家、公司等。这些"想象的现实"，使人与人之间的合作不需要彼此熟悉，只需要认同同一个故事即可，比如同一套法律规则、同一种宗教信仰。

义。就像稻盛和夫先生后来感悟到的，"经营企业并非要实现自己的梦想，而是要维护员工及其家庭的生活，不仅是现在，还包括将来""所谓经营，就是经营者倾注全部力量，为员工的幸福而殚精竭虑；公司必须树立远离经营者私心的大义名分"。

好一个大义名分！有这样的领导力，何愁形不成组织力？

正如巴纳德在著作结尾写的："领导的质量、其影响的长久性、有关组织的持续性以及所引起的协调力，都表现着道德抱负的高度和道德基础的广度。

"因此，在合作的人群当中，可见的事物是由不可见的事物推动的。塑造人们的目的的精神，是从'无'中产生的。"

以上，我们借助巴纳德的概念体系把组织管理的核心命题抛了出来。尽管谈起组织，许多人的第一反应都是与组织结构、部门设置有关，但三要素更为根本。三要素更像组织的神经系统，而组织结构更像骨骼。接下来，目标与意愿⊖、组织建设中的领导力，是我们要在第二、第三节中阐述的问题。

二、共同的目标与贡献的意愿

共同的目标

组织起来的第一个难题是，作为合作系统的组织，其整体目标并不直接等同于每个人的目标。尽管我们希望组织中的所有人、各组成单元都朝着同一个方向努力，"心往一处想，劲儿往一处使"，但这从来都不会自然而然地发生。要想形成整体性的力量，必须首先在目标管理上投

⊖ 本书没有对"信息的沟通"单设章节。一是因为组织内的沟通场景无处不在，甚至可以说，无时无刻不在沟通；二是因为沟通更接近一种手段，而不是目的，不能为了沟通而沟通，而是为何事而沟通。但沟通的确是一个非常重要的问题，对组织氛围、内部创新都有显著的影响。因此，本书做出的选择，一是在"共同的目标与贡献的意愿"小节涉及沟通，如目标的共同化；二是在第四章涉及组织形态、第五章涉及内部创新的部分，对沟通的意义、沟通的方法、沟通对组织的影响等内容多有涉及。

入更多的努力。

德鲁克曾经谈道:"由于现代组织由专业人士组成……因此,组织的使命必须像水晶一样透明。组织必须目标明确、一心一意,否则其成员就会感到困惑,只是埋头于自己的专业,而不是把自己的专业知识用来完成组织的共同任务。"

这的确非常重要。但对于许多中国企业来说,关于共同的目标,首先要面对的问题还不是统一于明确的使命——在我看来,使命驱动型的企业终究是少数,大多数企业在创业时都没有明确的使命,而是走着走着才想明白做企业的目的——更经常要面对的问题是,如何让目标真正成为"共同的",即目标的共同化。

1. 目标的共同化

每到岁末年初,我都会收到一些企业一把手的提问:如何做战略分解?如何做战略落地?

但许多时候,问题的核心不是战略是如何分解的,而是战略是如何形成的。我常常遇到的情况是,企业误把财务性指标当成战略目标,比如,收入增长20%,成本下降8%,但这不是做战略,况且20%与8%之间很可能没有逻辑关联,而是一拍脑袋就定下来了。财务性指标不等于战略,指标不代表共识,我们更不能用下指标来替代管理行为。

人和人之间达成真正意义上的共识是很难的。换言之,"共同的目标"很难一蹴而就。

就我的经验而言,共识的达成通常要完整地走完四个步骤:①对现状的共识;②对问题的共识;③对原因的共识;④对举措的共识(见图1-4)。许多时候,我们想跳过中间的环节,直达"对举措的共识",但往往欲速则不达,很可能大家连"对现状的共识"都没有达成,连问题到底是什么都没搞清楚。

要想让人们努力工作,就必须赋予他们工作的意义。人们当然会关心工作的目的:为什么要做这个工作?这一举措能解决问题吗?为什么要解决这个问题,而不是那个问题?最终又回溯到:我们眼下到底是什么状况？你是怎么看的？

图 1-4　共识达成四步法

显然，组织中的目标是成体系、分层级的。大的目标要分解成小的目标，每个层级有每个层级的目标，各单元要形成各单元的共识。

我们没必要让最基层的员工都能领会最高层的战略意图，毕竟共识和沟通的达成，是以相似的情境、经历与体会，以及共同的语言为先决条件的。但上下级之间的目标要对齐，以避免目标与执行的割裂。未经共识的目标制定和目标管理，通常很难被人们实质性地接受及认同，而组织的力量也由此消损。

最值得警惕的一定是方向性错误，它对组织的损伤最大。这些年我一直在跟踪和调研不同企业的发展，经历与见证这中间的起落悲喜，因此更加坚信：没有不同意见的会不值得开，没有反对意见的决策不值得做。

有一种错误的思维方式在企业界还蛮流行的，即决策就应该是老板的事，下属不要跟老板讨论目标，该讨论的是资源。我不认同，这是明哲保身，但在拿企业冒险。就我所知的实情，企业家绝非全知全能，他们常常也会不知所措，甚至不知道找谁商量；反过来说，如果企业家什么都懂，什么都会，那他为何要高薪聘你做高管？

事后观之，大多数企业都不是被竞争对手打败的，而是被自己打败的；不是在市场上被打败的，而是败在了指挥室里。尤其对那些上了规模的大企业，通常是自己做了错误的决定。但在做出错误决定之际，企业内部一定有明眼人识别出了风险，但他们没有说出来，没有条件说出来，或不敢说出来。这是令人遗憾的，不要到结果发生的时候才追悔莫及。

大多数公司所需要的内部企业家精神与创造力，其实早已存在于组织之中，但却被内部压抑的环境所抑制或削弱了。

这也是我们之所以要首先讨论"目标的共同化"、强调战略共识重要性的原因——创设一个好的组织环境，让大家敢讲真话，让不同意见自然涌现。反过来，一个能听到下属不同意见的一把手是幸运的。

古语说，"众谋独断，详虑力行"。遗憾的是，现实中的情况常常是，既没有"众谋"，也没有"详虑"，甚至还没有"力行"，有的只是"独断"。

最可悲的战略会现场，莫过于老板做的每个决定，哪怕是一句即兴之语，也被属下奉若神明。

2. 总目标与分目标的一致性

总目标达成后，要解决总目标与分目标一致性的问题，这仍然需要各部门、高管共同参与进来。

有一次，华为战略部高管在与我们的交流中谈道："一个战略不能是老大一拍脑袋想好，就让兄弟们去执行。这样是不行的，一定要大家共同参与这个思考过程。一个人如果他参与到这个过程中，甚至很多东西都是他贡献的，那么他执行的时候，那种坚决的程度，以及他对战略方向的坚定和信仰程度、执行力，完全是不一样的。"

这个观点是对的。从人际关系学说来看，参与感是合作意愿达成的必要条件。但更为重要的是，在这一过程中，各位高管能更清楚地看到，自己所负责的分目标与总目标之间到底有什么关系，即部分与整体、部分与部分间的关联。从这个意义上讲，参与感及参与过程只是手段，目标的一致性才是目的。

华为做战略管理时强调"宏微观互锁"，阿里巴巴喜欢讲目标通晒、"晒KPI"，实际上要解决的都是目标一致性的问题。

需要指出的是，总目标与分目标的关系不仅涉及总公司与分公司、集团与事业部、总部与区域之间的关系，还要解决总部与总部、部门与部门之间的关系，换言之，不仅是上下楼之间的关系，而且是左邻右舍间的关系。许多时候，企业各单一模块的纵向关系问题都不大，执行力很强，但模块之间的横向拉通，常常是不及格的。

这才算真正意义上的战略分解，而不是"下指标"。企业需要的是战略解码的过程，借此把战略逻辑梳理清楚，平时也围绕战略开展工作，而不是成天接受老板指派的任务。

关于战略分解，由于涉及众多关联，要想把彼此间的关系真正捋顺，这类会议通常要吵得不可开交，但吵完了就好了，就可以各自散去，分头行动了。我主持过许多次这类会议，说真的，吵吵闹闹是好事，怕的是吵不起来，把问题闷在心里面，闷在组织里面，但迟早会爆发出来。到时候就不是事前管理了，而是事后收拾烂摊子。

这其中，战略部门的作用很关键。企业小的时候，其业务规模和管理规模有限，分的逻辑还不明显，创始人就是企业的战略部，由他来解决合的问题。但是企业大了之后，各部门要解决的问题日趋多样，专业性也越来越强，部门间的关联关系则更是复杂。各部门都难免站在自己的立场上想问题，并捍卫自身利益。这时候就需要战略部居间协调了，把事实摆在桌面上，把道理讲清楚，最终谋求目标的统合，把战略卷起来。

在此过程中，企业家最好不要过分插手。在一个组织里，创始人通常是自带权威感的，他即便想参与讨论，但如果语气稍重一点，说出的话就成了行政命令。有时其观点即便是力求中立、不偏不倚，但最终都不知道会被解读成什么样子。

如果一个企业家只在乎自己的想法，不考虑其他人的感受，那么这个企业中就不可能有真正意义上的共识，甚至也谈不上有什么"决策"，有的只是企业家的个人"决定"而已。

小企业和大企业不是规模上的不同，而是性质上的不同。"大企业"不是大的"小企业"，它们需要不同的管理逻辑。许多企业大了之后，创始人不直接管理业务，开始迷上文化管理，在组织内部大兴"使命—愿景—价值观"运动，好像做企业一定要有使命，有崇高感。于是创始人想问题越来越宏观，稍有不慎，企业就容易患上"战略使命化"的毛病。但实际上，这时候企业往往更需要的是"战略路径化"，解决道路问题，否则一定会导致理想与现实间的断裂。

要想实现组织起来的力量，首要的是把人们的工作目标、方向统合在一个路线上,这是更务实的做法。但目标管理只是组织管理的一部分,而不是全部;它只是开始,而不是结束。否则我也没必要写这样一本书了。

在进行目标分解、处理部门协同问题时,我经常看到的情况是进行目标绑定,把 A、B 两个部门负责人的绩效奖金也绑在一起;或是成立一个委员会,既然是各部门共同的责任,就大家一起来承担;或是做跨部门的项目拉通,按项目制考核。

这类愿望是美好的,但效果通常很有限。我们真正要追求的是"业务流"在部门间自然而然地通过,称之为"业务贯通"(见图 1-5),而不是在组织上打补丁。如果在业务逻辑上没打通,部门之间孰轻孰重、谁先谁后的关系没理顺,即便把目标与考核绑在一起,也没有用。换言之,组织内部当然要有重叠的部分,但重叠的部分越少越好,补丁越少越好。就像一件衣服上要有口袋,但我们需要的不是一件满是口袋的衣服。

图 1-5 组织管理的三个维度

注:这是我在对企业进行长期研究的过程中总结出的一个模型。就实践性而言,高管共识、业务贯通、体系健全等三方面,是大多数企业在组织建设中都要面对的核心问题。高管共识,在学理意义上对应的是方向性问题、共同的目标,也事关企业内部的稳定;业务贯通,在组织维度上主要对应的是流程与结构建设,对应的是"组织即编织";体系健全,对应的是业务和流程背后的标准、体系、知识与能力建设,对应的是"组织即器官"。这三方面当然不是组织管理的全部,但可以作为组织建设的核心抓手。

所谓"机能",指的是一组被有机关联起来的功能,或称能力。对组织能力的管理,是要将散落在各部门、各单元的能力,有机地串联起来,乃至发挥出互补相乘的效果。本书之所以要旗帜鲜明地提出"组织机能论",道理也正在于此。

不过，我们在此处更多只是强调目标一致的重要性，而参与战略分解的过程有利于培养部门级干部的全局观，同时也可以作为启动管理变革的第一步。先总后分的逻辑能有效地避免基于局部最优做改善，从而谋求整体利益最大化。

记得我在2019年7月参加西贝莜面村的半年会时，创始人贾国龙先生问过我一个问题：为什么许多组织最终都会膨胀起来、人浮于事？我回答：专业部门常会有自我强化的倾向，许多专业人士也会努力让自己看起来很忙，但许多工作跟真正重要的目标无关。

许多时候，部门级干部更需要退出画面看画，这样才能看清楚画的是什么，才能牢牢记住自己做事的根本目的，否则很容易不自觉地掉进专业深井，陷入业务细节之中。他们工作不可谓不进取，但在大方向上却跑偏了。

阿里巴巴有一个管理理念值得借鉴，叫"上一个台阶看问题，下一个台阶做事情"。这样更利于把组织内的目标体系勾连起来。

近几年，目标与关键成果法（objectives and key results，OKR）日趋流行。某种意义上，OKR是对僵化的指标管理体系的一种纠偏。不过在我看来，KPI依然管用，并没有过时。KPI同样也强调在行动之前看清目的，只是经年累月之后，人们太容易把KPI体系与"错误的KPI体系"等同起来，太容易将KPI与自上而下的指令式管理一概而论。OKR在其发明人英特尔传奇CEO安迪·格鲁夫看来，是一套"非常非常简单的系统"，无非在强调目标和关键成果的重要性。OKR的好处之一就是，通过目标的公开化、透明化，不断地促进双向沟通，让每个员工都将个人目标与总体计划紧密地联系起来。

值得提醒的是，企业内的绩效问题分为组织绩效与个人绩效。组织绩效承接的是战略目标达成；个人绩效对应的是个人业绩承诺，即通常意义上的绩效管理。OKR主要是一套绩效管理工具，而不是战略工具，很难直接用于战略分解、战略解码。OKR对在团队内部达成绩效共识行之有效，但要处理部门与部门间的目标关联，不如采用战略工具，如华为的业务领导力模型（business leadership model，BLM）、业务执行力模型（business execution model，BEM）。

OKR 有助于提升个人绩效的自主管理性，即自己管理自己，但是跟组织层面的自驱动、自约束、自协同可完全是两码事儿。我发现，有些企业家误以为 OKR 是一套用于自组织的工具，那真理解错了。我可以给出一个明确的结论：自组织不可能自然而然地发生，它不是管理初级阶段的产物，而只可能是高级阶段的结果。事实上，你只要想想人们有多不愿意委屈自己，就会知道组织绩效有多难达成。

3. 对目标的动态调整

关于共同的目标，除了目标的共同化、目标的一致性，还要面对的一类问题是对目标的动态调整。

这经常是一个难以避免的悖论：一方面，计划赶不上变化，但又不能不做计划，任何企业的资源都是有限的，哪个企业可以不做预算管理呢？另一方面，商场如战场，如果前线的局势有变，指挥官又不及时做出调整，那必然让将士们失望，大家明知道这样下去赢不了，又硬要往前冲，于是越来越没信心，整个队伍开始离心离德。

尤其在这几年，只要你参加管理论坛，总会有几位嘉宾的开场白是："我们正处在一个 VUCA 时代，易变性、不确定性、复杂性、模糊性……"⊖好像一切都在变得短期化，产业周期缩短、产品周期缩短、商业模式的可适用周期缩短，等等。企业的处境方生方死、朝不保夕，在

⊖ 许多人可能会以为，VUCA（volatility、uncertainty、complexity、ambiguity 的缩写）一词出现在移动互联网时代，但据我读过的资料，VUCA 最早出现在 20 世纪 80 年代初，当时的英特尔总裁安迪·格鲁夫开会时就用过这类说法。也就是说，很可能在过去 40 年间，每代人都觉得自己处在 VUCA 时代。日本一桥大学教授楠木建通过对日本经济新闻的研究发现，在过去几十年间，媒体中总是充斥着"现在正是动荡时期""过去的做法已不再适用"这类论调。北京大学教授马浩在 2008 年为其管理文集《没话找话》撰写的自序中也谈到，只要你随便翻开一本商业畅销书，就会看到作者不厌其烦、不由分说地谈到，"传统的管理模式已经不再管用了，企业的管理者必须采用本书中首次推出的全新的……"。看来，虚张声势地喜新厌旧，一直是过往很多年间的常态，跟互联网时代的到来无关（很有可能只是加重了程度，但未改变性质），跟国别关系也不大。但遗憾的是，如果它一直存在，那恰恰也说明了状况始终没有变好。

这样的背景下，还谈什么目标管理？要什么计划性？不如以变应变！

但真的是这样吗？借用一句时髦的话来说，"宏观是我们必须接受的，微观才是我们可以有所作为的"。况且，具体到某一行业、某一业态，很可能什么都没有变，消费者还是一日三餐地过日子，根本性的需求还是以往那些。往往"现象在变，本质未变"，才是真的。

对目标的动态调整，可以分成以下三个维度来阐释。

第一是目标管理的周期性问题，即多长时间调整一次目标为宜。

企业的目标管理通常要应对两类问题，一类是经营性问题，一类是战略性问题。我们不妨做个通俗的解释：经营性问题是那些让你一想起明天、后天、下一周的处境，就辗转反侧的问题；而战略性问题是那些当你一想起明年、后年该怎么办，就睡不着觉的问题。

短期有短期的应对，长期有长期的准备。总体上，目前许多企业采用的长期计划与短期计划相结合的方式，并无大碍，也没过时。比如，华为的战略管理要做3～5年的长期规划，每年滚动调整，同时也要输出年度计划。阿里巴巴则提倡"看十年，做一年"。毕竟，核心竞争力的构筑总要以长时间的投入为代价，否则也形不成护城河。倒是近几年，许多企业的目标管理越来越短期化，这反而加速了企业的短命。

至于对高管的绩效考核是以半年还是一年为宜，更是没有一定之规，最重要的考量因素是绩效回馈周期。如果一件事做了之后很快就有结果，那么快点考核也无妨。但如果这件事很长时间之后才可能有回报，那么就不适合短期问责。也就是说，合理的方式是视情况而定，分属性、分类管理。

第二是涉及组织的结构设置的问题。换言之，之所以计划赶不上变化，既不是计划的问题，也不是变化的问题，而是谁应该对计划的灵活性负责，这件事在组织上没做出妥善的安排。

实际上，许多时候之所以出现对僵化的管理体系的抱怨，是因为既定的绩效方案不再能反映真实场景下的经营需求，进而动了奖金的"奶酪"。但管理体系经常是下一层次的问题，一把手更值得思考的是：是否需要更灵活的机制安排？按照本书的说法，结构效率＞运营效率。先考虑结构性问题、机制设置，再考虑运营问题，即管理体系的问题。

尽管近几年，管理学的发展趋势是主张经营重心与管理重心下沉，但落实到一个企业的管理选择，仍要具体问题具体分析。如果企业的经营需求，在时空结构上发生了分化，消费者的诉求不一致，各区域的竞争态势也不同，那就有必要分而治之，授权给一线。换言之，你不能用同一套打法同时打赢多个战役。反过来，如果现阶段的竞争要点还是规模优势、总成本领先，那么相关举措则有必要由总部统管。

每一种管理方式既然有其优点，就有其代价。这背后仍然是一个算大账、算小账的问题，视其要解决的主要矛盾而定。

第三才是管理体系的问题。当环境变化、管理僵化的时候，组织内部经常会催生出两类猫鼠游戏。一是预算游戏，是指标计划和实际达成之间的博弈。比如，如果预算达不成，是计划错了，还是执行不力？如果计划有变，达成率要不要调整？统计口径要不要调？二是利润游戏，是成本分摊和奖金分红之间的博弈。它们分属同一个公式的两边，成本摊多了，利润分享就少了。这种账若是真算起来，没完没了。

实际上，体系一定是为目的而服务的，而不能反过来。如果经营目标要变，管理体系跟着变就好了，只要把道理讲清楚，反而可能更符合人心所向。许多大企业之所以费心费力地构建管理体系，是因为规模大了，靠人管人管不过来了，因此要靠体系管人，通过管理体系确保程序公平，进而保障奖金分配的结果公平。在静态环境下，这是一套很管用的办法；但是在动态行军中，体系的存在就难免限制活动的自由，难以因地制宜地开展业务，这常常是令人纠结的管理问题！

但是在根本意义上，考评体系是一套人为产物，而不是一种客观存在。企业内的奖金分配，无论用怎样科学合理的方案保驾护航，它都是一种二次分配，反映的不是市场行为的结果，而是一种管理行为的表达。因此，考评结果、奖金分配是否合理，取决于人们对管理的权威性是否接纳。企业小的时候，这种权威性是由企业家个人承担的，大了之后，才转由管理体系承担。但问题在于，当分配不合理的时候，人们可不会仅仅怪罪于管理体系，而会认为管理者脑子糊涂。尤其对于高管阶层，最终一定会怪到企业家的头上。

想清楚这一点，当真正需要对目标进行调整的时候，我们无须再追问：那么管理体系怎么办？真正值得关心的问题是：一把手的领导权威还足够吗？

贡献的意愿

与"共同的目标"相对应的是"贡献的意愿"。这算得上管理学中研究得最多，也最成熟的领域。如果说"共同的目标"更多考虑的是组织的目标如何得到个人的认同，那么"贡献的意愿"则要面对个人的需求如何得到组织的满足，以达成组织与个体之间的统一。

既往的研究与实践可划分为正反两个方向，且都触及了问题的核心。方向之一是，如何把人用好；方向之二是，如何把人留住。

这两者之间有重合之处，但仍然可以称为"一体两面"。比如我们经常说，"员工因公司而来，因主管而走"（join the company, leave the manager），即人们加入公司和离开公司的理由是不一样的。另外，当员工选择离开的时候，公司和直管领导可以有更多的反思：有没有管理制度的问题？管理者要承担哪些责任？还有哪些改进空间？

1. 把人用好

我们常说，管理要知人性、懂人心。如果掰开揉碎了讲，这得用上一本教科书的篇幅。但最关键的是做好以下三方面。

（1）管人的努力：心理预期、成长前景、成长关怀、感知到的公平等。

（2）管人的能力：业务能力与管理能力、与人协作的能力、发掘潜力。

（3）管人的心态：客观看待自己、客观看待他人、心智成熟度、突破思维惯性、开放的心态等。

具体到实操层面，除人对人的影响之外，组织可以通过哪些方式满足员工的需求？在这方面，约翰·E.特鲁普曼教授提出的总薪酬理论（total compensation）概括得最为全面，他也堪称这一研究思路的集大成者。

总薪酬理论又称全面薪酬理论、360度薪酬理论，通常是将薪酬因素按两种类别属性划分：一种是将薪酬分为经济性薪酬与非经济性薪酬，另一种是将薪酬分为内在薪酬和外在薪酬。总薪酬的组成要素通常可划分为如图1-6所示的四个象限。办法大概就这么多了。

图1-6 总薪酬的组成要素

资料来源：约翰 E 特鲁普曼. 薪酬方案：如何制定员工激励机制 [M]. 胡零，译. 上海：上海交通大学出版社，2002：32-34.

但我想从一个新的角度提出解释，这也是一种新的划分方式，即管理者还要关注哪些薪酬因素是带有组织属性的。这些薪酬因素可以加强人与组织之间的联结。

试想一份薪酬，如果员工在A企业可以获得，在B企业也可以获得，那么这位员工为什么非要待在A企业不可？这背后值得思考的是：员工和企业间的关系到底是什么？仅仅是一个交易关系吗？如果一名员工把自己最好的青春年华交给了这家企业，难道他不是更有资格去分享这家企业的成长？这样才是对等的，才是符合公平正义的。

哪些是具有组织属性的薪酬？我列举出以下四种代表形式。

（1）内部晋升，它传达的是企业对自家员工的尊重，就像《基业长青》中所主张的那样，最终收获的是自家长成的经理人。

（2）长期雇用，不一定非要体现为年功工资，也可以是身份象征、荣誉感。这是组织正义的一种表现。显然，同等条件下开除一位老员工比裁掉一位新员工更容易招致不满。

（3）利润分享，如员工持股制度，增进"我们在一起"的感觉，分享组织成长。

（4）福利计划，金钱之类的物质性激励是一种一般等价物，但针对性的福利计划还表达了管理者的心意。

我想特别谈一下长期雇用。目前这一问题在许多中国企业，尤其民营企业中并不显著。毕竟我们的企业总体上年头还短，员工也以中青年为主，甚至许多互联网企业中都是年轻人，35岁以上就算老了。但这迟早是个重要的问题，不能把责任都推给社会，毕竟人们是需要工作的。这件事也不必马上就做，但得先有这方面的意识。

我还记得，2019年有一次我去参加某私董会⊖，该私董会主要由年轻创业者构成。有一位创业者问我："该如何对待那些已经跟不上企业成长的老员工？"我回答："你当然可以请他们离开，但我更建议适当保留，比如安排到后勤支持部门，也可以负责工会。"

她对我的回答并不满意，反过来问我："为什么可以把业务上不再胜任的员工，安排到后勤岗位？"这时，另一位受邀参会的教授说话了，他已60多岁，满头白发，他说："姑娘，你说的没错，但我提醒你，你有一天也会老的。"那一幕，我始终难忘。

是啊，人是会老的。员工不仅是劳动力，更是人本身。人们不仅有进取的需求，也有退养的需要。

在组织行为学看来，个体在群体中的心理需求主要有五种：公平感、成就感、安全感、归属感、危机感。其中就包括就业安全感，这自然是重要的。实际上，无论是内部晋升，还是长期雇用，背后都在传达一种

⊖ 私董会，即"私人董事会"，英文原名 peer advisory group，又称总裁私享会，是一种企业家学习、交流与社交的模式。私董会以小组形式存在，一般15～20人一组，成员相对固定，有1～2名教练，其余由相互间没有竞争关系但经营规模类似的企业一把手构成。一般双月举行1～2天活动。该模式自1957年发源于美国，在西方已有60多年历史，国内做得比较有代表性的机构包括伟事达中国、领教工坊等。

员工与企业相互投资、相伴成长的管理哲学。相较而言，这样的组织方式当然也更可能赢得更高的员工满意度、更低的流失率。

还有一些企业果断采取了"非升即走"的做法，比如麦肯锡这类咨询公司，但是它能让员工在离开时具有更强的"可雇用性"，在社会上更有价值。这类公司往往也有很好的雇主品牌，令许多年轻人心向往之，其实背后表达的也是一种员工与企业相互成就的管理理念，对人的成长负责，体现了对人本身的尊重。

2. 把人留住

如何把人留住？我们常说，以事业留人、以感情留人、以待遇留人。背后则是要考虑几种匹配关系：人与岗位匹配、人与组织匹配、人与人匹配，即与能力相关的问题、与组织环境相关的问题，以及与直接主管是否合得来。

马云说，员工离职总结起来无非两种原因：钱没给够，心委屈了。说得很对。但最多的委屈还是老板给的、直接主管给的。尤其对高管来说，尽管也有发展机会、激励因素等方面的原因，但许多时候，与老板的不匹配才是最主要的原因。

员工离职通常都有两次：第一次是心理上的离开，第二次才是身份上的离开。作为直接主管的你，能否在第一次时察觉到这种心态上的变化？

人是原因，也是答案。员工不是每天跟制度、跟文化打交道的，员工是每天跟他的直接主管打交道的，他的工作投入度在很大程度上与直接主管的用心程度有关，与直接主管拿捏分寸的本事有关。这比一切的组织结构设计、制度安排都更有力量。概言之，在没有前途，也没有管理者善意的组织平台上，没有人愿意付出更多。

尤其在现在的职场上，两类"不差钱"的员工变得越来越多了。

第一类是高级管理人才。他们中许多人的职业生涯是被一流外企、民企所成就的，之后希望在成长型企业中开启事业的第二春。这本来是一件好事，但常常令人遗憾的是，其中不少人还是对创始人的成熟度、管理体系的成熟度抱有过高的期待。他们"见过体系"，但没"建过体系"，更不了解自身的重要责任之一就是陪着老板走弯路，而任何一家企业的管理体系都是内生性的，只能靠长出来，不能靠搬过来。高管与老板间的感受往往是相互的，经常导致的结果是匆匆入职，匆匆离职，这中间浪费的机会成本比财务成本大得多。

第二类是新生代员工。特别是当"95后""00后"大批步入职场之后，他们的生存之忧恐怕比此前任何一代的职场新人都要少；他们对企业及主管每天要面对的压力，未必有感同身受的理解，但对自身的感受却较为敏感；他们也更有条件"裸辞"，导致我们用了很多年的"物质性激励"这一管理抓手，变得不再牢靠。这背后当然是社会进步的表现，但另一方面，也对组织管理能力和领导力提出了新的挑战。

三、组织成长与领导力的发展

企业成长阶段论

企业是一步步长大的，不同阶段要解决不同阶段的问题。

尽管读商学院的时候，同一年总是要上很多门课，每门课看似都很重要，但企业在成长过程中遇到的问题与挑战，却往往是渐次展开的。任何一个企业的资源都是有限的，但是比人财物资源更稀缺的，是创始人的注意力资源。

值得思考的是，你所在企业的竞争优势处在哪个阶段、哪个段位上？关键是抓主要矛盾，或矛盾的主要方面。在每个成长阶段，要同时处理的事总是很多，但最重要的事只有一件。

进一步说，组织管理是一个企业迟早要面对的问题，是成长过程中的一道坎，但未必是你眼下就需要关注的重点问题。换言之，组织管理不是对任何阶段的企业都至关重要（见图1-7），我想要首先强调这一点。

第一阶段外部环境的顺风车，核心是拼产品和时运。在创业早期，企业往往要赶上一轮外部环境的顺风车，做许多事才更容易事半而功倍，如消费需求的爆发、技术规模化应用的前夜、产业转换的窗口期等。许多创始人在事后回忆时都会谈到运气成分,刚好在不经意间踩对点儿了。

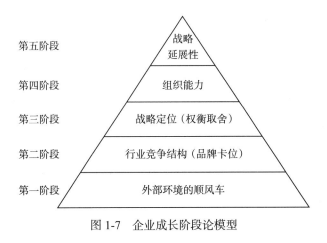

图 1-7 企业成长阶段论模型

做企业总是"大的道理"管住"小的道理",行业＞经营＞管理,取势至关重要,即在踩准趋势的前提下,以产品创新突围。

第二阶段是拼品牌。创业创新有一个"羊群效应",即头羊赚到了钱,跟随者很快蜂拥而至,行业竞争环境迅速从蓝海变为红海。此时如何能让消费者在众多选择中优先选择到你,便成了核心问题。于是,许多企业开始致力于营销与品牌建设,例如率先抢占消费者心智,成为某一细分品类的第一品牌。这背后规模化扩张的速度也很关键,原因是,你必须有足够的体量才能撑住品牌声量,否则机会很可能被别人抢走。

第三阶段是拼战略定位,考验的是企业家的定力。创业者早期的思维方式普遍都是发散式的,通过不断试错而试对,往往同时运行着多个项目或业务。尤其随着早期的成功,自信心与资金的积累还会助长这类创新活动。但接下来,精力就顾不过来了,况且不是每块业务都有前途。此时,选择不做什么比选择做什么更重要,要聚焦主航道。否则业务上七七八八、大大小小,很容易过早步入集团化管控的境地,被迫采用财务导向的底线式管理,最终麻袋装土豆、集而不团,遗憾地错失掉在主干业务上持续做大的机会。

第四阶段才是拼组织能力。这时企业已经度过了之前的拼产品创新、拼销售、拼品牌、拼战略、拼运营模型优化等阶段，难以取得下一步的成长，往往就是卡在组织问题上了。

企业什么时候才会遇到组织的难题？不同行业的情况不一样，年营收与估值都无法准确反映企业内部的管理复杂度。但通常来看，劳动密集型企业，如餐饮连锁，要等到人员规模上千，甚至破万；资金密集型企业，如地产公司，年营收至少要达到 10 亿元以上；技术密集型企业，如互联网公司、咨询公司，"人上一百，形形色色"，创始人开始被各类协调问题搅得心烦意乱，他发现自己的时间像黑洞一样被吃掉了，时不时地后院起火，再也回不到每天攻产品、做业务的日子了。到这时候，就需要重视组织管理了。

许多人谈起组织管理，都会想起《华为基本法》，它具有明显的示范性。《华为基本法》是从 1995 年萌芽，1996 年正式定位为"管理大纲"，到 1998 年 3 月审议通过的。华为 1995 年的销售额是 14 亿元，员工 800 多人。1997 年销售额 41 亿元，员工 5600 人。这还没算上通货膨胀等因素。不妨做下参照。

第五阶段是战略延展性。当主营业务遇到增长瓶颈、成长极限时，适时启动二次创业。企业未必做得越大越好，许多管理问题恰恰是规模不当所导致的，但人员需要成长，人有向上发展的欲望，因此企业的持续发展也要有足够的想象空间。

值得提醒的是，目前社会上对"第二曲线"的过度宣扬是一定会出问题的。这导致了许多企业不去反思"第一曲线"为什么没有做好，反倒希望用"第二曲线"去掩盖"第一曲线"的问题，结果只能带来成倍的麻烦。⊖

如果你把主力部队用于做"第二曲线"，那就不是战略延展性了，而

⊖ "第二曲线"的概念，最初是由英国管理哲学家查尔斯·汉迪提出的，指的是企业现有业务的发展规律往往逃不开 S 型曲线（"第一曲线"）的规律，即都会经历一个起步、腾飞、平稳、衰落的过程。如果企业能在第一曲线到达顶峰之前，找到带领企业二次腾飞的"第二曲线"，并且第二曲线能在第一曲线达到顶点前开始增长，弥补第二曲线前期投入的资源（金钱、时间和精力）消耗，那么企业永续增长的愿望便有可能实现。

是换项目、换赛道。那很可能不是抓住了更大的机会，而是掉进了增长的陷阱，换来了虚假的繁荣。

我常跟企业家说，增长和发展是两个概念，体量的增长不等于体质的增强，就像肥胖不等于强壮。而且据我观察，那些后来把企业做强、做大、做久的企业家，通常都不是业务能力极强的、聪明绝顶之人——这点在传统企业中更为常见。换句话说，他们最突出的不是发现机会的能力，而是把握机会、留住机会的能力。

组织的复杂化

业务成长与组织成长的逻辑不完全一致。但业务上的变化，通常都会反映在组织上。有效的组织方式也会促进业务的发展。

一般来说，组织成长与管理复杂度的提升直接相关。在某种意义上，组织成长就像种子、胚胎的发育一样，需要不断经历细胞分裂、功能分化，然后形成新的结构、组合及系统。

组织成长的路径，最常见的是按以下四种维度，展开形式上的变化。

业务范围：单产业单产品→单产业多产品→相关多产业多产品→非相关多产业多产品（见图1-8）

业务范围上的变化，最明显地体现为业务条线的增加，即产品线丰富化、产品多样化、产业多样化。背后还可能涉及两类业务延伸：其一是价值链的延伸，例如从销售环节进入生产环节，或渠道商推出自有品牌；其二是产业链的延伸，例如进入上下游产业。

通常，产品线丰富化不会引起组织结构上的变化，产品多样化可能带来的是多产品事业部制，产业多样化则体现为集团公司下的不同事业群。不过，业务条线的增加与管理复杂度的提升有时是两码事，数量的增加是次要的，涉及性质上的变化才更根本，例如第一次运作双品牌，第一次进行价值链延伸或第一次涉足新的产业。

区域范围：本地性企业→区域性企业→全国性企业→跨国型企业→全球化企业（见图1-9）

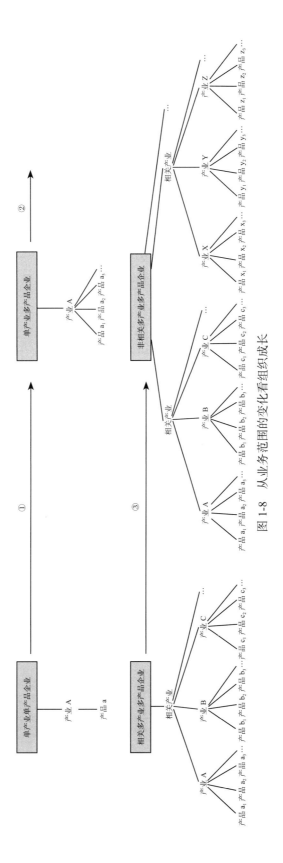

图 1-8 从业务范围的变化看组织成长

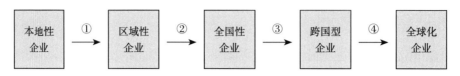

图1-9 从区域范围的变化看组织成长

区域扩张最常见的原因是拓宽销售渠道,大多数连锁型企业的扩张都可以归于此类,从区域品牌成为全国品牌。许多跨国型企业的地区部,也只是销售功能。而全球化企业强调的则是"全球化思维、本地化运作",即属地性更强,乃至一区一策。

许多时候,企业在进行区域化扩张的同时,也伴随着产品多样化,于是形成了多产品、多区域并存的状态,称为"航空港"模式:不同的航空公司就像不同的产品线、品牌线,区域相当于机场地勤,这就要涉及更多的管理协调。

互联网公司因其产品虚拟化、交易在线化,往往会大幅延后地理范围上的扩张,但在业务形态上则可能更早跨越地域界线,进入全球化企业阶段。

组织结构:混沌状态→直线职能制→矩阵制→事业部制→总分公司和母子公司制(见图1-10)

这背后伴随着的是横向流程分工、纵向决策分工的日趋复杂化。经济学家威廉姆森认为,组织结构只有三种基本类型,即直线职能制、事业部制、母子公司制,其他形式多为变形。[一]这在很大程度上仍然是对的,不因移动互联网时代的到来而改变。

[一] 威廉姆森将组织结构分为U型、H型、M型三种结构。U型结构(united structure)指的是一元结构,又分为直线结构(line structure)、职能结构(functional structure)、直线职能制(line and function system)三种形式。H型结构(holding company,H-form),指的是控股公司结构,常以企业集团的形式存在。M型结构(multidivisional structure)指的是多元结构,事业部制是其中典型的代表形式。为理解上的方便,文中将U型、M型、H型转述为直线职能制、事业部制、母子公司制。

图 1-10　从组织结构的变化看组织成长

矩阵制经常是介于直线职能制与事业部制之间的一种过渡模式。它不符合传统的统一指挥的组织原则，例如，项目组由来自不同部门的专业人员组成，项目组成员要向项目负责人和部门负责人双线汇报，因此有强矩阵、弱矩阵之分⊖，但它的好处是节省了资源的重复配置，因此也常用于新业务孵化，当孵化成功后，则转为事业部制进行管理。

矩阵制也可能长期存在，例如上述的航空港模式，它是一种折中模式，因此经常要在产品条线和区域条线之间做出选择，究竟以哪条线为主？哪条线为辅？如果以产品线为主，地区部则更像销售渠道；如果以区域线为主，区域分公司则相当于区域事业部。

资本结构：业主制企业→合伙制企业→股份制公司→公众公司（见图 1-11）

图 1-11　从资本结构的变化看组织成长

合伙制与股份制是两种不同的选择，概言之，有限合伙企业可以成为上市公司股东，但只有股份有限公司才能上市。

当资本介入、企业上市后，组织管理又增加了新的复杂度，即董事会治理及对决策机制的管理。但在我看来，目前许多中国上市公司还没有真正遇上这方面的麻烦，随着企业交接班、股权稀释、股东结构复

⊖ 强矩阵指的是，项目负责人的权限大于部门负责人，对于技术复杂而且时间紧迫的项目，适合采用强矩阵制；弱矩阵则是反过来，部门负责人的权限大于项目负责人，对于那些跨部门的交界面比较清晰或简单的项目，适合采用弱矩阵制，项目负责人更像协调人员而非领导者。

杂化，组织中政治形态的一面才会显露出来。

综上所述，伴随组织成长、管理复杂化而来的，是对管理能力、协同效率的重大挑战。就像企业史学家钱德勒的研究表明的："企业的效率、财富的创造，源于专业化分工基础上的协同，源于管理的有效性，而不单纯源于资源配置的方式。'协同'涉及人的主观意愿、自由意志和情感诉求，这是企业组织的本质，也是'管理'的核心命题。依靠管理实现有效协同，是组织的力量源泉，是财富创造的内在秘密。"

但组织的不完美才是常态。组织在成长的过程中总是从一种非均衡态过渡到另一种非均衡态。站在任何一个具体的时点看，组织中各部分及之间的关系都是不平衡、不匹配的；然后做出管理调整，并由先发展起来的部分带动其余部分；一旦各部分之间的匹配度增加，往往带动企业的综合能力再上新的台阶，实现阶段性跨越。在此过程中，创始人、管理层及员工应以正确的心态来对待成长中的烦恼。

领导力的发展

与企业成长、组织复杂化相对应的是领导力的发展。[⊖]其中最关键的就是企业家领导力。实际上在企业成长过程中，人们对创始人的看法与期待也在潜移默化地发生着改变：最早创始人是大家的"头儿"，之后是"组织者"，最后成为"精神领袖"。这背后对应着三个阶段：团队管理阶段、组织建设阶段、文化管理阶段。

企业家领导力强不强，除了个人特质，最重要的是能否始终做好三件事：①指明方向；②发挥人际影响力；③长期以身作则。这与组织三

⊖ "领导"和"管理"是经常被拿来做比较的一对儿概念，也经常容易把人弄迷糊，因为领导者和管理者在企业中几乎是同义反复，所有的领导者都要从事管理，而所有的管理者也都要有领导行为。但这的确是两个概念、两个不同的词。从词源上来看，管理（manage）的词源是"manus"，意思是"手"，指的是用手处理事务，使之井井有条。领导（lead）一词来自印欧语系词根"leith"，意思是"跨越界限"，即领导是要改变现状，去到别的地方；而管理是基于现状，让复杂的事物处于一种有序的状态。因此，本书对"领导"的界定是引领众人去他们从未去过的地方，而"管理"是为了实现有限资源的有效利用。

要素，即共同的目标、贡献的意愿、信息的沟通，在逻辑上是一致的。但不同的阶段有不同的侧重。

1. 团队管理阶段的领导力

企业尽管不是在一开始就要面对组织问题，但组织的基因很可能是从团队只有不到 10 人时就埋下了，包括对待工作的态度、制定决策的依据、人与人之间的相处之道等，甚至到后期还会影响整个组织看问题的方式，成为价值观的重要组成部分。

关于如何带团队，每个人的心得不同。但值得提醒的是，团队成员要相处，而不要相互评价。最好，最初大家都是"高素质的普通人"，能力是在过程中培养出来的。早期团队最好以一个人为中心，而不是同时有多个头领。精英搭伙创业，往往初期如蜜糖，长期行不通。精英分子通常是自我引导的，是向着不同方向"朝圣"的，与精英一起工作经常是一个"搏傻"的过程，而不是比谁更聪明。成员间的争强好胜对组织是不利的。

优秀的个人 ≠ 高效的团队，自我表现式批评他人会毁了组织。

很多组织行为学领域的研究都印证了这一点。谷歌曾发起了"亚里士多德"项目[⊖]，用以研究团队的成功因素。该项目得出的重要结论是，团队成员心理上的安全感是最重要的。

还记得 2018 年春天，我在剑桥大学访学时，一位剑桥教授介绍了类似的研究成果：冠军赛艇队通常不是由个人冠军组成的，导致个人杰出的因素恰恰也是导致他们难以与人相处的因素，而这显然会影响配合的默契度，对团队赛是不利的。从这个意义上讲，做管理、做组织经常要对抗的是人与人之间的比较之心。

2. 组织建设阶段的领导力

从团队到组织，最重要的是实现从"直接领导"到"间接领导"的跨越。

⊖ 该名称是对这位哲学家的名言"整体大于部分之和"的致敬。

团队小的时候，所有人的表现都在一把手的视线之内，团队属于直接领导模式。但到了间接领导阶段，就要明确组织规则、强调制度建设了。而随着组织的丰富化与复杂化，建流程、建部门、调结构都成为此阶段的关键任务。

杰出的领导力教练戈德史密斯有一句名言"What got you here won't get you there！"（今日不必以往），强调的是企业成长的背后，创始人必须要完成一次次的自我突破。

在组织建设阶段，一把手要适时地完成角色转型：从抓业务到抓管理；从做生意到做机制；从琢磨产品到琢磨人；从经营客户到经营员工。多数中小企业的再发展、持续发展难以进行，卡就卡在这个问题上了。其背后是心态上的转变。

小企业的领导者，其内心的成就动机往往都比较强，凡事勇于争先，长于较量，否则业务上也很难出头。但随着企业规模变大，创始人离一线工作越来越远，就越需要创始人有一种"悬挂能力"——勒住成就动机，发挥影响动机。创始人在心态上应有一种"退居二线"的感觉，即在幕后发挥影响力，把冲锋陷阵的成就感留给其他人。

我常跟这一阶段的一把手说："放下你的冠军意识，不要总是跟你的下属较量。"否则经常导致的结果就是"大树底下不长草"，即创始人在哪个领域强，哪个部门的管理者就长不大，然后形成恶性循环，甚至彼此都觉得备受伤害。

有一个有意思的研究结论。库泽斯与波斯纳两位领导力专家，在考察了数千个最佳领导力的案例后发现："在访谈最佳领导经验时，那些卓有成效的领导者，使用'我们'这个词的频率大约是'我'的三倍。"

因此我常向企业家建议，无论你对自己一个人做出的战略规划多么确信，都有必要花点儿时间，跟高管团队充分地务虚、充分地研讨、充分地辩论，这样才有可能对战略方向达成真正意义上的共识。

遗憾的是，这类建议在第一次提出时通常都不会被采纳。但有意思的是，这类共创会几乎在每次开完之后，都有超出预期的收获。有很多次，创始人在结束后兴高采烈地跟我说，终于感受到了组织的存在，感到自己身后有一股巨大的力量。

实际上，这就是做组织建设的过程，也是领导力提升的过程，而且完成的是从个人领导力到组织领导力的跃迁，使企业进一步的成长成为可能。

3. 文化管理阶段的领导力

从组织建设到文化管理，其核心特征是以组织理性超越企业家的个人理性。人们对组织的信赖关系从早期的企业家崇拜，过渡到制度崇拜，最终实现制度文明。因此，在严格意义上这不能算是一个管理阶段，而是长期建设的一种结果。在这一过程中，创始人对企业的影响方式从有形的影响转变为无形的影响。借用李嘉诚先生的话说，创始人早期在企业中是"建立自我"，但最终要"追求无我"。

企业最重要的是做好两件事：一是文化的沉淀与传承，这里企业文化指的不仅是使命、愿景、价值观，更需要系统性地总结企业的经营之道与管理纲要，是第一代创业者想问题、做事情的思路与方法；二是接班人的培养与选择。

大多数中国企业还没有经历过交接班，以美国 GE 公司超过 140 余年，历经 10 余任董事长的历史经验来看，交接班最关键的是两条：①避免如同基因复制一样的继任计划，"GE 公司的大多数人都会以史为鉴，但同时他们又对历史持一种积极的蔑视态度，"伊梅尔特如是说；⊖ ②当你退休的时候，放手让你的接班人接管并领导公司，而不要进行任

⊖ 通用电气公司（General Electric Company，GE 公司）的历史可追溯至 1878 年由爱迪生创立的爱迪生电灯公司，后由摩根于 1892 年与其他企业合并，成立 GE 公司。伊梅尔特是第九任董事长兼第十任 CEO。截至伊梅尔特，GE 公司的历代领导人，包括查尔斯·科芬、欧文·扬 & 杰拉德·斯沃普、威尔逊、科迪纳、博奇、琼斯、韦尔奇等，执掌公司的时间全部在 9 年以上，而且每一代继任者都延续着文化上继承、业务上创新的传统。遗憾的是，伊梅尔特的继任者弗兰纳里，尽管也经历了 GE 公司长达 6 年的严格考核、筛选，但仅仅 14 个月后就宣告离任，由丹纳赫前 CEO 卡尔普于 2018 年 10 月继任董事长兼 CEO，他也成为 GE 公司历史上第一位从外部空降的一把手。不过对于一家企业来说，能够历经 140 余年、10 余任 CEO 而不衰，无论如何都是了不起的成就。GE 公司的管理经验是值得学习的。

何干涉。

实际上，关于如何实现有效的治理，上溯到柏拉图和亚里士多德的年代，人类社会就形成了两种并行不悖的方式：一种是立宪主义，即政治或组织的治理必须建立在一个清晰的结构之上，如古罗马的法典、立法精神；另一种是自古希腊以来所重视的"君主教育"，即最为紧要的是统治者的性格和道德准则。显然，这两种方式至今有效。放在企业组织的维度上，前者强调的是管理力，后者侧重的是领导力。

在移动互联网时代下，许多人提出组织要"去中心化"，但在我看来，仍不可"去领导化"。我们很难设想一种没有领导的组织生活是什么样子的，相反，越是在复杂不确定的环境下，越需要领导者为人们点燃理想，注入希望。

但随着 5G 时代的到来，信息流通必将更加充分，社会关系必将更加平等，人与人之间的"权力距离"⊖也会显著缩短。所谓"你若端着，我便无感"。社会文化一定会影响企业文化的转变，近几年管理新趋势中不断提倡的授权、赋能、分享、协作，在某种意义上也是对组织成员日趋强烈的自主意识的一种呼应。

因此，要做出改变的不是领导力，而是领导风格。"命令—执行""听话—照做"的方式，就快行不通了。在过往的中国企业中，创始人与管理层的关系更像"领唱+和声"。面向未来，期待能有更多交响乐团式的组织涌现出来，其中有指挥，也有首席演奏家与乐手，他们通力合作，彼此欣赏，相互成就。

⊖ "权力距离"是组织行为学中的一个概念，衡量的是"一个社会对组织结构中权力分配不平等的情况所能接受的程度"。在权力距离大的文化中，下属对上级有强烈的依附性，等级观念明显；在权力距离小的文化中，员工参与决策的程度高，下属在职责范围内享有更多的自主权。总体来看，西方文化下的权力距离指数较之东方文化下的更低，例如，西方人之间可以直呼其名，而我们更习惯用尊称与敬辞。

| 第二章 |
··· CHAPTER 2 ···

组织流程与运营效率

引言　不能离开效率谈组织

之所以有组织，首先是因为有分工，组织对应分工后的整合与协同。

亚当·斯密最早在《国富论》中提出分工理论，即分工带来专业化，每个人重复做简单、有限的工作，于是单人效率大幅提升。企业的持续增长、管理效率的提升，都离不开专业化分工；反过来，规模不经济、协同不起来，问题的源头往往也要回到分工。

组织内有两种最基本的分工体系，横向分工与纵向分工。分工后如何再次形成一体化的关系，是组织管理要解决的根本问题。

横向分工体系是先把一件完整的工作，分解成一项项专门的活动。有分就有合，"分工"对应"合工"。把分解后的专业化工作重新连接与整合起来，就产生了组织流程问题。而把一件完整之事在组织内从头到尾做完，从投入到产出，从起始到终止，走完一个"工作流"，对应的是企业运营问题。换言之，横向分工体系对应的是运营效率。

纵向分工体系，表现为企业里的层级关系。最基本的有高层、中层、基层等上下级关系，这样在组织中构建起目的—手段的链条、指挥—执行的链条，每一层级的工作既是其下一层级的目的，又是其上一层级的手段。换言之，"高层做正确的事，中层正确地做事，基层把事做正确"。每一层级决策与活动的合理性只能在其上一层级决策的基础上进行评价。因此，纵向分工体系对应的是组织中的决策效率与执行效率。

将横向分工与纵向分工所产生的各层级、各部门、各单元再重新耦合起来，就产生了组织结构问题，也相应带来如何提升组织结构效率的挑战。

现在许多企业所主张的信息化、数字化、智能化建设，总体上是为了优化横向分工体系的运营效率；组织扁平化，主要是为了提升决策效率；而对前台、中台、后台的机制设计，则是通过提升对资源、能力的复用，进而提升整个组织的结构效率。这样，便更利于我们在理论与现实间形成参照，分清实践问题所涉及的研究范畴。

我们对组织问题的探讨离不开对基本概念的设定。组织中的流程、层级、结构，以及人与人之间的关系，既相互依存又相互制约，交织成组织形态，即组织的形式与状态。组织形态是最终的结果，而不是形成的原因。组织就像编织一样，一条线搭一条线，横线、纵线与彼此间的关系不断叠加、累积，最终形成整体画面，如同组织形态。

对于组织管理来说，流程、层级、结构是正式的组织设计，属于正式组织的范畴。但组织的真实运行，还会受到非正式组织及利益集团的影响；显性的组织制度与隐性的组织文化之间也会相互作用，这些都会影响企业的整体效率。实际上，组织的确是一个复杂的问题，为研究清楚组织的运作机制，我们有必要把组织问题一层一层地展开。

因此，本书第二章、第三章先分别就"组织流程与运营效率""组织层级与结构效率"做出分析，第四章再对"组织形态与整体效率"展开讨论，而在理论部分的最后一个章节即第五章中对"秩序之外的创新单元"进行探讨。

讨论组织问题还要经常面临一种处境，就是不同的人对组织完全可以有不同的理解，不同的企业家可以进行各式各样的组织设计，并赋予它们全新的概念与说法。从这个意义上讲，组织结构图就像任人打扮的小姑娘。

因此，如何衡量组织的合理性？这时，我们便需要一把尺子。钱德勒说，战略决定组织，组织跟随战略。也就是说，组织通过服务战略，服务于企业竞争力。例如，在同等条件下，哪种组织设计更有力量？管理效率便是那把最可靠的尺子。换言之，不能离开效率谈组织。

反过来讲，如果不考虑市场竞争，不考虑效率问题，那就无所谓协同，更无所谓组织了。比如，完全可以"炸掉"部门，"拆去"层级，不要考核，怎样都可以。就像是，一个人若没有了生活压力，那日子真是想怎么过就怎么过，爱怎么着就怎么着。

但若想打造一流的组织，就只能回到效率原点上谈问题。换言之，这是最具效率的组织方式吗？或者，这是目前最合理的方式吗？

现在的组织管理领域，充斥着太多似是而非的说法。我们更需要诉诸理性的思考，相信逻辑的力量——逻辑上走得通的事，现实中未必走得通；但逻辑上都走不通的事，现实中一定走不通，假的终归真不了。这些年许多你看不懂的组织模式，听不懂的组织概念，最终破了产。事实证明，不可持续的事终究是难以持续的。

一、点效率——分工效率

点、线、面、体是几何学里的概念，我们借用过来分析与流程相关的问题。按照由小到大、从分到合的逻辑，本书将企业的运营效率划分为点效率、线效率、面效率、体效率。

点效率对应的是分工效率，线效率对应的是合工效率，面效率对应的是部门间效率，体效率对应的是企业间效率。这样的界定在学术上并不完全严谨，但非常便于理解和解释。点效率是其中的基本构成单元，我们先从点效率谈起。

点效率指代的是个人工作效率、岗位效率，或称单点效率，也是总体效率的基础和重要来源。

向单点要效率，这一问题看似容易，实则不然。就像工作标准每家企业都有，但工作习惯的养成就是另一回事了。把事情做对一次容易，但次次做对可就难了。管理效率的提升未必与先进的理念有关，但一定与把一件件小事做好有关。

华为1997年开始与国际咨询公司合作，致力于管理体系建设，也就在这一年，任正非开始推动华为的十年职业化管理变革。华为内部有两幅标语："准时上班就是准时进入工作状态""简单的事情重复做，你就是专家；重复的事情用心做，你就是赢家"。我相信就算把这两句话放到今天的管理者面前，恐怕仍然会心有戚戚焉。

对于许多中国企业来说，在点效率上还是有大量的文章可以做的。基础管理、精益管理总是常抓常新，就像毛巾里总是有水还可以被拧出来。同时，可以从点效率入手，培养员工形成科学做事的习惯，塑造职业品格，树立专业追求。

企业里需要的不是"尽心尽力"，而是"尽职尽责"；需要的不是员工加班加点，而是他们按时完成工作，并以最有效率的方式；需要的不是领导盯得再勤一点儿，而是要他们开动脑筋想办法，找到一种科学提高绩效的方式，即到底有没有在不增加员工额外努力的基础上，提高绩效的方法。

最早对这些问题较真儿的是一位美国工程师弗雷德里克·泰勒，他后来被誉为"科学管理之父"。

科学管理的起点

近些年，在论及管理新思潮的书和文章中，泰勒及其研究通常以负面形象出现,最常见的是将"泰勒制"与"把人当机器"等同起来,因此是过时的、非人性化的、落后的。

但实际上,管理方法的时代局限性与管理思想的启示性是两回事儿,需要分开对待。更何况,恐怕没有谁能像泰勒一样对管理实践的影响如此深远——直至今日,没有哪个连锁型企业不重视 SOP(标准操作程序),没有哪个生产型企业不致力于消除浪费。当我们购买麦当劳、肯德基的食品,享受便捷的时候,还可以看到科学管理传统所留下的影子。

回到泰勒的历史情境,当时美国的产业社会已经出现了两种状况。

第一种状况是行业性的产能过剩,以及行业平均利润率不断降低。背后是因为大家都看到了专业化分工、规模经济的好处,于是不断扩产能,进而陷入价格战。当全行业都无钱可赚之后,企业主也没有别的办法,只能降低工资标准,延长工作时间。最终在 1886 年 5 月 1 日,爆发了芝加哥工人大罢工——这便是国际劳动节选在 5 月 1 日的原因。同年,美国总工会成立,颁布法案,规定了八小时工作制和最低工资标准。

第二种状况是劳方和资方之间的蛋糕,怎么分都分不对。最早是 1888 年,亨利·汤想出了"利润分享计划",鼓励劳方与资方合作,一起想办法节约成本、提高效率,等有了利润之后就有权分享利润,具体比例为 50% 归公司、30%～40% 归员工、10%～20% 归监工。这一办法看似合理,但麻烦的是,到底怎么把利润挤出来?某一块的利润挤出来了到底是谁的功劳?这些问题都搞不清楚,更没法一事一议地做规定,也规定不过来。

于是 1891 年,哈尔西提出了"奖金提成计划",提供了另一种思路。当时,哈尔西已经意识到了,单纯走"计件工资制"的路是走不通的,计件的确能有效调动员工的积极性,但对企业来说可不是生产得越多越好。因此,哈尔西区分了"标准作业时间的产量"和"超标产量",换言之,员工必须努力提高单位时间内的产量或作业量,才能拿到超额奖金。

但问题在于,员工为提高产量所付出的努力与得到的收益之间是边际效益递减的。打个比方,就像一个人跑了 1000 米,再跑 1000 米,第二个 1000 米理应得到更高的奖赏，因为更辛苦。但资方却不断降低第二个 1000 米、第三个 1000 米的报酬率，这让劳方很难理解，但在资方看来，事实就是如此：生产出来不等于卖出去。1892 年，罗恩对哈尔西的公式进行修正，设定了奖金上限，这一修正回应了边际效益递减的事实，但却让员工在付出努力之前，便失去动力了。㊀

正是在这样的背景下，1895 年，泰勒登场了。

在泰勒看来，薪酬方案永远难以解决劳资对立的局面。相当于等式的一边是负号，一边是正号，想要得到两全方案，必须寻求更高层面的系统解。因此，泰勒从一开始就没想着怎么分蛋糕，而是怎么把蛋糕做大。

泰勒想完成的是一套世界级的高难度动作，即如何能让员工以更小的劳动消耗，得到更高的产出和更多的回报。为此，他启动了后来影响世界的科学管理运动。如泰勒所言，"科学管理如同节省劳动的机器一样，其目的正在于提高每一单位劳动的产量"。

从上述历史脉络，我们也可以看出，薪酬管理与绩效管理是两回事儿。薪酬方案是通过调动员工积极性去影响绩效，这种影响是间接的，很可能是有限的；绩效管理是要找到一组办法，提高投入产出比，提高企业竞争力，对绩效的影响是直接的。

泰勒并没有选择给出一套奖金公式，让员工自己去拼、去比，去想办法，而是下决心要弄明白，到底怎样做才能提高绩效产出？才能使运营效率最大化？他并没有把责任推给员工，而是选择自己先把责任扛起来。为此，他做了两项必要的研究。

一是动作研究，也就是工人所做的一招一式都要带来效率，都要做功，如果一种动作跟成果没有关系，那这种动作就是多余的、失效的。泰勒曾做过著名的铁锹试验，对什么样的动作、什么样的铁锹铲什么样

㊀ 在哈尔西的"奖金提成计划"中，$R_h = R \times H_a + R \times (H_s - H_a)/2$（或 3），$H_a$= 标准作业时间的产量，$H_s$= 超标产量；罗恩修改为 $R_h = R \times H_a + R \times H_a (H_s - H_a)/H_s$，这一算法可求极限，即奖金封顶。

的物料是合理的，以及每一铲的最佳负荷是多少，都做了仔细的研究以获得完成一项工作的最佳办法。

二是时间研究，把完成各项基本动作所耗费的时间联系起来，求出正常工作的速率，进而计算出标准定额。另外，还要估算出一天中休息时间应占的比例，以及为意外情况或不可避免的迟延而预留出的时间。例如在搬运生铁实验中，泰勒及助手通过各项统计研究发现，工人的疲劳程度与负载的间歇频率相关，而不是与负荷重量相关，由此找到了在不增加疲劳程度前提下提高工作效率的办法。

正是在泰勒这里，早期的工厂管理以科学取代了经验。泰勒谈道："工人和经理人员双方最重要的目的应该是培训和发掘企业中每一个工人的才干，使每个人尽他天赋之所能，干出最高档的工作——以最快的速度达到最高的效率。"

似乎在历史上做出重大贡献之人，其成就都与其个人特质有所关联。据说，泰勒从小就做事认真，热衷研究，而且干什么都非常执着，就连跑步，也要琢磨出一种最不容易疲劳的跑法才肯罢休。他后来学打高尔夫球时，针对球场的草坪种类，还设计出一种新的"Y"型高尔夫球杆，并凭借他对击球方法的改进，让他这个高尔夫球新手屡获费城乡村俱乐部障碍赛冠军。其科学精神与实践能力之强可见一斑了。

自泰勒之后，标准化、规范化的概念开始变得深入人心，即做事的方式要受到科学理性的约束，在科学研究的基础上选择"标准作业"，逐渐找到窍门，形成"标杆管理"。

我猜想，泰勒若是生在当今这个时代，恐怕他也一定会去研究，在什么样的环境下，一个知识型员工的工作效率最高，或是最有创造力。好像对他这种人来说，不把这些问题彻底研究清楚，就绝不会善罢甘休。

泰勒的精神力量是巨大的，他有众多追随者，包括巴思、库克、埃默森、吉尔布雷斯夫妇等，今天看来，其中名气最大的是甘特，他发明的甘特图，一直沿用至今。这些人共同掀起了美国产业界的"效率革命"，被誉为西方企业"秩序和效率"的来源，并彻底推动了世界范围内的管理进步。

当你仔细阅读泰勒的《科学管理原理》，常会慨叹这真是一位了不起的人物。他有着非常清晰的历史坐标感，非常清楚自己在做什么，时代需要他做什么。他明白自己注定不会被大众所理解，结局不会太好，他完全预见到了这一点，后来他也的确被工会告上了法庭，他书中有一部分内容正取自他在美国国会听证会上的证词。泰勒只活了59岁，直到去世前夕，他还在哈佛大学讲授他的科学管理原理。

泰勒一直坚信，科学管理在根本意义上是为了完成一场心理革命、思想革命。他已经看到了"产业社会"与工业文明必将全面到来，所替代的是此前的"家庭社会"与农业文明，这背后必然要涉及大规模、深刻性的价值观念与行为方式的转变，而他要为这个新的时代准备好合适的人。泰勒最终在很大程度上实现了自己的愿望。

就像泰勒所说的，"科学管理的实质是在一切企业或机构中的工人们的一次完全的思想革命——也就是这些工人，在对待他们的工作责任，对待他们的同事，对待他们的雇主的一次完全的思想革命。同时，也是管理方面的工长、厂长、雇主、董事会，在对待他们的同事、他们的工人和对所有的日常工作问题责任上的一次完全的思想革命。没有工人与管理人员双方在思想上的一次完全的革命，科学管理就不会存在"。

泰勒的思想遗产不应被遗忘。在我看来，泰勒最朴素的一个提醒就是：管理是"管事"，而非"管人"。正如德鲁克所言："每当讨论到员工和工作的管理时，几乎都会提到人际关系，但真正根本的概念是科学管理，因为科学管理把焦点放在工作上。如果没有科学管理，我们在管理员工和工作时，绝对不可能超越善意、劝诫和'加油'的层次。"

胖东来的岗位管理

讲一个企业的例子。2012年冬天，我们挖掘过一个零售企业案例叫胖东来。当时我们注意到，早在2008年，中国零售业的统计资料就显示，胖东来的人均销售额、人均利润、坪效等核心指标在中国民营商业企业中排名第一；在包括沃尔玛、家乐福、卜蜂莲花等国际巨头在内的全国所有商业企业中，胖东来也居于前十之列。这一成绩之优异大大超出预想，而我们都不知道，胖东来是谁？它开在哪儿？

胖东来的总部至今仍位于河南许昌，也只在许昌、新乡两地开店。因此在零售业之外，没有太多人注意到它。我们做了大篇幅的封面报道⊖，后来许多媒体跟进，胖东来一时名声大噪，不过更被关注的始终是它一系列独特的人性化举措，诸如每周二闭店、春节放假五天、高工资、高福利、星级员工制度、亲情化管理等。

其实，我们最想让大家关注到的是胖东来科学管理的精神与做法，这才是导致它坪效、人效等指标排名第一的根本原因。胖东来钻研业务的精神与能力太强了，零售行业圈内普遍公认的是，就商品知识的管理而言，胖东来做得最好。

换言之，胖东来之所以出众，被认为是一家有"职人精神"的企业，首先是因为它"把小事做成精品"，其次才是"把文章做在人上"。

胖东来的岗位实操手册，做得极为细致、到位。它当时是把整个公司划分成10个部门，即超市部、服饰部、电器部、珠宝部、医药部、餐饮部、时代广场、商品部、职能部门和管理部门，一共121个岗位。㊁岗位实操手册有三种版本：纸质版的口袋书、PPT完整版，以及实操视频。集齐这三个版本，岗位标准才算制作成熟。

我仔细看了许多手册的PPT版本，它们采用图文并茂的方式，对每个工作步骤都进行了展示，近乎手把手地教。仅以一个岗位的《超市

⊖ 当时我在一家国家级核心期刊单位工作，胖东来案例是我和同事共同发掘的，封面报道详见于《中国人力资源开发》（管理实践版）2013年第1期。《商业评论》杂志在2013年7月刊也做了专题报道，让胖东来成为当时备受瞩目的标杆企业。另外，遗憾的是，2014年10月，由于创始人于东来在个人微博上说了几句气话，引起媒体的错误解读，胖东来一度被谣传为已经倒闭，我在2014年年底发表过《你不知道的"胖东来风波"》，对此事的来龙去脉做过分析。实际上直到现在，胖东来依然活得好好的，并深受当地消费者的欢迎。2020年1月下旬新冠疫情爆发后，胖东来的热心捐款以及第一时间推出的"蔬菜将按成本价销售"的惠民政策，又让这家企业受到媒体的广泛关注。

㊁ 截至2019年年底，最新数据是13大部门、326个岗位。

部·蔬果课实操手册》为例,其PPT版本有228页,分为7个章节,其中第六章是销售管理,第七小节是加工,每一种蔬菜水果的加工方式都讲得清清楚楚,有图有文字。例如,加工西瓜分为6个步骤,其中第2步是"偏离中心1厘米,分成两半";加工韭菜分为5个步骤,第5步是"成品:捆扎2次,上下间距适中;备注:韭菜不能用水清洗(清洗易坏)"。它还包括一些陈列原则,比如,"商品陈列的层数:要根据商品的特性陈列,最多不能超过3层,像'酥梨''桃子'等怕压、怕磨损的水果只能陈列一层,商品底部必须垫有黑色双层软垫",等等。其蔬菜水果洒水保鲜标准示例如表2-1所示。

大卖场要管理的单品数可谓多矣,数以万计,retail is detail(零售即细节)!而我所列举的《超市部·蔬果课实操手册》只是胖东来众多手册中的一个,它的精细化程度大大超过我的预想。

岗位实操手册每家企业都有,但现在已经不是有或没有的问题了,而是管理的水平与程度如何。比如,打分的话,是只有60分?还是能做到90分以上?你会发现,胖东来就像收集露水一样,把一些生活经验、科学道理、过往不足,总结下来,理成条目,集聚成册,成为自己的岗位操作手册。这一想法没什么难的,难的是日拱一卒地真正做到。

胖东来是在2008年启动"实操标准小组"的,由人力资源部牵头做组织,真正提供知识贡献的是各业务部门的行家里手。胖东来认为,制作实操标准的意义就在于:"让每个岗位都有标准,秉承'从员工中来,更要服务于员工'的宗旨;落实到卖场实际工作中,帮助指导我们的工作;让我们不断地成长和成熟,使每个人都成为岗位的标兵、行业的专家;让我们的企业规范、透明,工作轻松、快乐……"

不是每个行业都有颠覆式创新的机会,实体零售业就是一个典型的渐进型行业,它无比朴实,天天跟老百姓、街坊邻居打交道,容不得半点虚的,只能老老实实抓管理。这个行业中的核心竞争要素永远都是丰富的商品、合理的价格、温馨的环境、完善的服务。但另一方面,这也决定了这条管理精进之路永无尽头。

表 2-1 胖东来蔬菜水果洒水保鲜标准示例

不需要洒水保鲜的品种				需要洒水保鲜的品种			
商品名称	温度（℃）	湿度（%）	商品名称	温度（℃）	湿度（%）	商品名称	洒水度
苹果	0～2	85～90	芒果	13～16	85～90	柠檬	4～10	90～95	轻微
杏子	0～2	85～90	橙	4～10	85～90	橘子	0～2	90～95	轻微
牛油果——生	0～2	85～90	瓜类——冬天	13～16	85～90	芦笋	0～2	85～90	轻微
香蕉——生	4～10	85～90	桃子——熟	0～2	85～90	豆角	7～10	85～90	轻微
香蕉——熟	18～21	85～90	李子——熟	0～2	90～95	西兰花	0～2	90～95	轻微
樱桃	13～16	80～90	柿子	0～2	85～90	甘笋	0～2	85～90	轻微
枣	0～2	70～75	菠萝——熟	4～10	85～90	西芹/玉米	0～2	90～95	需要
无花果	0～2	85～90	西瓜	0～2	85～90	茄子	4～10	85～90	需要
西梅	0～2	85～90	黄瓜	4～10	85～90	芥蓝	0～2	85～90	轻微
奇异果——熟	0～2	90～95	洋葱	18～24	70～75	生菜	0～2	90～95	需要
葡萄/提子	0～2	80～90	土豆	18～24	85～90	菠菜/萝卜	0～2	90～95	需要
西柚	10～16	85～90	南瓜	13～16	85～90	青豆	0～2	85～90	轻微
西红柿	5～10	85～90	地瓜	13～16	85～90	青椒	0～10	85～90	轻微

在我看来，胖东来什么地方最可贵？最可贵之处就在于它的研究精神、钻研业务的精神与能力。做企业是一定要做研究的，不做研究是做不好企业的。谈任何管理问题都不能离开绩效。但什么叫绩效？这不是员工怎么干的问题，而是企业告诉员工怎么干的问题。

这才是形成了组织起来的力量，而不是靠每个人都从头去摸索，那样成本太高了。组织的意义体现在哪里？就在于管理，管理的价值是要让那些有三分本事的人，干五分的事，挣四分的钱。这样于个人、于组织都是有利的，可谓劳资两利、组织给力。

为做到这一点，在零售业这样的劳动密集型传统行业中，没有捷径可循，而是必须在公司层面牢牢确立起一种业务精神，一种只有达到最高标准才算数的精神，并形成相应的管理体系，然后依靠每个人的日常努力，依靠每位员工都去追问本职工作中的经验与诀窍，并形成合力，才能让整个公司不断强大起来。

泰勒的科学管理并没有过时，点效率的提升必须要从标准化、标杆管理做起。标准化可不是一个贬义词，任何标准化都是知识经验的总结和沉淀，我们已经不是冷兵器时代了，一定要找到一种科学提高绩效的方法。反过来，企业最大的浪费，正是对经验的浪费。

华为在 1997 年就提出了一个"三个摆脱"的理念，指的是"摆脱对技术的依赖、摆脱对人才的依赖、摆脱对资金的依赖"。但是依赖什么呢？依赖管理。任正非先生谈到，"管理虽然很抽象，实际上也是一种物质性的东西。以前我们对财富这个定义不是很清楚，糊里糊涂打了八年仗，我们才有了初步的认识，什么叫财富？财富就是管理，是文档""我们有 ISO 9000，有 MRP Ⅱ（制造资源计划），我们还有文档，万一出现了意外，只要我们这些东西都存在，我们可以再建一个新华为，这才是财富"。

"文档"指的就是知识管理。实际上，每个企业中都存在着大量未被开发的资源，不妨问问每一位员工，他们有多少"心中有"，但是"口中无"，更没写成白纸黑字的经验和诀窍，这些都是一个企业中最值钱的

Know How（秘诀）！我们得向管理要效益，不断让企业中的"暗默知"变成"明示知"，才能让企业逐渐摆脱对个别人的依赖，进一步说，是摆脱对个别能人的依赖，从而获得组织上的稳健。

二、线效率——合工效率

把一个一个的点效率有效地衔接起来，是线效率要解决的问题。

点效率对应分工效率，管理对象主要是岗位，或称个体工作；线效率对应合工效率，要面对的则是流程管理的挑战。在本书的界定下，线效率主要针对部门内的合工效率，或单一环节的流程问题，如生产环节、研发环节，而部门与部门之间、各环节间的协同问题，到面效率的章节再讨论。

点效率很难自然地聚集成线效率。许多企业的点效率并不差，个体的执行力也很强，但却连不起来。不过，解决这一问题的思路不是由点及线，而是由线到点，换言之，我们不能在分工之后再考虑整合，而是先基于整体流程，再考虑该如何分工。

解决流程问题，离不开"整分合原理"，其正确顺序是整体把握、科学分解、综合组织，而不能反过来。

由于企业都是一点点长大，而不是一下子长大的，因此许多管理者在一开始处理协同问题的时候，习惯于由点及线地打补丁，试图把点与点粘合起来，比如，先开协调会，不行就成立协调小组，然后还要对协调小组进行协调，到头来补丁套补丁。这很可能是许多企业终有一天要进行流程再造的原因。

实际上，就像我们在组织三要素中谈到的，涉及整合问题时：首先要考虑"共同的目标"；然后是"贡献的意愿"；最后是"信息的沟通"，即有效的协调。因此我们在处理流程问题时，有必要先跳出来看一看，整体目的是什么，以及如何实现整体效率最大化，然后才是对流程的分解与整合。

谋求线效率的提升，是要尽量减少不必要的管理协调，而让流程本身具有自主通过的能力，就像流水一样，流程本身能够自然而然地通过。这是流程建设的意义所在和我们要努力的方向。

福特制与华为 IPD

历史上第一个把企业运营水准从点效率层面提升到线效率层面的，是福特汽车的老板亨利·福特。首先是因为福特先生有一个梦想——一分钟生产一辆汽车。这个梦想很大，他想让造汽车的人买得起汽车，让每个自食其力的美国人都开上一辆福特车，于是市场就会放大。这种观念在当时是非常独特的，也是福特汽车的总目标、最终目标。

为此，福特汽车必须更高效地完成大规模生产，但当时还没有谁能做到这一点。有意思的是，福特说他是在芝加哥屠宰厂找到了灵感。他看到工人用来穿牛肉的流水线，是把一个个"部件"挂在移动平台上，这样便省去了搬运和装卸过程，大大提升了效率，而造汽车也是把一个个部件装上去，是同样的道理。如此，福特汽车便诞生了世界上第一条流水生产线。

福特谈道："我们要把人找活的状态改为活找人，这等于开始向装配线迈出了第一步。现在生产动作已经形成了两大原则，即如果能够避免的话，首先，工人绝对不能多走一步；其次，干活时工人不必弯下腰。"生产部经理索伦森也谈到了移动装配线的实验过程，"如果移动底盘，装配作业就可以简单易行，装配速度也会更快"。

效率的提升是惊人的。1913年，福特汽车开始建立流水线，平均12小时28分钟组装一辆汽车；1920年缩短为1分钟，1925年又缩短为10秒钟。亨利·福特成为那个时代的英雄，福特公司所生产的T型车家喻户晓，美国人从此步入汽车时代。

从福特的实践中我们可以看出，其目的是更快速地生产整车，其手段是通过流水线把各工序有效地协同起来。这是福特最了不起的地方，他看穿了问题的本质，他真正懂得如何让价值创造过程，像流水一样迅速通过各加工环节，没有停工待料，没有被卡住脖子，而是形成了统一于最终结果的流程型组织。就像企业史学家钱德勒在《看得见的手》中写到的，"现代工厂制的本质是协同，如何协同，对于各工序来讲就是要在时间上连得起来""规模不再是经济的本质了，速度是规模的本质"。

自福特之后，流程、流量、流速等问题开始得到人们的重视，除了规模经济与范围经济，速度经济也是企业制胜的法宝。这一道理在知识经济时代也没有过时。

线效率对点效率的串联，涉及的是劳动的可交换性，即工作与工作之间的接续。福特公司解决的是体力劳动的可交换性，而华为通过导入集成产品开发（integrated product development，IPD）流程管理，解决的是脑力劳动的可交换性。原理是相似的。

这里讲述华为历史上的一段往事。1999年，华为在IBM的帮助下导入IPD流程。IBM专家首先要求华为研发人员对其业务流程"活动"进行分解，后者经过整理提交了12项"活动"，包括需求描述、概念形成、产品初步设计等。但IBM专家认为，这是12个"阶段"，而非"活动"，还要继续细分。随后，华为研发人员提交了200多项"活动"，IBM专家仍不满意，认为这还不是"活动"，而只是"任务"，是对研发子任务的描述，还没细化到"活动"。于是，华为人员与IBM专家一起工作，花了很长时间对业务流程进行深入分析，最终识别出2000多项"活动"，然后在此基础上再进行重新组合和再设计，最终研发周期被大幅缩短。

华为的IPD流程再造，与泰勒、福特所做之事，在道理上是一致的。华为最终分解出2000多项活动，就像科学管理要求对动作研究分解到"动素"[⊖]，当分解到这个层面时，一项活动的单纯性就被还原出来了，就变成了一项可被标准化的工作。然后活动与活动如何衔接？需要考虑的是：①活动什么时候开始及结束；②活动的内容是什么；③完成

⊖ 动素（therblig），又译"微动作单位"，指的是人的动作的最基本元素。

活动所需要的方法；④活动的结果是什么。我们把时间、内容、方法和结果理解为一项活动能够与另外一项活动对接的四大基准，这样脑力劳动也具有了相对的可交换性。

在理想状态下，脑力劳动也可以像流水线生产那样，做到"空间上并行，时间上继起"。例如，某一项任务包括12项活动，完成每项活动需要1小时，如果依序展开，做完需要12个小时。但如果每项活动都同时开始，彼此间又无缝衔接，一共只需要1小时。通过这样的方式，使整个流程的通过速度大大提高，最终转化为市场竞争力。

流程管理的四项原则

现在没有哪家企业中没有流程，但相当数量的企业也在为流程管理问题头疼不已，诸如流程混乱；流程打架；流程空白；流程冗余；计划与执行两张皮；该有流程的地方没有，不该管那么细的地方又流程一大堆，等等。

我根据长期跟企业打交道的经验与体会，提出流程管理应遵循的四项原则。

1. 流程管理遵循统一领导原则

企业最常见的一个问题不是没有流程，也不是没有流程负责人，而是没有全流程的第一责任人。它所导致的情况是，每个人都在忙自己的工作，但都只为结果的一部分负责；顺利时，每个人都是做出贡献的一分子；遇到问题了，流程跑不动的时候，又找不到第一责任人到底是谁，没有人对流程冲突、最终结果负责。

许多中国企业的组织结构既不是金字塔形，也不是倒三角形，而是火锅形，即老式铜锅那种——上面只有一个老板，下面也没有多少个业务单元，但中间却有一大堆副总、总监。平行的职位太多了，没有主事人。等出了问题大家都找老板，老板根本忙不过来，让副总们自己协商解决。这怎么能协商出一个结果呢？否则就用不着找老板了。

有人编过一句顺口溜，"一个人说了算，说完就干；两个人说了算，说完两边看；三个人说了算，说完不知道怎么干"。这种现代版"三个和尚没水吃"的故事，几乎每天都在企业中上演。

因此，我们要对流程的责任主体做出安排：①尽可能让整段流程落在一个部门的职责范围内，由部门一把手负责；②如果涉及跨部门合作，明确一个责任人，或项目经理，并反复确认责任人是有意愿、有能力、有条件履责的，而不是责任强加；③如果涉及长期合作，需要对第一责任人的职位、权力、利益做出相应安排，确保其责权利相匹配。

2. 流程分解遵循自我管理原则

流程分解的颗粒度要合适。许多时候，宜粗不宜细。先分解西瓜，再分解芝麻。确保交给员工的是一项完整的工作，而不是只执行一道作业程序。这对管理知识型员工更为必要，"工作"和"作业"之间的差别便是，工作要对结果负责，因此也要考虑目标是否合理，方法是否合适，而不是埋头执行就够了。

德鲁克曾谈到，对工作的安排不能只考虑工作，还要考虑员工对工作的感受。为了使员工能从工作中获得成就感，必须让员工有条件承担起工作上的责任，这就要求：①工作本身能够取得成果；②员工能够及时获得信息反馈；③员工能够持续学习。

哈克曼与奥德海姆提出过类似看法，他们认为，好的工作应该具有五种核心特征：技能多样性、任务完整性、任务重要性、自主性和反馈性。这些工作本身的特征能够给员工带来良好的心理体验，换言之，要想让员工承担起自我管理的责任，管理者先要履行好自己的责任，即站在员工角度考虑，对工作本身的安排是否合理。

3. 将例外事件转为例常管理

工作上出了问题，通常是由三方面原因导致的：①流程的问题；②知识能力的问题；③用人的问题，即人用错了。

许多时候流程通不过，不一定是因为流程没捋顺，而是因为人的经验和能力不够。尤其赶上人员进进出出，生手比不上熟手，就容易掉链子。

从这个意义上讲，流程的价值不仅体现在理顺工作逻辑、建立先后关联上，更在于沉淀工作经验，落实为知识管理。换言之，能力是跟着人走的，但经验可以留在组织里，知识可以沉淀在流程及 IT 系统中。这样一个组织才能有所积累，组织能力才能伴随着企业成长而越来越强。实际上，华为 IPD 流程之所以通过速度快，跟经验数据库的积累大有关系。

为此，企业管理者有必要区分清楚：哪些是例常事件，哪些是例外事件，哪些是首次发生的例常事件，哪些是偶然发生的异常事件，然后分门别类地做管理，尽可能争取凡事不二过，即不犯重复的错误，并不断优化对例常事件的处理办法。

另外值得多说一句的是，不要高估信息化建设、数字化转型的作用。在流程问题上，IT 部门很容易成为"背锅侠"。"信息化建设"更多只能解决"化"的问题，解决不了"信息"的问题。信息流是业务层面的问题。如果业务流本身就没打通，信息流也不可能打得通；如果信息流在线下就没有打通，线上也不可能打得通。而且，上了系统反倒可能更麻烦，等于是把错误的流程给固化下来了。此外，如果企业总是新业务不断、新动作不断，总在处理例外事件，那么业务流程也很难被固化下来。

现在由于技术的进步，各种新概念频出，但是做管理改善不能概念先行、一味追新，还是得现实导向，解决实际问题。就像台塑集团早在 2000 年就做到了"一日结算"，指的是每月月底、每年年底对财务数据和经营数据做汇总分析，次月一日结清，包括财务报表、异常管理、考核结果、改善建议等。王永庆先生说，"做到'一日结算'是一个公司管理制度走上轨道的标志"。这句话放到今天依然管用，有多少企业能做到"一日结算"呢？

朴素的道理成就了伟大的公司。台塑把道理讲得很清楚，"管理制度化，制度流程化，流程表单化，表单信息化"，这其中的关键是梳理流程，然后不断发现异常，祛除异常，不重复犯同样的错误。如此坚持做下去，就会有好结果。

4. 在空白地带补强管理功能

这一问题略显抽象，我先举个例子。2017年，我调研过一家餐饮企业，它当时正在做区域化扩张，采用的也是中央厨房给门店配货的模式。企业家笃信华为的理念"让听得见炮声的人呼唤炮火"，久而久之，企业里最有位势的就是门店体系，同时也指望门店体系给企业创造收益。

由于门店靠消费者最近，其货料品质直接影响口味，影响消费者评价，进而影响销量和品牌，因此公司规定由门店对品质做出评判，且借此对中央厨房进行考核并兑现奖惩。这看似也很合理。

然后问题就来了。时间一长，中央厨房和门店的关系就变得微妙起来。简单来说，中央厨房能够察觉出是哪家门店给总部打了小报告，而一个区域又只有这一家中央厨房，那么中央厨房就会给门店穿小鞋，反正总是能弄点儿别扭出来。换言之，"我不好过，也不会让你好过"。你会发现，组织中"政治形态"的一面就慢慢显现出来了。

于是，门店开始包庇中央厨房的问题，对上隐瞒实情。企业家意识到出问题了，便安排督查人员、神秘访客进行突击检查。然后事态又微妙起来，公司里又冒出许多"侦察兵"，总部稍有动作，区域就警觉起来。这让企业家很焦虑，开始担心企业文化出了大问题……

实际上，这不是人的问题，也不是文化的问题，这中间的一个关键问题是缺少独立的品控部，品控部的功能更没有被发育起来。

管理学中有一个基本的理念，就是当流程之间发生关键劳动交换的时候，会出现一个所谓的"交接棒"空白地带，在此容易出现责任扯不清、两不管的情况。若是把两段流程划给一个责任主体来管，该责任主体就变成了既当球员又当裁判，局面甚至演变成监守自盗。这是管理上的两难境地。因此为解决这种结构性冲突，就要在冲突双方之间建立第三方功能，或者说就像编织一样，要在此处打一个结。

我常说，整体功能＞局部效率＞对人性的判断。许多管理者习惯把问题归结在人身上，认为是人性使然。但通常情况下，人的行为表现不是人性的结果，而是环境的产物。人性中既然有天使的一面，也会有魔鬼的一面，但大多数人在企业里工作，不过是为了赚钱养家、有所成就，一般抵达不了拷问人性的深度。因此，遇事多想想是不是组织机能还不够完善，往往比思索人性善恶，对解决问题的帮助更大。

三、面效率——部门间效率

在本书的界定下，线效率主要处理的是单一部门的合工效率、流程问题，而面效率则关系到不同部门之间、各环节间的协同问题。

一条线只有长短，没有面积。线是由点集合而成的，有线必然有点，这种分与合之间的逻辑关系，天然是一致的。但从线到面，从一维到二维，涉及的不仅是长度上的延伸，更是性质上的变化。进一步说，部门间的功能是分化的，研、产、销等各环节所创造的价值是不同的，能否形成组织合力及整体功能，是面效率要解决的核心命题。

为此，我们有必要从以下三方面付诸努力。

首先是明确组织重心。也就是说，谋求组织协同的第一步不是如何协同，而是往哪儿协同，即协同的目的与方向。我们常说，组织是对战略的支撑。那么值得思考的便是：整个组织的运行是以什么为轴心而被驱动起来、形成联动关系的？组织是靠什么能力赢得了竞争？要想取得长期发展，从现在起就必须重视哪些能力的积累？

其次是构建协同关系。从价值创造流程的角度，这主要包括四个方面：其一是生产与销售之间的协同，其二是营销与销售之间的协同，其三是营销与研发之间的协同，其四是跨部门机制设计。

最后是责权利匹配完整。一切的协同都要靠人完成，但人与人之间合作的意愿不会平白无故地产生。我们不能指望以意愿带动机制，而是要靠机制催生意愿。对激励机制的设计，要以普通人的正常需求为基准，不宜要求过高，更通常的情况是，利益不分享，责任不分担。我们必须对此做出妥当的安排。

基于竞争需求明确组织重心

与此相关的第一个问题是：整个组织是靠什么力量被驱动起来的？

我估计不少管理者会回答：战略驱动。我们姑且不去评估有多少企业是真正有战略的，但有一点是肯定的，战略部门不是具体的业务部门，组织在实际运行中是靠价值创造流程之间的往来而完成业务循环的，不是靠战略部来驱动的。

就像让一辆汽车运动起来，方向盘只掌控方向，如同战略，但那可不是让整辆车的各个部件运动起来的原因。这辆车到底是前轮驱动、后轮驱动，还是四轮驱动？哪个部门才是你企业中的发动机？

因此，我们需要从战略层面回到业务与组织层面找答案，你所在的企业是靠产品驱动、品牌驱动、销售驱动，还是技术驱动，等等。这是整个企业的业务流程得以正常运转或规模得以扩张的理由，更是顾客选择你的原因。

这么讲未免抽象，我们以每个人都会接触的餐饮行业举例好了。消费者选择一家餐厅有可能是因为：①菜品好吃；②环境优雅；③价格合适；④干净放心；⑤服务周到；⑥有名气，吃着有面子或尝个鲜；⑦就近用餐等因素。背后对应着产品、装修、供应链、食品安全、服务、品牌、选址等环节与事项。

这些事项往往是一个餐饮老板同时都要操心到的，就像上述因素很可能共同成为消费者选择一家店的理由一样。但通常情况下，只有一个因素是最关键的，并成为其他因素得以存在的根本原因，其对应的任务，就有可能成为整个组织的重心。

比如，尽管这家餐厅方方面面都不错，但只有一个优点最突出，就是菜品好吃、入口有惊艳感，而且它时不时地推陈出新，菜品每次都超出预期。那么我们就可以说，这家餐厅是产品驱动型的，靠着菜品好吃，拉动客流与复购，进而让整个进销存管理、人员管理得以正常运转。

一个企业在成长过程中很难做到面面俱到。资源和精力总是有限的，如果什么都想做好，那就很可能意味着什么都做不好。用我的话说，企业成长是从"一招鲜"过渡到"均好性"的。企业早期的成功靠的是长板理论，所谓"一事精致，便能动人"；之后才是扬长补短，形成紧密的战略配称，把五根手指头攥成一个拳头，内部结构间逻辑自洽、严丝合缝、互补相乘，不给竞争对手留余地。但企业在早期更需要集中优势力量，攻下要塞地带，而不宜兵力分散。换句话说，如果创始人在众多的事务中只能选一件事来做，到底是哪一件？

而在组织运行层面，早期阶段通常都是"企业家驱动"，而不是"组织驱动"。创始人忙得跟陀螺一样，哪个地方都需要他，也因此而成为组织的轴心和纽带，即依靠创始人个人的力量把整个组织带动起来。

许多创始人一开始不理解，什么叫组织，什么叫形成组织起来的力量，以及什么叫组织驱动。那么不妨反过来想：①企业中有多少问题最终是汇总到你这边的？②如果离开你，这个企业还能不能转起来？③为什么每天有这么多决策都要你来做？就是因为流程上无法自然通过。如果能解决这些问题，企业便逐渐从个人驱动转变为组织驱动了。

第二个问题是，驱动力不一定等于竞争力，更不一定等于可持续的竞争优势，那么企业到底要靠什么能力赢得竞争？

其实这是个很朴素、很现实的问题，比如：企业到底是靠什么本事赚到钱的？组织内部是靠哪些流程与环节创造经济附加值的？如果从竞争对手的角度看，你企业中哪个部门的人或哪类人才最值钱？很有可能，那便是你要继续强化功能建设的地方。

企业在规模化扩张中，经常要面临许多成长的假象。比如，一家餐饮企业最早是因为产品力出众，确立起了品牌，继而走上异地扩张之路的。很可能还因为它跟对了消费趋势，加上选址能力出众，所以一路顺风顺水。其间企业还做了许多品牌跨界合作的动作，放大了品牌声量，刺激了消费者的购买行为。但这不意味着该企业就是品牌驱动型的，很有可能，产品力才是消费者持续选择你、竞争对手忌惮你的根本原因，是需要进一步打磨与强化的地方。

因此，企业家和管理者有必要将组织重心与当前的管理重点，分成两件事来看。以上述为例,异地扩张和营销活动是最占精力的部分,对企业短期增长有利。但与产品力相关的体系性优化才应成为组织重心,是能否赢得未来的关键。

任何时候对组织结构的设计与调整,都会影响企业内部员工的精力和注意力,因此,组织重心必须要与企业希望强化的组织能力和战略重点紧密关联。

第三个问题是,基于长期导向,企业在做好眼前事的同时,必须重视哪些核心能力的积累,甚至是适时完成哪些业务转型?

这往往与企业成长阶段和行业周期有关。企业若是打算长期扎根于某一行业,就需要考虑:行业的终极属性是什么?最终会有哪几种业态共存?企业又该如何立足?然后,在短期、长期之间做取舍,基于长期做投入。

以智能手机行业这些年的发展来看,在早期阶段,许多企业以准确的产品定位切入,活了下来;到中期阶段,强化性价比,以供应链驱动;但长期来看,仍要靠技术能力取胜。反过来,许多传统行业在终极意义上要靠规模经济,比如零售行业,物美价廉永远是王道,但问题是如何在众多的竞争对手中杀出重围,又往往取决于差异化的价值定位与模式创新。

大多数企业都是在成长过程中逐渐认清未来的,这也导致了短期、长期的组织重心很可能是不同的。而转型的困难之处在于,一个企业既有的优势、模式、文化通常是可以自我强化的,而且惯性很大,但薄弱环节却始终孱弱。因此我常说,人的成长也好,企业的成长也好,要想取得实质性突破,都需要勇敢地走向自己的反面。

德鲁克基于企业的长期发展做过一个近乎决绝的判断:组织内在的统一性,或统一于技术,或统一于市场。在很大程度上这是对的。

迈克尔·波特也有类似的观点,他从产业价值链一体化的角度提出:企业持续发展,要么走后向一体化之路,往产业链的上游走,掌握核心科技,控制整个价值链,谋求技术扎根;要么走前向一体化之路,往产业链的下游走,把生产能力延伸到需求端,谋求市场扎根,建立与消费者的联系并赢得喜爱,以外部市场的有组织化反哺企业内部的体系化建设。

服装业的两大巨头，优衣库和ZARA刚好选择了这两条不同的路。

优衣库主打基本款，重视功能性。它最早是依靠改良摇粒绒的生产技术，在保证性能的前提下，大幅降低成本，以市场一半的价格卖出摇粒绒服装，取得了巨大成功。自此它摸索出了一种属于自己的经营范式：依靠技术水平来改良或创造服装，打造爆款，以相对低廉的价格出售给市场。在接下来的几十年间，优衣库与日本东丽公司、岛精机制作所合作，成立专门研发新服装面料的团队，推出了一系列技术含量高、价格友好亲民的产品。

ZARA则以"快时尚"模式而闻名，开启了平价奢华风，被称为"买得起的快时尚"。为此，ZARA需要在设计、生产、配送、销售等四个环节做到足够快而敏捷，以更高的库存周转率、资金周转率控制成本，并持续促进消费者购买行为的发生，维持企业再生产过程的良性循环。从设计到成衣上架，ZARA仅需2～3周，门店里的款式在3周内就要汰旧换新。

ZARA是市场扎根的典范。它的服装设计并非完全从零开始做原创，而是善于捕捉当下最流行的时尚元素。通常，一些顶级品牌的最新设计刚摆上柜台，ZARA就会迅速发布和这些设计非常相似的时装。因此，关于ZARA与顶级品牌之间的侵权案也常见于报端。但对于整个公司来说，ZARA赢在商业模式设计，以及有能力保持住这种模式的竞争力和生命力。

服装企业有很多，但优衣库只有一个，ZARA也只有一个。在相当长一段时间内，它们分别构建起了近乎牢不可破的竞争优势与行业地位。

由此也可以看出，组织能力建设的核心问题不是有或没有，而是够不够强。一个企业只要还活着，业务还在运转，其内部机能就是存在的，但组织重心是否明确，能否指向未来，以及各部门之间的配合是否足够紧密，就是另一回事了。

基于整体协同构建流程闭环

许多时候一谈起组织设计，人们马上想到的就是组织结构设计，想到的是"搭积木",但更为基础的是"建管道",是组织流程建设。就像华为轮值董事长徐直军所说,"流程决定组织",站在运营效率的角度,无论结构怎样变,"业务流"决定了企业价值创造的过程。㊀

企业内各部门有不同的分工与定位,这决定了价值传递中的矛盾性,也决定了部门之间既对立又统一的关系。但无论部门性质如何划分,关系如何调整,包括名称怎样改变,㊁研产销的主价值流程不变,我们仍需对其间的基本关系进行探讨。

在某种意义上,如何妥善解决不同部门及环节间的协同问题,构成了管理思想史中的一条发展脉络。我们按照历史发生的顺序及逻辑线索做如下阐释,这中间蕴含的实践探索,即便放到多年后的今天,依然可以让我们获得启发。

实际上对于社会学科来说,最有效的学习方式并不取决于研究方法的选择,也不一定非得阅读最新最快的资讯,其实更关键的在于,对历史事件进行深度反思。正如威廉·达根所言,"只要一个人懂得鉴往知来的艺术,那么就完全合格做统帅"。只是遗憾的是,许多时候我们都在做着低水平的重复,并未从历史中学到太多。

1. 生产与销售之间的协同

首先就是产销协同,这是人们在历史上最早遇到的面效率层面的管理挑战,也是在日常实践中最常遇见的问题。它反映的是产品的"生产

㊀ 很可能是受华为公司管理实践的影响,近些年,"流程型组织"的提法得到了更广泛的接纳,甚至在有的企业中,流程与组织被分成两类问题来对待。但有必要指出的是,"流程型组织"不是一种新的组织形式,而只是在强调要不断强化组织中的一种功能,即提升流程通过的效率及稳定性。"流程型组织"这一提法之所以能得到许多企业的拥护,是因为它具有正向价值,即对片面重视模块化组织建设的一种纠偏,或称一种提醒。另外,流程应被视为组织中的一类问题,而不在组织之外。任何组织得以存续下来,其工作得以达成,背后必有一套流程体系作为支撑,组织所要考虑的只是如何提升流程管理能力的问题。

㊁ 部门名称是次要的,关键还是看该部门发挥着怎样的功能。同样的部门名称,在不同企业中很可能有非常不同的功能定位。比如,同样都叫市场部,有的定位于品牌,有的定位于营销,也有的可能就是一个销售部。再比如,同样叫企业文化部,有的定位于主做员工活动,有的则是一个编辑部。在同一个企业,部门的功能定位和名称也会发生调整,因此,关键还是要认清该部门创造了哪些价值,解决了哪类问题。

性"与"交换性"之间的矛盾,想要达成的是供给与需求之间的平衡。

就像以色列学者高德拉特在《目标》一书中谈到的,"平衡的工厂(balanced plant)是整个西方世界的工厂长久以来致力追求的目标,在平衡的工厂中,每一种资源的产能都能和市场需求达到完全的均衡"。在高德拉特看来,企业家真正需要建立的是"流量思维",而不是"产量思维"。

福特公司通过线效率的提升,降价格、拓市场、扩产能,取得了惊人的成功。1923年,福特牌汽车占到美国汽车销售总量的57%。然而供需关系此时已发生转变。人们不再是只想拥有一辆车,而是要有一辆与众不同的车,一辆属于自己的车。通用汽车的多品牌、多产品策略很好地满足了消费者需求,打击到了福特,并重新拿回市场份额。

但这时候福特公司还没有遇上真正的麻烦,市场总体仍处于卖方市场。就像现在的中国餐饮行业,看似竞争激烈,但实际上头部玩家很少,需求很大,有效供给不足,人们经常为了吃上一顿饭而大排长龙。但随着行业的进一步成熟,硬碰硬的竞争对手越来越多,顾客需求日益复杂,多样性与不确定性激增,再想做出准确的销售预测就很难了。等到丰田汽车在"二战"后重新进入市场时,就面临着此种处境。

当时在丰田汽车负责生产管理的是大野耐一,他的想法打破了传统思维的定式,即按照销售预测定产能,而是反过来,按订单生产、按需生产,这样最大程度保证生产的有效性。丰田生产方式的根基源于两个核心理念:一是"杜绝浪费";二是"为每一位顾客制造一辆不同的汽车"以满足顾客多样化的需求。终于在1953年,大野耐一创造出了一种在多品种小批量混合生产条件下高质量、低消耗的生产方式,即准时制生产(just in time,JIT)。㊀

㊀ 按历史发展来看,丰田汽车的前身是丰田佐吉创立的丰田织机公司,其后由丰田喜一郎(丰田佐吉之子)于1933年成立汽车部,后独立为公司。JIT的理念最早由丰田喜一郎提出,由大野耐一发扬光大。值得一提的是,丰田喜一郎当时正是意识到福特的流水线生产已是"计划生产"的顶点,而未来必须改成"订单生产"方式,才提出了JIT,成为丰田生产方式的起点。遗憾的是,喜一郎于1952年去世,而大野耐一对丰田的服务期限久,历经丰田喜一郎、石田退三、中川不器男、丰田英二(丰田喜一郎堂弟)等多任社长,丰田生产方式也经由大野耐一而发展成熟,并享誉世界。

大野耐一谈道："把生产计划下达给最后的组装线，指示什么时间、生产多少什么类型的汽车，这样组装线便依次向前一道工序领取所需要的各种零部件。用这种倒过来运送的管理方法一步一步逆着生产工序向上推进，一直上溯到原材料供应部门，并给以连锁性的同步化衔接，这样就可以满足'准时化'条件……在这一过程中，用于领取工件或传达生产指令的就是我们所讲的'看板'。"

人们通常只是把大野耐一当成生产专家，但实际上，大野耐一立足生产领域，解决了产销协同的问题，这才是他真正了不起的地方。

我们许多时候习惯于在别人身上找答案，而不去面对自己的问题。于是，生产把问题推给销售，销售把问题推给研发，但问题始终没得到解决。因此企业做提案改善的时候，要遵循两个原则：①提你能做的改善；②提你自己的问题。换言之，不要提挂在天上的方案，不要急着给别人提要求，先做好自己再说。

大野耐一的做法便是这样，改变可以改变的，改变自己能够改变的。事实上，但凡涉及两个部门之间的协同与拉通，通常都要靠一个部门率先发起，而不能指望两个部门同时改变。最有效的方式往往就是像大野耐一的所作所为：通盘思考，局部优化，以局部带动整体。

在互联网时代到来之前，中国企业界曾有过很长一段时间学习丰田生产方式的热情，但后来我们的注意力就被新趋势带走了。但据我所见，产销协同及生产管理的问题并没有随着技术的进步而消失，问题依然存在。常有企业拿出"以产定销"的办法，即有多少产品就卖多少，卖光就好，但其实这并不是解决问题的办法，只能算没有办法的办法，是在以"买方的不满"置换"卖方的满意"，短期可行，但长期行不通。

随着中国经济增速放缓，消费者的需求日益挑剔，企业进入微利时代，许多企业还要重新回到向精益管理要效率的路上。从这个意义上讲，精益转型在中国不是已经过时，而是刚刚开始。

2. 营销与销售之间的协同

一个企业无论其理念多么先进，最终都必须要在业务层面达成交易。

但交易的达成不能仅靠销售环节的努力——销售当然是重要的,但销售的力量是有限的。企业还应在消费领域施加影响,使销售更加可控,同时变得容易,为此要建立营销与销售之间的协同。企业业务活动涉及生产、流通与消费等三大领域(见图2-1)。

图2-1　企业业务活动的三大领域

注:对业务活动三大领域的划分,并不能直接等同于企业中的部门划分,但更利于对业务性质进行界定,更便于在产业分工与企业分工之间建立关联。通常来说,研发部门与生产部门应归于生产领域;对分销商和经销商的管理应归于流通领域;销售部门及对零售体系的管理应归于消费领域。但实际上,由于不同的企业在产业社会中有不同的定位,企业内的部门划分也很难有统一的标准。研产销只是一种最具适普性的划分方式,但并不意味着每个企业中都有研发部,比如,超市连锁企业中就没有研发部,但有商品部;即使都有研发部,也有基础研究、应用研究、开发研究等不同定位。但总体上,几乎每个企业中都有与研产销类似的主价值创造流程,因此都会涉及横向协同与运营效率等相关问题。

按照美国市场营销协会(American Marketing Association,AMA)2013年的定义:"营销是在创造、沟通、传播和交换产品中,为顾客、客户、合作伙伴以及整个社会带来价值的一系列活动、过程和体系。"㊀

简言之,营销是一项组织功能,它体现为一系列的市场活动,用以奠定企业持续交易的基础。另外,营销和品牌也不是一回事,许多营销活动的结果最终会沉淀在品牌上,品牌反映的是消费者对产品及产品系

㊀ 除这一版本外,AMA在历史上还给出过其他颇具影响力的定义版本,包括1960年的定义——"营销是引导货物和劳务从生产者向消费者或用户所进行的一切商务活动";1985年的定义——"营销是对思想、货物和服务进行构思、定价、促销和分销的计划和实施的过程,从而产生能满足个人和组织目标的交换";以及2004年的定义——"营销既是一种组织职能,也是为了组织自身及利益相关者的利益而创造、传播、传递客户价值,管理客户关系的一系列过程";等等。从中我们既可以看出营销学自身的发展,也有助于对概念理解得更加完整。

列的认知程度。○

我们仍以丰田汽车的实践进行说明。一提起丰田，许多人想到的就是丰田生产方式，但实际上，丰田汽车自1950年就分成了工业公司和销售公司两大体系。想想那时的丰田也真是人才辈出、群星璀璨：负责工业公司的是石田退三，他后来被誉为"丰田中兴之祖"；大野耐一是石田退三的下属，主持生产管理；而负责销售公司的是神谷正太郎，他被公认为"销售之神"。遗憾的是，人们常常只知大野耐一与TPS，而不知神谷正太郎与丰田销售体系。◎

尽管神谷正太郎负责的是销售公司，但他操心的可不只是如何完成销售任务，或称把车卖出去。神谷正太郎非常清楚，销售只是最后一步，大量的工作必须放在交易达成之前。实际上，正是神谷正太郎等先驱者的实践，才让人们开始认清营销与销售是两码事。现在大多数企业都已将营销板块与销售板块分开，这就更容易理解要在这两者之间建立起协同关系的必要性了。

我们来看看神谷正太郎都做了些什么吧！你会发现，神谷正太郎关心的可不仅是销售公司，而是整个丰田。正是得益于神谷正太郎的深谋远虑、营销布局，最终销售活动的发生变得自然而然。

（1）明确价值排序，"顾客第一、销售第二、生产第三"。按照神谷正太郎的解释就是，"有需要者，才有销售者；有销售者，才有生产者"。

（2）以销定产，而不是以产定销，例如以"定价多少才能将汽车卖

○ AMA将品牌界定为：是一个名称、名词、标记、象征、计划或其组合，用以辨认一个或一群出售者之商品或劳务，使之与别的竞争者相区别。

◎ 石田退三生于1888年，在丰田从织布机向汽车转型的过程中，他发挥了极为关键的作用，于1950～1961年期间担任丰田汽车社长。神谷正太郎生于1889年，在丰田汽车创办之初受丰田喜一郎之邀加入公司，1935年便主持销售工作，但大多数营销实践也是在20世纪50年代完成的。石田退三退休后不久，神谷正太郎也宣告退休，那时他们都已年过七旬。大野耐一则要年轻很多，生于1912年，1932年加入丰田织机公司，1943年调入丰田汽车，1949年担任机械厂厂长，也正是从1950年开始大显身手。石田退三退休后，由中川不器男继任，后者不幸于1967年去世，再由丰田英二继任。丰田英二始终对大野耐一极为信任，也正是在丰田英二担任社长期间（1967～1982年），丰田汽车成为世界级公司，丰田生产方式逐渐家喻户晓。

出去"的原则组织生产，然后想办法在确保性能的前提下降低成本，而不是传统的成本加价法。换言之，生产者本身很难下决心将成本降下来，销售公司是代表顾客向工业公司采购和提要求。

（3）完善销售体系，发育销售能力。形成良性循环：经销商能力提高→市场占有率提高→经销商利益增长→示范效应→更多经销商加入→丰田更强大→经销商能力提高……

（4）培育市场。拼命开办学校：当日本的汽车化时代到来以后，经过丰田驾校培训的学员，就是丰田汽车的"准顾客"；修配学校的毕业生，就是丰田经销商的骨干员工。神谷正太郎认为，"在车辆销售上，最重要的是出售后的服务工作"，而这些汽车学校毕业的经销商、修配人员，就成为丰田能够维系住顾客关系的决定性力量。

（5）通过管理二手车市场，促进新车购买。1955年，神谷正太郎出资建立了丰田旧车销售公司，专门收购、销售二手丰田汽车，并于此后借助修配队伍从事维修和翻新工作，来维持丰田旧车市场的价格，促进顾客更换新车，也促进了丰田汽车更新产品的速度。

有不少人习惯说，"营销的目的是让销售变得多余"。但实际上，营销归营销，销售归销售，否则就没有必要用两个概念，而应当合成一个词。

一般来说，销售活动的结果就是销量；而营销活动的结果是深化联系，包括与目标消费者的联系、与潜在消费者的联系、与分销商和零售商的联系、与其他利益相关者的联系等，最终是深化企业与社会间的联系。因此，营销的作用体现在帮助企业形成持续交易的基础，让销售变得容易，让企业变得稳健。

因此，说营销让销售变得多余是不准确的，至多可以认为，营销可以让推销变得多余。

销售行当向来不缺高手与秘诀。销售本身就是一项激动人心的工作，它极富挑战，通常也极富激励，极其刺激。但许多企业缺少的是神谷正太郎这类人的想法与作为，缺少的是将营销与销售形成合力。营销和销售之间的协同，是将企业的组织能力、支配力和影响力延伸到市场端，从而对顾客需求进行有效牵引，将销售预测纳入内部管理体系。

3. 营销与研发之间的协同

在通常情况下，当企业度过生存期，进入规模化扩张以后，模式创新的空间就变小了，但业务改进的空间依然很大。企业每天在流通领域、消费领域都会产生大量的市场信息，诸如经销商的意见、消费者的抱怨等。遗憾的是，许多时候这些声音都被忽略掉了，它们并没有成为企业持续改进的动力，没有对产品的升级换代产生过影响。

许多企业都宣称自己是"客户导向"，其实往往只停留在口头上，只是嘴上讲的"客户导向"。如果没有付诸组织层面的努力，没有在流程上形成日常动作及建立起反馈机制，那么"客户导向型组织"只会是一句空话。我们之所以强调营销与研发之间的协同，道理也正在于此。

换言之，如果在组织层面没有形成一项机能，就很难指望在结果层面找到相对应的行为表现。即使有，也很可能是碰巧有人选择了主动承担起责任。而如果企业对"营销"这一概念本身的理解就是不准确的，便很难指望它对营销功能的定位是准确的了。

到现在为止，还有不少人对"营销"的理解有偏差，常见的有两种情况，导致从思维意识上就影响人们把营销与研发建立起关联。

其一是太容易把"营销"与"销售"联系起来，比如"营销是拉力，销售是推力"的说法，一度被广为接受。概言之，两种力的作用方向一致，共同发力把货卖出去。

其二是把"营销"与"品牌"相混淆。如果只是把"markcting"理解成"branding"（建立品牌），倒还不至于太离谱。比如，当一个创始人认为自己成功的原因是创建了品牌的时候，实际上往往是他做对了几乎所有事情，只不过最终的结果沉淀为品牌。但麻烦的是，现实中企业经常把"营销"理解成"品牌营销"，进而等同于"品牌传播"，于是变成了"做营销就是做品牌""做品牌就要打广告"，这就变得愈发狭隘了。

许多译者在翻译营销学理论的时候，都要在"营销"前加上"市场"

二字，即"市场营销"。我估计就是担心造成概念的混淆与误读，要指出营销是一项完整的市场活动。

不过现状已经很难改变了。恐怕许多人都很难一下子说清楚，营销部、品牌部、市场部、营销中心等名称之间究竟有什么不同。如果有可能做一点纠偏的话，我想强调，"营销"既然取自"marketing"，就应重视其市场功能，即对企业市场活动的指导性。

许多人都知道，德鲁克对营销颇为重视，他认为企业只有两种基本功能，即营销与创新。但很少有人了解，德鲁克一直担心人们只是把营销理解为广告或推销，他也批判过"营销只是处理好产品、价格、渠道与促销"的观点。德鲁克认为，营销不是一项战术性工作，而是一项基础性工作，应把营销视为发现最佳机遇、指导企业运作过程的重要推动力。

事实证明，德鲁克的担心是有道理的。目前中国许多行业的现状就是，品牌传播过度，但市场机能不足；对营销的理解是片面的，更多只是对顾客的购买行为进行了有效牵引；忽视了营销与研发之间的协同，没有把研发的力量牵引到顾客的需求上去，错失了产品创新及改进的机会，也没有建立起企业与顾客之间关系的良性循环。

实际上，做营销要完成一场对话，而不是进行一场演讲。就像在邻里时代，假如街角有一家粮站，邻居们反映最近想吃什么米面，商家是一定要做出回应的，这样才能建立起联系，关系上也更亲近。否则，生意很可能是做不下去的。

就像神谷正太郎很清楚，丰田汽车之所以能取得长足的进步，很重要的一点就是一定要把顾客留在企业的内部，即把顾客的意见或抱怨作为改进的基础和动力，否则早就被淘汰出局了。据说，负责销售公司的神谷正太郎与负责工业公司的石田退三，两位老先生吵了一辈子，直至双双退休。但这种争吵在很长一段时间内对丰田是有益的，对产品改进是有益的，最终对顾客也是有益的。

ZARA 也没有放过这样的机会。商品流速的背后是信息流速，是产品迭代的速度。一方面，ZARA 给每位门店经理配置一部特制的 PDA，经理通过 PDA 直接向总部下订单，或与总部相关部门沟通。顾客结账时，店员也会借助 POS 终端，将商品特征及客户数据输入计算机中，并最终传达到总部。另一方面，设计师对 POS 终端和门店经理反馈上来的信息进行分析，对产品进行改进，根据顾客需求调整颜色、剪裁和面料等，从而最大限度提高商品的销售率，有效降低库存，并预测下一批商品的设计走向与生产数量。

也就是说，企业需要在扩大再生产过程中建立起有效的反馈机制，在研产销的主价值流程中形成业务闭环，即把消费领域产生的问题反馈于生产领域，在研发及产品层面解决根本性问题，使产品的"生产性"与"交换性"之间的矛盾得到化解，而不是一味地扩张，或一味地依靠销售环节单方面的努力，那恰恰可能是在拖延问题，或掩盖问题。

营销与研发之间的协同，只有在组织层面建立起管理机制，并形成相应的功能，才能使这一问题真正得到重视与解决。

以超市连锁企业为例，尽管其内部没有研发部门，但是价值创造流程依然是清晰的："业务流"通常由商品部门发起，商品部对产品结构和销售节奏负责，采购部负责落实商品部的计划，最终商品在门店完成销售。其实这也相当于研、产、销三环节。大多数连锁企业习惯将门店端设置为执行部门，负责落实总部的运营标准，但实际上，每天在卖场中都会产生大量的信息。最常见的就是顾客在货架前驻足后离开了，但顾客为什么没有购买？还可以怎样赢得顾客的满意？对这些问题的思考常是业务改进的方向。它们不直接体现为销售数据，但却是有用的市场信息，对改进商品部的工作是有价值的。那么，由谁来负责这件事？

企业小的时候，一体化的功能通常是由创始人实现的。两种类型的创始人最为常见：懂市场的技术专家与懂产品的营销高手。换言之，他们在营销与研发两方面都出类拔萃。但随着企业规模变大，分工越来越精细，如何在分工后再次实现一体化的功能，就需要由组织机制来承载。这未必是效果最好的方式，但往往是最为可靠的方式。

不少创始人在考虑协同问题时，习惯于让一人身兼两职，或由一个部门承载两种功能，复刻自己曾经的成功故事，但这通常对个人能力的要求过高，甚至在结构安排上本身就是不合理的。如同写书这件事，作者当然可以自己写完自己改，兼顾作者导向与读者导向，既是作者又当编辑，相当于既管研发又管营销，但这显然不太容易，因此有条件的话，作者当然还是要多听听编辑的意见为好。

另外，近些年随着数字化技术的发展，企业的确更有条件对用户进行分层分类的管理，做精细化运营，加速企业面效率的循环。但需要指出的是，数字化技术，例如数字化营销，只是一种手段，而不是目的本身，也不能解决组织的结构性问题。同时，数字化技术进一步发展下去，很可能有一天会引发信息伦理学的问题，即企业凭什么可以对用户进行分层，并施加相应的管理，这会不会引发进一步的阶层分化？

4. 跨部门机制与整体协同

随着企业的进一步成长，组织日趋复杂化，多产品线、多区域，业务越来越多，总部也愈加庞杂，如何实现有效管理就变得更具有挑战性。

但无论结构有多复杂，站在层级的角度，不管有多少个级别，实际上只有两个层次，即指挥层与执行层，例如总部与一线；站在流程的角度，业务流与信息流的运动方向只有正向、反向，以及循环。通常在结构上显得千头万绪的问题，按照业务流来梳理便容易一目了然；而站在管理的角度，导致混乱的通常不在执行，而在指挥，其表现出的结果是"上面千条线，下面一根针"，但究其原因往往是总部各流程间的关系没捋顺，导致主次不清、统分失当，总部政令频出，一线应接不暇。

跨部门协同是组织管理中经常要面对的问题，但这一表述却未必能反映出问题的实质。按照业务流、价值传递的逻辑来看，真正要协同的是相邻部门之间的关系，追求流程本身能够自然而然地通过，而不是在跨部门之间建立人为协同。这种人为协同，反倒可能是因为流程设置不合理而采取的补救措施。因此，跨部门协同常常解决的不是流程上的协同，而是功能上的集合，或称汇总，是由一个部门对诸多流程的最终结果负总责。换言之，由一个部门主导，多个部门配合，形成协同作战的效果。

最早在快消品公司出现的 GTM（go to market）部门，便是一种跨部门机制设计。顾名思义，GTM 解决的是产品如何走向市场的问题，它实际上是一个策略中心，将产品、品牌、渠道、终端等相关职能整合起来、统领起来，制订整体解决方案。尤其体现在产品上市阶段，GTM 部门争取第一次就做对。概言之，GTM 部门对产品在市场端的表现负总责，为此，它必须有决策权，掌握资源，以便有条件对最终结果负责。某跨国企业对 GTM 部门的定位如图 2-2 所示。

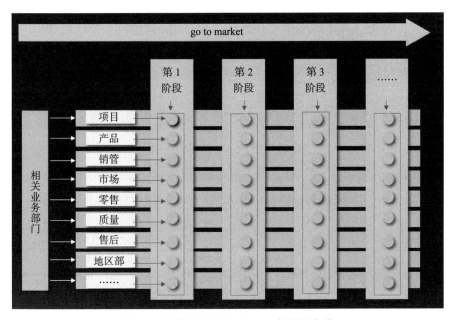

图 2-2　某跨国企业中对 GTM 部门的定位

注：由 GTM 部门拉通各业务环节，围绕核心目标，整合策略和资源，推动执行，建立起内部价值链有效的协作关系，实现全流程运营质量最优。

企业中所有的分工，到头来都是为了实现整体功能。也可以说，企业本是一体的，之所以分成不同的流程与部门，既是为了追求效率最大化，也是屈从于人的有限性。麻烦的是，手段可以分而治之，但目的仍然只有一个。怕就怕一年忙到头,每个部门都很忙,各流程都很忙,但最终却找不到人来对今年的收入增长负责,于是只能是老板负责。不少企业的内部管理都是这样,有很多领导,但都不担责,结果又回到老板负责制。

有的跨部门机制是有价值的,但有的本可以避免。越是在那些管理不健全的企业中,跨部门的协调与沟通越多,但往往又总是议而不决。除了流程上的问题,最经常的原因还是责权利匹配不到位,诸如责任不明确、权力不充分、激励后置等。

假设我们让营销中心对收入增长和利润目标负总责,但营销中心没有相应的产品定价权、品种组合决定权,那么从一开始,它就无法指导销售部门开展工作,于是营销中心只好选择做一些品牌活动,看似热闹,也能拉动销量,但其实没有能力对收入增长负责。再比如,假设我们想降低管理重心,更有针对性地对市场实情做出反应,把区域分公司升级为区域事业部,但管理机制不变,即区域无法对总部决策产生影响,那么区域仍然只是一个运营单元,而不是责任主体。即使加大了激励力度,但是对区域来说,也只能选择继续加强基础管理,其作用是有限的。至于究竟能不能拿到奖金,属于听天由命的事,自己决定不了。

还有一些老板喜欢将激励问题后置,不是把利益规则讲在前面,而是把"干好了再说""肯定不会亏待"等话挂在嘴边。于是,高管不是为了企业工作,而是为了老板工作,反正干好干坏老板说了算。长此以往,高管势必成为老板的附庸,习惯看老板脸色行事。在这样的组织里,很难找到真正愿意扛责任的人,最后出了问题只能老板自己扛。不客气地说,许多企业的老板负责制,其原因恰恰是老板一手种下的。

做管理要顺应人性的需要,而不是让人性去顺应我们的需要,尤其要尊重那些最基本的需要。近些年,随着移动互联网时代的到来,知识型员工、新生代员工越来越多,也影响到传统管理方式的有效性,但人性本身并没有发生大的改变。蓝领工人与互联网公司的高级白领,他们所从事的工作性质不同,后者的工作环境可能更人性化,但大家都是人,后者并不比前者更高级。马斯洛需求层次理论之所以被广泛应用，恰恰说明了人与人之间的基本需求都差不多，只是不同阶段与条件下的表现不同而已。

互联网时代背后的技术进步，更多改变的是工作方式，而不是工作中的人。至于到底对价值观产生了多大的影响，恐怕还要拉长时间周期再看。尤其对虚拟经济来说，业务流程在时间和空间上被大幅压缩了，企业和用户之间的距离被一下子拉近了。这更加要求我们首先要把工作看成一件完整的事，要产生整体效果，即在整合的前提下考虑分工，而不是在分工之后再考虑整合。这的确是一种重要的改变。

互联网公司的产品经理、研发与运营三者之间的关系，很像传统企业的营销、研发和生产之间的关系。产品分发相当于流通环节，同时，生产环节与流通环节被大幅压缩掉了。由于产品是虚拟化的，试错成本很低，反馈周期也短，再加上不同部门之间的工作几乎没有物理距离，因此互联网公司的跨部门机制通常是以团队工作制呈现的。产品经理就像营销中心负责人或品牌经理一样，发挥着营销功能，负责建立与用户的联系，代表用户发声，将产品研发的力量牵引到用户的需求上去。这实际上是由产品经理管理整个价值创造流程，对整体结果负责，对产品生命周期负责。

如果从更高层面来看待研产销流程，它所指的就不再是具体的研发、生产或销售环节，而是指每个企业的价值创造流程，都必然要经历开始、中间、结束的过程。互联网公司依然需要走完类似的过程，并重视各环节间的协同性，只是具体的名称会有所改变。传统企业与互联网企业的业务流程对比如图2-3所示。

未来学家托夫勒在2006年出版的《财富的革命》中曾预言，未来会出现一种"产销合一"模式（prosumer，即producer+consumer），如今已成为现实。互联网把实体经济中的大量中间流程、环节都简化掉了，使整个经济的运转速度明显加快。例如，电商让消费者与企业直接对话，加上物流企业的努力，许多商品得以夕发而朝至。而在此之前，如何对分销商与经销商进行有效的管理,对许多传统企业来说都是一个难题。

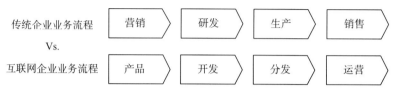

图 2-3 传统企业与互联网企业的业务流程对比

于是近些年,扁平化管理、敏捷型组织、合弄制等理念备受关注。事实上,道理跟互联网公司的做法是一致的,都是在客户界面上加强了协同作战的力量。例如,华为的"铁三角"模式(见图 2-4),以客户经理、解决方案专家、交付专家组建工作小组,共同面向客户,便是一种有代表性的跨部门协同机制。其原理与营销、研发、生产之间的协作关系相似,但管理重心被大幅降低了,响应速度大大加快了。

图 2-4 华为"铁三角"模式

这对人的能力要求也更高了。企业对人的基础素质要求更高,同时也要对其进行有效的培养,即智力是天生的,但优秀是训练出来的。从这个意义上讲,在知识经济年代,企业更需要在实际工作中重视对知识与经验的积累。正如日本一桥大学教授野中郁次郎的建议,每个企业都需要形成三种知识的沉淀：市场知识、产品知识与内部管理知识。如此坚持下去，才真正有可能实现把能力建在组织上。

基于责任分担匹配利益分享

如何进行利益分享，显然能影响人们的合作意愿。按照华为的说法，"全力创造价值，科学评价价值，合理分配价值"，这是一套完整的逻辑。无论价值创造流程本身多么合理，只有通过价值评价、价值分配做成闭环，它才具有生命力。

关于价值分配，是可以单独再写一本书的，这里只是针对组织内的横向关系、部门间的有效协同，给出一些利益分享的原则与方法。

1. 明确利益分享的原则

首先是针对组织重心及部门间关系进行价值排序。关于责权利匹配，一个基本的原则是，以责任为中心，权力跟随责任，利益跟随责任。否则，承担责任的部门、想做成事的人，没有相应的决策权，拿不到应有的资源，那么为了兑现业绩承诺，就很容易在组织内部争取资源和权力，造成内部站队，导致组织中政治形态的浮现。因此，权力要跟随责任。

同时，利益中间埋藏着组织里最大的政治，利益分配方式决定着组织内部的公序良俗。

根据责任大小、绩效结果的影响性、达成绩效的难度，遵循以下价值排序的原则，更符合人们预期的公平公正：

（1）对创造关键价值的流程/部门的分配，不应排在创造非关键价值的流程/部门之后。

（2）对发挥主导作用的流程/部门的分配，不应排在发挥非主导作用的流程/部门之后。

（3）对承担整体责任的流程/部门的分配，不应排在承担局部责任的流程/部门之后。

（4）对完成艰苦工作、取得突破性进展的流程/部门，应予以特别奖励。

不同企业的价值判断标准不一样。一个基本的规律是，对价值大小的衡量，是由行业的核心竞争要素、客户视角下的价值排序、竞争态势与企业战略选择等因素所决定的。所有的绩效结果最终都是为了让企业在竞争中取胜，而不仅是成为更好的自己。

关于激励问题的一个基本道理就是，你想得到什么就激励什么，激励什么就得到什么。如果产品创新是目前竞争取胜的关键，那么就应对负责产品创新的主导部门及相关部门进行重点激励，这不仅会让组织内部热情高涨，也会吸引行业人才向你靠拢。

同时想做一点提醒。目前许多企业喜欢搞内部赛马，然后强制排名，例如20%的A级员工重奖，70%的B级员工合格，10%的C级员工面临淘汰。但在我看来，内部赛马不可滥用。内部赛马的前提是性质相同，但数量与程度不同，才可以进行比较；不同性质的工作、难度不同的工作，不应被拉到同一尺度上进行评价；更不应为了排名而硬造出许多内部标准，那很可能是在推卸管理者本应承担的绩效评价责任。

对绩效结果做出评价需要花费管理成本，而内部赛马看似是一套省时省力的办法，也能减少人为因素，显得客观公正。但问题是，管理的有效性比节省管理成本重要得多。我们不能指望用一套标准解决所有问题。况且，标准本身也是人定的。如果对业绩目标的分配是主观的，评价标准是人定的，那么为什么评价结果就一定是客观的呢？实际上，人们需要得到公正的评价，享有机会上的公平，至于客不客观，并不是问题的重点。

正如德鲁克所言，企业内部只有成本，外部才有成果。许多时候，外部标准比内部标准有效得多。例如，能否提升市场占有率，缩小同行倍差，才是在区域市场中硬碰硬的较量，比在内部赛马中拔得头筹有意义得多。

重要的是把蛋糕做大，而不是分蛋糕。从这个意义上讲，企业中的价值评价、价值分配要围绕着提升竞争力、夯实事业基础做文章，而不是为了分配而分配，整天忙于优化内部管理体系。

明确利益规则的背后，考验的是管理者对业务问题的深度理解力；而能否对下属做出公正准确的绩效评价，考验的不是管理体系的优劣，而是管理者究竟有没有能力对下属进行有效的绩效辅导。

另外，管理者还需注意到激励手段可能产生的负面作用。许多管理举措都是一把双刃剑，比如，如果主张内部赛马，强化竞争意识，那么就很可能伤害到横向协同。除非作为组织设计者的你，想要的就是这种结果，并有能力将其维持在可控的水平。

换言之，一项举措不仅在传达管理者当下的意图，它还会产生波及效果，进而对人们的态度产生影响，并参与塑造整个组织的性格。

2. 落实利益分享的方法

在明确了分配原则，做出了价值排序之后，各部门如何参与利益分享？

通常有两种途径，其一是以关键事件追认贡献，其二是以实际收益分享成果。㊀这两种方式能否切实可行，都需要一定的组织条件作为前提：前者要有较健全的管理体系作为支撑，后者要有更充分的管理权威作为保证。

（1）以关键事件追认贡献。这是一种相对常规的办法，即在关键绩效节点上进行价值评估，确认其在整体结果中所做出的贡献，并建立相应的人事档案。在管理周期结束时，兑现个人利益。兑现方式可以直接是奖金，也可以是机会、职权、工资、股权及组合。

这实际上是企业处理二次分配问题的一种办法。毕竟，不是所有部门及人的活动都能直接产生收益。企业内的许多事都是有价值、不盈利的。况且，市场本身具有不确定性，不能因为市场的波动而否定人的付出，组织的抗风险能力比个人大得多。因此，许多公司都是借助职级体系完成了

㊀ 通常来说，企业只有两种方式对其内部机构及人的绩效产出做出评价，并兑现利益：要么按工作表现来计；要么按实际结果来计，比如收入、利润等，可进行独立考核。此处对两种利益分享方式的划分，与第三章中对组织结构类型的划分方式是一致的，即以任务为中心的组织设计、以结果为中心的组织设计。

由外而内的转化，即业绩是重要的，但业绩背后是能力；职级意味着责任，但升职是能力的体现。由此，人们更关注的是企业内的机会和职位，它们比奖金更具有持续性和成长性，而组织也因此避免了震荡。

（2）以实际收益分享成果。与前者相比，这是直接用一次分配的方式来解决问题，例如，销售提成就是这一类的典型做法，而且直接分收入，不是分利润。那么，既然可以对销售环节做获取分享，组织中的其他流程和部门为什么就一定不可以？

研发部门可以分享收益。如果技术革新、产品升级换代，能够带动老客户的汰旧换新，带动企业的利润增长，那么研发部就有资格参与新增利润的分享。三一重工就设置过"新增利润奖"，概言之，只要有新增利润，就从中提取一定比例，对研发人员进行奖励。

品牌及市场部也可以分享收益。如果某一市场活动能直接带来客流量或新增用户，而转化率、客单价等因素又有历史数据作为参考，那么便可以估算出所带来的收入增长，进而有条件兑现为奖励。

换言之，对收入、利润、增量等收益的分享，实际上是一种"模拟市场制"。它遵循的不是外部定价，而是内部定价，但是能够有效地传导市场压力，有助于形成直接面向市场的组织能力。而且企业越小、越简单，衡量起来就越容易。但是它要求企业的管理当局，必须对谁有资格参与分享，凭什么分享，以及分享多少等做出合理的解释。

综上，我们用了大量的篇幅来谈面效率。面效率要解决的是不同流程、部门之间的协同问题，触及企业运营效率的核心，并直接反映出组织能力的强弱。许多企业管理上出了问题，流程打不通，部门难协同，往往都需要在面效率层面找答案。

遗憾的是，不少管理者当遇到问题时，习惯的方式不是面对问题、研究问题、解决问题，而是试图用一个矛盾去掩盖另一个矛盾。例如，用第二曲线的问题掩盖第一曲线的问题，用模式的问题掩盖技术的问题，用文化的问题掩盖管理的问题。但很有可能，这实际上只是在拖延问题，到最后第一个问题没得到解决，反倒又多出来第二个问题。

许多企业家都是捕捉商机的高手，他们创意很多，下手也快，于是业务越来越多，摊子越铺越大。但问题往往出在，战略论证缺乏组织维度。其中许多人不止一次地跟我讲，"我们的战略方向没问题，是组织能力出了问题"。但这就像说，"大脑没问题，身体出了问题"。不过如果你是大夫，此时就要多问一句了："到底是身体的哪部分出了问题？"换言之，到底是组织能力的哪一部分出了问题？

放到十年前，组织研究还主要是一个理论界的话题，实践界对组织问题没那么关注，但现在则是动辄将管理问题诉诸组织，甚至探讨组织能力问题都成了一件时髦的事儿。但"组织能力"这一概念太宽泛了，它缺乏具体的指向性。我常常发现，两个企业家在热火朝天地谈组织能力建设，但彼此对问题的理解根本没在一个频道上。

组织理论奠基人巴纳德曾谈到，"不应使人们产生这样的期望，即对社会中人类行动的研究，会比我们的思想可能从事的最复杂的研究简单一些"。

如何让企业真正成为一个组织，形成组织起来的力量，几乎涉及管理所要面对的所有核心问题。但组织是有内在逻辑的，其道理是可以被澄清的。本书也正是从这个维度上贡献价值的。

四、体效率——企业间效率

体效率所关注的问题不再局限于企业内部，而是关注企业与企业之间的分工与协同，即如何提升不同企业体之间的合作效率。

关于企业体之间的合纵连横，值得书写一部浩荡的产业史：一边是成就企业帝国的梦想，向产业一体化进发；一边是反垄断诉讼，企业面临分拆。几乎每个产业的发展，都伴随着从群雄并起、逐鹿中原，到并购重组、产业整合，然后再解构、重构的过程，称得上合久必分，分久必合。

现在又有了新的发展，即在全球化与互联网的双重影响下，产业社会中的内在联系似乎从未像今日这般频繁与充满想象。一方面，随着企业可链接的范围在广度上被打开，不再有明显的时间与空间上的界限，价值交换的速度、密度、精度都在往纵深处发展，产业分工进一步细化，企业完全有可能仅凭单一能力立足，并成为全球化企业；另一方面，超级企业帝国正在崛起，像谷歌、微软、阿里巴巴、腾讯等企业，它们的业务触角已遍布产业社会的方方面面，事业版图无远弗届，甚至自成一经济体。迟早有一天我们必须认真回应：一个组织的边界到底在哪里？又该如何界定？

社会化合作正日益广泛。越来越多的企业内部流程可以以外部合作的方式来进行，部门与部门间的关系正转变为企业与企业间的关系。在此背景下，对于现在的创业者、企业家，更值得思考的是，从整个价值链条出发：

第一，哪些环节是可以进行合作的，以提升效率？

第二，哪些环节是应该予以保留的，以守住核心？

第三，随着信息化社会的深化，聚焦于哪些环节的企业更具前途？

哪些环节可以合作

站在产业维度看企业，就会发现这中间有大量的重复性配置及可优化的空间。换言之，每个企业做的一条线，在产业看来可能就是一个点。只要从分工走向协同，便可能提升整体效率。

未必每个企业都需要做产业经营^㊀，企业家未必要像投资银行家那样致力于产业效率的提升，但可以借鉴其中的思维方式，从整体利益最大化的角度出发，谋求合作伙伴间的双赢局面，提升运营效率，令企业从封闭走向开放，从自治走向协作。

哈默与钱皮在1993年曾发表"企业再造"宣言，指出随着信息技术的发展，组织之内与组织之间的工作流程与业务流程需要再造。如今这在许多方面已成为现实。

㊀ 按照企业的经营范畴及不同的发展阶段，通常可以将企业的经营模式分为产品经营模式、企业经营模式、产业经营模式等三种类型。

宝洁和沃尔玛的故事就是这样的。曾经，这两大巨头之间也是相互斗法。宝洁企图控制沃尔玛对其产品的销售价格和销售条件；而沃尔玛也不甘示弱、针锋相对，威胁要终止销售宝洁的产品，或把最差的货架留给它。但在销售帮宝适纸尿裤这款产品时，却不经意间促成了两家公司之后的深度合作。

纸尿裤的单价不贵，所占库存的空间却不小，同时销量大、走货快，因此想掌握好库存平衡是一件很困难的事，成本也很高。这对双方都有改进的空间，于是双方开始商量解决之法。沃尔玛在与宝洁的接触中感到，后者开发的"持续补货系统"能有效解决这一问题，于是将双方信息对接，纳入同一套系统。这样宝洁除了能迅速知晓沃尔玛物流中心内的纸尿裤库存情况，还能及时了解纸尿裤在沃尔玛店铺的销售量、库存量、价格等数据，更利于改进商品管理。而对沃尔玛来说，将库存管理权交给宝洁代为实施，从原来繁重的物流作业中解放出来，可以更专注于销售活动。

这在业界确立了"宝洁—沃尔玛模式"，就像沃尔玛创始人山姆·沃尔顿对宝洁高管所说的那样，"我们的做事方式都太复杂了。事情应该是这样的——你自动给我送货，我按月寄给你账单，中间的谈判和讨价还价都应该去掉"。

此后，宝洁和沃尔玛又合作了 CPFR（collaborative planning, forecasting and replenishment，协同计划、预测与补货）流程。流程实施的结果是双方的经营成本和库存水平都大大降低：沃尔玛分店中的宝洁产品利润增长了 48%，存货接近于零；宝洁在沃尔玛的销售收入和利润大幅增长了 50% 以上。

直至今日，"宝洁—沃尔玛模式"都被视为协同商业流程变革的开始与典范，CPFR 也成为供应链管理中的一种业界标准。

由上述案例可见，从产业角度来看，宝洁与沃尔玛在产品的流通领域有不少重复的资源配置，甚至部门名称也是类似的，人员能力也是相似的。实际上它们属于同一类流程，只是分属于两家企业，而且为了衔接顺畅，彼此都为对方留了接口。正因如此，反过来看，便可以合并同类项，降低交易成本，消耗更少，但效果更好。在此过程中，合作心态与解决之法同样重要，甚至更为重要。

哪些环节应该保留

以前的企业总是习惯于能自己做的，就自己做，现在则是能外包的就外包。那么，哪些环节应该被保留下来？

容易想到的是把技术和品牌留在自己手里，即把研发能力与市场功能保留下来。不过，按照卡尔·维克教授的说法，还要重视那些具有"链接索"（link pins）作用的环节，正因它们的存在，整个价值链条才得以完整，得以发挥功能，它们起到了关键的连接作用。

戴尔的做法就是这样。在整个电脑行业的历史上，戴尔曾以颠覆性的"直销模式"风靡一时。与传统的研产销串行模式不同，戴尔是先从客户那里直接接受订单，在收到订单后，按照客户指定的规格立即组装产品，然后直接给客户发货。如果用现在的说法，戴尔那时就是 C2B 了（customer to business，从消费者到企业）。

戴尔的模式极简，没有分销商，没有零售终端，没有库存，这些中间环节都被省略掉了；能力极强，大规模定制、总成本领先；速度极快，从接受订单到送出产品，只需 36 小时。所以在很长一段时间内，戴尔模式近乎无解，它发展迅猛，堪称行业公敌。

但有意思的是，戴尔始终没有把组装厂外包出去，一直坚持在自己的工厂里进行组装。照理来说，工厂是最应被外包出去的环节。尤其组装厂，更没必要保留。这非常符合宏碁集团创始人施振荣先生提出的"微笑曲线"理论，即企业应专注于价值链的两端——研发与营销，远离低附加值的制造环节。而且，宏碁的主业也正是电脑。

戴尔曾在全球拥有 5 大生产基地，都是用自己的员工组装并发送所有电脑。时任运营副总裁基思·麦克斯韦是这样解释原因的：

"在戴尔的制造系统下，整个组织必须要进行整合。清除缓冲地带、不留库存，这意味着整个组织必须要完全联动，拧成一股绳并发挥作用。不管什么工作，都无法往后推，都无法做了一半就放在一边，因为我们根本就没有'堆积如山的工作'的概念。"

也就是说，戴尔自己想得很清楚，整个戴尔模式的传动轴就是组装厂。如果失去了这一关键的组装能力，垮掉的将是整个戴尔体系。

有意思的是，针对戴尔的崛起，IBM 曾进行过两轮阻击，而且时间点都很靠前。作为行业领头羊，IBM 很早便注意到戴尔的威胁，1992 年，就成立了名为 Ambra 的独立事业部，进行直销业务，两年后宣告失败。面对戴尔疯长，1998 年，IBM 再次设立独立的 Aptiva 产品线，通过互联网直接向顾客出售电脑，效仿戴尔，效果还是不理想。而这两次，IBM 都是将组装环节外包，其中 Aptiva 就是由宏碁提供代工。

可见，商业模式与组织能力真的是两码事。借鉴一种模式容易，但形成一种能力不易。事非经过不知难，许多想学戴尔模式的企业，说到底还是没能参透其模式的要害到底在哪里。

但是站在戴尔的立场上，你的商业模式越有吸引力，就越要提早做好布防的准备。换句话说，凭什么别人做不了？你到底创造了怎样的附加价值？究竟哪种本事才是你业务的护城河？

戴尔模式了不起的地方在于，它恰恰是把一个不起眼的中间环节，做出了核心竞争力，形成了竞争壁垒。其局部价值不大，但整体价值很大——这刚好很容易成为"聪明人的盲区"。

哪类企业更具前途

互联网对整个产业社会的影响是深刻的，而且几乎不用怀疑，这种影响才刚刚开始。产业互联网时代的大幕，如今才徐徐展开。

互联网令信息在人与人之间的关系、物与物之间的关系，在时间、空间维度上得到极大的释放，从而改变了信息流、资金流、物流的价值创造和价值传递的过程，与这些环节相关的产业及企业皆会受到影响。

如何从信息的角度理解产业和产品？东京大学教授藤本隆宏提出了

一个富有创见的公式：**产品 = 信息 + 介质**（见图 2-5）。藤本隆宏认为，"无论是制造业也好，服务业也好，企业提供给顾客的商品都可视作将某种设计信息传递给某种介质"。

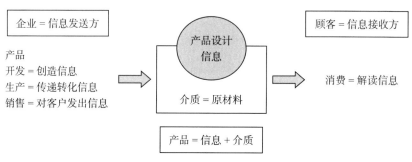

图 2-5　产品 = 信息 + 介质

资料来源：藤本隆宏.能力构筑竞争[M].许经明，李兆华，译.北京：中信出版社，2007.

哪怕一盏台灯，也是在原材料上承载了制造者的心思，即信息 + 介质。以此观之，企业是信息发送者，顾客是信息接收者。企业通过产品发出信息，顾客解读并接收到这种信息，在消费过程中得到满足。而企业间的业务流程、企业内的工作流程，都可以看作是为最终产品而进行的创造、传递及转化信息的过程。

正因如此，藤本隆宏教授进一步提出，"消费者所消费的东西本质上是一连串的信息。信息本身就是一种产业，也可以把全世界所有产业都看作广义的信息产业"。

这实在是提供了一种很好的理论解释，甚至就像在工业时代与信息时代之间架起了一道解释的桥梁。让我们得以更清楚地看到，产业社会背后的决定性力量始终是信息与知识。

近几年在实践中，我们也经常见到，新生代企业的成长速度越来越快，以前要花上十几年，甚至几十年，才能走完的规模化扩张之路，现在只需要短短几年。这背后有赖于各种力量的助力，包括行业景气、技术、资本、管理，以及人的创造力等。但还需要注意到两类前提条件：

其一是得益于中国制造多年所积累下的、丰富的"关键要素市场"，诸如生产体系、供应链体系与人才资源；其二是得益于互联网与信息产业的发展，使要素之间的快速组合成为可能。借用本书的概念体系来说，就是企业之间的体效率得到了极大程度的释放。

这类快速成长的企业，或许在某一时点具有投资价值，但未必真正具有前途。就像许多新生代企业享受到了时代的红利，取得了惊人的商业上的成功，但未必创造了新的价值，也未必能够持续成功下去。

比尔·科曼认为，"一个初创公司不是一个技术公司，而是一部学习机器"。这在一定程度上是对的，企业的快速成长取决于它学习知识的速度。但反过来说，企业是否有未来，却取决于它积累知识的能力。

现在，许多人对数据问题过于关注了。也有不少人认为，互联网企业每天都在积累大量的数据，因此更具有发展前途。这很可能是一种误读。数据的确可以成为一种资产，就像石油、钢铁等资源一样，可以作为一种生产投入的要素，并带来相应的产出。但生产要素的增多不等于技术的进步，也很难推动企业的发展。更何况，每天都在大量积累的数据资源恐怕也未必能成为稀缺资源，未必能形成可持续的竞争优势。

博伊索特认为，数据不等于信息，信息不等于知识。如图 2-6 所示，数据是事件的一种属性，知识是行为主体的一种属性；数据经过行为主体的感性与理性过滤才成为信息，即数据经过人的解读才成为信息；而知识建立在信息的基础上。反过来，人们之所以能够通过制造产品传递信息，并不是因为他掌握数据和信息，而依然是因为他掌握知识。

许多企业即便声称它是数据驱动的，但真正给它们带来竞争力的，却是知识。它们的强大之处，绝不是因为仅仅留下了一堆数据，而是对数据进行了有效的分类、处理和解读，并在此过程中产生见解，积累下知识。

因此，真正富有前途和想象空间的企业，不是生产数据的企业，而是在其扩大再生产过程中，或称投入产出循环中，能够持续完成知识积累的企业。如果这种知识是结构化的，那便可能形成一种独特的竞争力；

如果这种知识积累的过程是成体系化的，那便可能形成一种自我进化的能力。企业依靠这种能力，在本质意义上与竞争对手拉开差距。

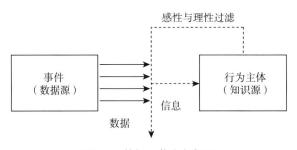

图 2-6　数据、信息与知识

资料来源：马克斯 H 博伊索特.知识资产：在信息经济中赢得竞争优势[M].张群群，陈北，译.上海：上海人民出版社，2005.

这一内在的成长规律不仅适用于互联网企业，对传统企业同样如此，只是互联网企业有更便利的条件做到这一点，从中也更便于我们把握企业成长问题背后的实质。

| 第三章 |
··· CHAPTER 3 ···

组织层级与结构效率

引言　结构效率大于运营效率

组织流程关注的是横向分工体系，层级则指向纵向分工体系。两种体系相互交织形成组织结构。组织中的各单元及成员，都处于某种结构之中，结构的有效性往往直接影响着运营效率，乃至组织的整体效率。

在做中西方管理比较研究时，不知是受到经济发展阶段的影响，还是由文化因素所致，许多中国企业遇到困难，第一反应往往是靠人来解决问题，相信人定胜天。领导多关注一点，员工再干得辛苦一些，拼一拼，扛一扛，事情也就过去了。所谓"有条件要上，没有条件创造条件也要上"。这种精神固然可贵，但很可能并未解决系统性问题，也没有让整个组织的能力变强，恐怕下次还会遇到类似的问题。

但习惯于从整个组织角度思考，业务流程是否合理，组织结构是否完善，经常是欧美企业的特长。organ 在西语体系中本身就是器官的意思，器官即功能。在哲学家维特根斯坦看来，是语言决定了思维，而非思维决定了语言，我不知道有没有这方面的原因。实际上，一个有效的组织框架、结构间的关联，就像人的骨骼和器官系统一样，如果这个人的生理系统是不健全的，那么再多的计划、再多的努力、再密集的协调工作，都无法将整体运转水平提升到高层次的状态。

换言之，我们不仅要解放人的生产力，更重要的是还要解放组织的生产力，解放生产关系。如果组织的结构性问题没得到解决，业务流程也很容易被卡住脖子。结构往往比流程对组织效率的影响更大，甚至也更为根本。

无印良品就遇到过这类问题。前社长松井忠三曾谈到一段组织结构变革的往事。你会发现，这是一类在许多企业中都常见的问题，就像发生在我们身边，而无印良品也未能免俗。

松井忠三说："部门本位主义的根源经常存在于罹患大企业病的企业的组织结构之中。"

那段时间，无印良品为强化"造物机能"（可理解为"产品创新能力"），设立了三个部门——商品开发部、生产管理部和库存管理部，并分别配置了部长。本意是让三个部门通力合作，但事与愿违，三个部门最终发展成了相互竞争的模式。

一方面，库存管理部为了减少库存，采取降价措施促销商品。如此该部门实现了良好的库存管理，并在公司内部受到表彰。

另一方面，生产管理部的工作是确保产品品质和提升生产效率。因此，该部门为了保持高效率生产，对复杂的商品表现出了不满情绪。

而与此同时，商品开发部还在为了酝酿热销商品而不得不做了许多错误的尝试。可以想见，这个部门在组织里是受累不讨好的，难以得到足够的支持。

于是，松井忠三感慨，每个部门只考虑到各自的利益，却使公司整体陷入了泥潭，这就跟许多政府部门存在的官僚主义的弊病如出一辙。"在此情况下，各个部门坚持己见，互相推卸，达不成共识。"

怎么办呢？松井忠三采取了变革，将商品开发部的头儿任命为首要责任人，并在其下设置库存管理和生产管理负责人。这样一来，在一个人的指挥下，工作得以顺利进行。

松井忠三谈到，"一旦改变纵向结构，就会产生横向合作，各负责人同时产生问题意识，拥有了当事人的视角。只有这样，才能最终建立起直接面对问题本质的体制"。

我们可以从三个角度来理解这一案例。其一是就纵向分工体系自身的属性来看，权力、层级、指挥、控制……在某种意义上都是组织的必需品。对这些要素进行合理的设置与管理，才能确保横向的业务流程间的贯通、部门间的协同。

其二是就结构对战略的影响来看，组织结构一定会影响企业内部员工的精力和注意力的导向，因此，组织设计必须要与企业希望强化的组织能力和战略重点紧密关联。例如对无印良品来说，新的战略方向是强化产品创新能力，那就要将商品开发部的地位凸显出来，并以这一部门为龙头来驱动整个组织，所谓"战略决定组织"。

其三是就人的视角，站在当事人的立场来看，不同的位置决定了不同的思考方式。组织结构的变化带来新的合作意愿，新的意愿催生新的能力。从这个意义上讲，企业大了之后，所谓的人力资源管理不是基于人本身的管理，而是基于组织的管理，然后把人放进去，才能逐渐摆脱对个别能人的依赖。人走了，组织结构还在，机制还在，功能还在。

当遇到问题时，企业就具体的人、具体的事争对错，是一种近乎本能的反应，总是很难跳出来看问题。因此，《孙子兵法》中所说的"求之于势，不责于人"，这种思维方式才非常可贵。

做好管理也常常需要如此：求之于组织，不责于人。

一、对组织设计基本类型的划分

迄今为止，尽管关于各类组织结构的说法五花八门、不胜枚举，关于组织创新的言论也总是层出不穷，令人眼花缭乱，但真正具有代表性的组织结构设计实际上仍然只有三种。

（1）以任务为中心的组织结构设计，以直线职能制、团队制为代表。

（2）以结果为中心的组织结构设计，以独立核算的事业部制为代表。

（3）以关系为中心的组织结构设计，诸如母子公司制、企业集团、金融控股公司、平台组织等。学界也将其称为"超组织管理"，顾名思义，指超越组织自身边界的管理。

之所以只有这三种基本类型，是由企业与其所辖单元之间的管理关系的性质所决定的：要么以任务为中心进行管理，要么以结果为中心进行管理，要么对其间的关系问题进行处理，如以股权为纽带或以业务为纽带等。换言之，对组织基本类型的划分，与具体的组织形式及名称无涉，关注的是其背后所涉及的管理性质，并以此做出区分。

就管理责任而言，以任务为中心的组织设计回应的是责任的分与合，即部分责任与整体责任；以结果为中心的组织设计强调的是责任的完整性，即落实完全责任主体；以关系为中心的组织设计侧重的则是直接责任与间接责任之分。

诸如矩阵制、品牌经理制、小组制、阿米巴、合弄制、自主经营体、扁平化组织、敏捷型组织、无边界组织等，通常只是对三种基本组织设计的变形、组合、改良或折中，甚至有些主要只是措辞层面的差别，或突出某种状态，而不具有本质区别。

其中，矩阵制是一种常见的、被普遍应用的组织模式，而且的确可以在结构层面与其他模式做出明确的区分，但就其管理性质而言，矩阵制体现的是一种以任务为中心与以结果为中心之间的折中。换言之，矩阵制可以被理解为部分的直线职能制，加上部分的事业部制。矩阵制组织的双重职权结构如图3-1所示。对矩阵制组织单元的考核，可以选择更偏向关键事件法，也可以以收入利润为主，这需要依具体情况而定。矩阵制可以兼具直线职能制和事业部制的优点，当然，也可能兼具缺点。从责权利相匹配的角度，矩阵制不具有事业部制那样的完整性，但更利于取得一种管理上的平衡。不过也正因上述，矩阵制不能被算作一种组织设计原则的代表形式。

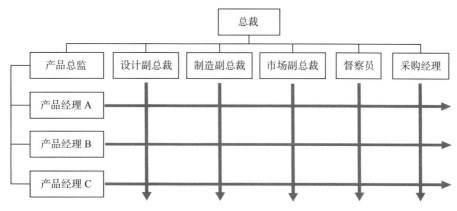

图 3-1　矩阵制组织的双重职权结构

我们在现实世界中所经历的组织结构，经常是某些基本模式的组合，就像矩阵制这样，甚至也可能是被打了折扣的、并不完善的版本。如果不对组织结构的基本类型进行研究，并把握其内在规律，就很容易被各种花样繁多的模式创新牵着鼻子走，为了模式而模式，反倒离真正要解决的组织问题越来越远。

另外想做一点提醒的是，以结果为中心的组织设计与绩效管理中的过程考核抑或结果考核不是一回事，而是更高维度的问题，即先在组织层面确认某一业务单元在管理关系中的责任主体地位，然后才涉及具体管理办法的选择。

二、以任务为中心的组织设计

以任务为中心的组织设计意味着，组织中的各部门及团队的工作能够产生成果，但并不直接体现为市场结果。例如，人力资源部、财务部对其他部门的支持，研发团队所取得的阶段性进展，品牌部所主导的市场活动等，都可以归于此类。实际上，这一类型是对组织内分工合作体系的一种必然回应,即组织整体绩效是所有人的共同努力才换来的市场回报,至于每个人究竟贡献了多少,是难以被还原的。

我们在企业小的时候更容易认清这一点。创业团队的合作模式就是这样,每个人的工作到底体现为多少市场价值,账是算不清楚的,最后老大说了算。老大也必须尽量公允,否则兄弟们不会跟着你干。就像企业史学家钱德勒所谈到的,市场是一只看不见的手,管理是一只看得见的手。对组织内各项任务的价值评估,只能依靠管理权威。

直线职能制是这一组织设计原则下最典型的代表形式。顾名思义,"直线"意味着纵向决策分工,例如指挥与执行,或是高层、中层与基层;"职能"意味着横向专业分工。⊖直线职能制可以被认为是一种最基本,但也最普遍的组织结构类型。它就是纵向分工体系与横向分工体系最直接的体现。甚至很难想象,一个企业如果完全不采用直线职能制,还可以用什么办法来解决分工与合作的组织问题。

直线职能制在组织结构图上呈现出金字塔、正三角的形状,这实际上是横向分科、纵向分层的一种必然结果。但无论是金字塔模式,还是"科层制""官僚制",近些年在媒体语境下通常都是以贬义词形象出现的,代表着落后的管理模式,是被批判的对象。⊜

⊖ 在严格意义上,直线职能制在发展成熟以前,经历过直线结构(line structure)与职能结构(functional structure)两个早期阶段,之后合二为一。但放到今天来看,已很难在现实中找到单纯的直线结构或职能结构的企业,因此我们直接给出直线职能制的定义,但在谈及具体运作机制时,仍会分成"与直线层级相关的问题"及"与职能部门相关的问题"。

⊜ 历史上普遍认为,直线职能制(line and function system)最早是由法约尔正式提出的,而韦伯提出了科层制(bureaucracy,又译"官僚制")。两者在实践形式上有共通之处,例如都体现为横向分科、纵向分层,但又有不同侧重。法约尔做过很长时间的总经理,更多是从实践出发,并提出劳动分工、等级链、统一指挥、统一领导等14条管理原则,对后世影响深远。韦伯是学者与思想家,他所提出的bureaucracy,强调这一组织模式应建立在专业分工与工具理性的基础上,排除感性因素,确立法理权威,其实更类似于军队体系、军令严明,跟中文语境下的"官僚制""官本位"不是一回事。后来有学者为了校正这种"中国式误读",将其翻译为"科层制",但又不符合bureaucracy的原意。

但实际上，组织模式至少应由"结构"与"机制"两部分组成：结构主要指部门与层级的设置，对机制产生影响；同时，组织内部的运行机制也受到业务流程、组织形态的影响。许多时候，组织模式之间的不同不是由结构所决定的，而是取决于运行机制的不同。[⊖]例如，被不少人推崇的倒三角模式，其组织内部也要分科室、分层级，员工人数同样多于管理层，如果要说有什么不同，也主要是运行机制方面的不同，在硬性结构上并无太大差别。因此呈现在组织结构图上，更像是同样形状的三角形究竟是正着放，还是倒着放的问题（见图3-2）。

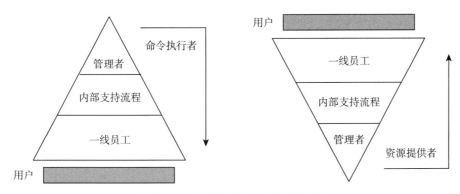

图 3-2　正三角模式 Vs. 倒三角模式

另外，机制的运行要想产生效果，必须以相应的能力作为支撑。这也是本书反复提倡"组织机能论"的原因：一方面是组织机制的建设，组织即编织；另一方面是组织能力的发育，组织即器官。这样在逻辑上才是完整的，在实践中才是行得通的。

⊖ 之所以对"结构"与"机制"做出概念区分，是为了强调结构背后的运行机制的重要性。目前有一种狭义的理解认为，调结构只是对部门位置、业务单元间的关系进行调整，但实际上，更关键的是对结构背后的运行机制，尤其业务流程进行调整。在本书界定下，组织结构由纵向分工体系与横向分工体系构成，因此，对运行机制进行调整就意味着对纵向层级间的运行关系、横向流程间的运行关系做出调整。但反过来，运行机制的有效性不仅仅与机制设计有关，它受组织能力的影响，也受组织形态的影响，或称之为组织形态的"反作用力"，本书将在第四章中谈及组织形态的问题。

由此我们也可以看出，正因为组织是一个系统，组织问题通常是以系统形式存在的，是纠缠在一起的。因此在解决问题时，我们必须首先弄清楚问题究竟发生在哪个层面，然后才是发生了什么问题，否则就很容易把机制的问题归咎于结构，把能力的问题归咎于模式。许多时候，出问题的恰恰不是模式本身，而只是没有把对的模式用对。

我们不能因为某一种组织设计是传统的、是过去提出的，就认定它是过时的、落后的。组织管理中并没有那么多新鲜的道理，毕竟，管理要通过人来发挥作用，而任何对人的管理都不会超越人本身。

没有哪种复杂的组织结构中能少了直线职能制的身影，其基本性恰恰反映的是其重要性。或许更值得我们关注的是，管理学中的一些基本命题，100年前如此，100年后如此，问题始终存在，也始终没有得到妥善的解决。

与直线层级相关的问题

直线层级，直接回应的是组织的纵向分工体系。而以组织视角观之，上下级关系所涉及的是一系列组织研究中的基本命题，而与人际间的交情关系不大，包括权力与权威、权威与组织、信息的不对称、管控与赋能等，体现的是层级间的交互方式及其影响。

能否形成健康的上下级关系，核心在于领导力的确立，进一步说，是上级的权威性能否得到下级的认可。这取决于下级的意愿，而非上级的意愿。另外，这不仅适用于领导与成员之间，对上下级的管理单元，诸如总部与子品牌、地区部，道理也同样如此。

1. 权力与权威

人们对权力和地位的追求，很可能来自人性本身的一种天然需要，即满足自己比别人更重要的心理。换言之，我比你重要。这种心理动机在人群之中几乎无可避免，而且还会相互激发。但另一方面，这一底层的竞争意识也构成一个人奋发进取的内在驱动力。

从群体层面来看，凡是有集体活动发生的地方，必有领导行为相伴而来，否则人们很难被有效地组织起来。我相信，许多人小时候都有类似的经历，哪怕是拍一张集体照，一堆孩子中总得有人站出来维持秩序，否则队伍永远也排不齐。实际上，领导是一种心理需要，而被领导、跟着走也是一种心理需要，否则就不会有从众心理一说。

有对猴群的研究表明，猴王的血清素浓度普遍高于猴群的平均水平。[⊖] 在人类组织中想做这样的实验，显然很不现实。不过，的确有许多企业家，从小就是孩子王。而创业成功者也需要有过人的精力和心理承受力，这在许多关于领导特质理论的研究中都一再被证实过了。

对于企业而言，组织秩序的建立必须有赖于领导力，同时也需要建立权力体系。在正式的职级体系中，职位越高，权力越大，掌握的资源越多。权力体现为一种 position power，即职位权力，所谓"官大一级压死人"。创始人通常天然地处于职位等级的最上方，拥有对下的命令权、问责权、奖惩权等，当然，责任也最大。这是自上而下地看问题。

自下而上地看，职位只能保障你拥有权力，但并不足以让下属服气，下属同样有权利选择是否认可你的领导权威。这种权威性可能来自资历、能力、业绩等诸多方面，但都与职位无关，而只与人本身有关。

真正的领导力必须建立在权威的基础上，而不仅是拥有权力。归根结底，领导力是一种 personal power（与人相关的权力），而不是 position power（与职位相关的权力）。

换言之，评判一位领导者是否具有领导力，其标准只能来自被领导者，其标准也只能来自他们的内心。也就是说，职位不等于领导力：不是说你身居高位，人们就必须服从于你；不是说你身居高位，你就能掌控一切；不是说你成为领导之后，就可以无拘无束。职位是被授予的，

⊖ 该实验发生在美国加州大学洛杉矶分校的医院里。有意思的是，研究人员将猴群首领关在一个只能从里向外看、不能从外向里看的玻璃房子中，即猴王能看到猴群，但猴群看不到猴王，也不会对猴王的指令做出反应。几天后，研究人员发现，猴王原来那高过一般水平的血清素浓度下降了。这个实验说明，领导者的高血清素浓度并不都是与生俱来的，至少有一部分是被领导者给予的。换言之，被领导者表现出来的顺从、恭敬和献媚会使领导者的血清素浓度越来越高，领导者因此而越来越自信、勇敢和从容。

但真正为你赢得尊重的是你的行为。

越是在知识分子扎堆、创意人才聚集的组织里，权力本身的控制力就越弱。这注定是未来的一种趋势。就像在曾经群星云集的央视新闻评论部，许多人对陈虻格外服气，不是因为他作为副主任的身份，而是因为他的水平。如敬一丹所说，她不是把陈虻看成领导，更重要的是，"他是我们的'业务领袖'"。在未来的组织里，这类评价一定不再是一种奢侈品，而只会成为一种必需品。

许多时候，组织秩序确立不起来的根本原因在于，管理者的领导权威不被确认，即便拥有权力，但下属并不认可其管理合法性。此时，如果身居高位者依然摸不清自己的斤两，试图端起来，那么相互折磨便开始了。当然，被领导者也可以选择行使自己的权利，包括罢工、怠工、弹劾上级，或直接离开组织。

孔子在《周易·系辞下》中有言"德不配位，必有灾殃；德薄而位尊，智小而谋大，力小而任重，鲜不及矣"，这始终可以作为对身居高位者的一种提醒。

2. 权威与组织

组织秩序的确立一方面要依靠领导力、各级管理者的领导权威，另一方面则要诉诸管理制度的合法性，或称法理权威。企业小的时候，尚可以依靠创始人的个人权威将人们组织起来，但当规模越大，制度权威的重要性就越明显。换言之，从团队到组织，企业在组织层面二次创业的核心命题是要完成从个人理性阶段向组织理性阶段的转变。

历史上最早对组织中的权威问题，做出系统性研究的是社会学大家马克斯·韦伯。韦伯探讨了一个关键问题——组织靠什么成为一个整体？

韦伯认为，要依靠权威将人们组织起来，这种权威指的是"具有合法性的权力"，而不同的权威类型对应不同的合法性基础（见表3-1）。

传统型权威以"信念"为基础，这种信念建立在传统之上，具有不可侵犯的管理合法性。例如，中国古代有"半部《论语》治天下"的说法，以"仁义礼智信"为道德准绳，以"温良恭俭让"为行为榜样，社会上则遵从"三纲五常""三从四德"的伦理秩序。你可以设想，在某个传统部落，族长就是以类似的传统风俗及训诫施行管理的。

表 3-1　韦伯提出的三种权威类型

权威类型	合法性基础的来源
传统型权威	建立在古老传统和惯例的神圣性之上的权威，比如通过王位继承获得的权威和服从等（传统型的统治）
魅力型权威	建立在对个人忠诚的基础上。某个人凭借超人的才能、杰出的品格、英雄主义及其创立的典范、信仰而拥有的权威（魅力型的统治）
法理型权威	建立在对理性、法律及官僚体制和法定授权的信任、服从之上的权威，即基于正式规则及法令的正当性（法理型的统治）

魅力型权威以"信仰"为基础，这种信仰建立在"超凡魅力"之上，甚至其魅力已具备某种宗教性质，具有神圣性。因此，魅力型权威指的是基于个人崇拜及对其提出和发布的规章的忠诚，强调"极度个人化"的关系，这种关系将一位英明领袖与一群忠实追随者联结在一起。简言之，"教主"与信众。这种例子在历史和现实中时有发生。

法理型权威以"信任"为基础，首先确立起一组正式规则的合法性，然后人们相信掌权者能够依循规则进行管理。换言之，信任以规则为基础，规则具有法律效应。而为了对这种法理型权威进行保障，它的执行需要以非人格化的正式结构为基础，而这种结构化的权威在现代组织中的体现就是科层制，或称官僚制。韦伯认为，现代社会中最合适的选择是科层制与法理型权威。

只有从这一角度出发，我们才能理解韦伯提出官僚制的真实用意，而不至于产生"中国式误读"，将其与"官本位"联系起来。

实际上，科层制、法理权威对抗的正是"官本位"。正是通过科层制，明确规定出各层级的责任边界，规定出上级不得干预的范围，才使得下级免于受到上级滥用权力的侵犯，使人们相信制度本身的公正性。如韦伯所指出的：法理权威中的上下级关系是稳定和可预知的，因为角色职责和层级关系是清晰规定的；下级要服从的不是上级这个人，而是遵从于非人格化的规则体系的约束。

科层制并未过时，大多数中国企业还没到能抛弃法理权威的时候，恰恰相反，其组织内部通常缺少的是纲领性建设。就像华为当年走过的"基本法"时期一样，许多中国企业也需要成为有自家宪章的企业：去企业家化，走向企业化，然后才有可能走向长治久安与基业长青。

不客气地说，如果一个企业里只有老板的个人权力，而没有组织理性、制度权威；老板想开掉谁就开掉谁，想提拔谁就提拔谁，依个人好恶与感觉行事，那么企业中就不可能形成健康的上下级关系与良性的组织秩序。长此以往，留下来的人只会学着看领导脸色行事，唯马首是瞻，体现为"被奴化"的过程，逐渐丧失企业立场和专业立场。

克服个人欲望，通向组织理性之路不可能一蹴而就。领导者的例外行为就是对制度权威的最大破坏。反过来，对组织成员来说，制度的确是一种约束，但也是一种人性关怀，它帮我们界定了权力与行为的边界。

另外，制度化建设还有一种自我强化的内在倾向，导致许多企业最终走向了繁文缛节。这是值得警惕的。不过在我看来，不少企业之所以结构上叠床架屋，制度上相互打架，也正是从人们抛弃了企业立场与专业立场，产生对权力的依附与追逐时开始的。

3. 信息的不对称

除了权力与权威，纵向分工带来的另一类问题是信息的不对称。

上下级看到的世界不一样，思考问题的方式也不一样。西蒙曾指出，组织内的决策前提有两类：一类是价值前提，更多基于对使命、愿景、价值观的认定，关心的是价值大小；第二类是事实前提，取决于对现实世界及其运行方式的认知，关心的是实现途径与方式。越是高层，决策中价值前提的成分越多；越是基层，受事实前提的影响越大。

但随着企业规模越来越大，受管理幅度的限制，纵向分工链条只会越来越长，权力体系越垒越高，信息衰减得越来越快。整个组织就像穿上了一层又一层的棉袄，对外在天气的变化越来越不敏感。

在此过程中，创始人开始离一线越来越远，离业务越来越远，起初只有上下级关系，属于"直接管理模式"；之后出现中层，过渡为"间接管理模式"；然后又有了中高层、中基层……管理类事务在企业家日常工作中的占比也逐渐增多。

有些人认为，企业大了之后，创始人要从业务导向转为管理导向。我不同意。事实上，无论企业的规模有多大，业务局面铺得有多广，企业家的位子有多高，作为领导者的核心任务仍是为整个组织下一步的发展指明方向，这是其领导权威的基础，如果不依托于对业务问题的深入了解，就很难征得下属真心实意的认同。

在我看来，创始人、企业家最可贵的思维品质就来自其过人的"常识感"。所谓"常识感"指的是，哪怕生意做得再大，心里一直住着一个"普通人"，能切身地理解普通人在工作和家庭生活中想什么，感受到什么，为何事所困，然后一下子抓到问题的本质。

但随着创始人在组织中的地位越来越高，离真实的业务场景越来越远，听到真话也越来越难，要始终保持这种常识感，就变得很不容易。于是，有的开始陷入逻辑自我循环，自话自说，甚至先射箭再画靶；有的迷恋上最佳管理实践，拿别人的手段解决自己的问题，但跟实际情况相去甚远；有的思维越来越抽象，把使命当战略，置眼下的处境全然不顾。这些都是要不得的，很容易在无形之中给企业埋下隐患。

越是身居高位者，越要警惕"管理的幻觉"，多回到事实本身。怕的是先入为主的观点太多，确有实据的事实太少。常识感依然重要。

首先是对业务的常识感。就像许多互联网公司，即使规模已经很大了，但创始人依然保持着产品经理的本色，是公司的"首席体验官"。腾讯创始人马化腾谈到，"发现产品的不足，最简单的方法就是天天用你的产品"，"心里一定要想着'这个周末不试，肯定出事'，直到一个产品基本成型"。在马化腾的推动下，腾讯形成了一个"10/100/1000 法则"：产品经理每个月必须做 10 个用户调查，关注 100 个用户博客，收集反馈 1000 个用户体验。用马化腾自己的话说，"这个方法看起来有些笨，但很管用"。

其次是对人与情势的常识感。特别是一把手长期、独自面对不确定的竞争环境做选择，承担决策风险，背负经营压力，还要为所有人赋予行动的决心与勇气，过程中不断进行自我说服，心态上就难免从自信转为自负，进而对组织的真实状态、成员的实际心声，把握得越来越不准。这时公司里就更需要有敢说真话的人、敢说真话的氛围。否则，创始人就真成了孤家寡人，高处不胜寒。

据华为高管讲，任正非先生有两个工作习惯，坚持了很多年：一是特别喜欢下一线，全球出差了解情况，开座谈会；二是喜欢在华为内部的"心声社区"潜水，华为员工可以匿名在这个论坛上发帖、吐槽、提建议，其实它相当于企业的一面镜子。这两个习惯很值得借鉴。

信息不对称这一问题，对创始人尤为明显，但各级管理者也要面对。经常有管理者抱怨不被下级理解，自己也有委屈。但问题在于，下级不体谅上级的难处，问题不大；上级不了解下级的情况，问题却很大。管理者的责任不是寻求人们的理解，而是要有所成就。

4. 管控与赋能

上下级之间的工作交互，不能只有管控，但也不能只有赋能。企业为确保正常的运行，必须进行适当的控制。只是站在下属完成工作的角度，他更需要的是得到指导，或称赋能。⊖

"管控"一词在不少人看来具有负面色彩，但不是所有的管控行为都是错的，我们有必要将"好的管控"与"坏的管控"分开。实际上，管控与赋能不是绝对的对立关系，真正值得探讨的不是二分法的管控与赋能，而是上下级之间如何更好地合作以确保工作达成。

管理者最常犯的一类错误是，误以为"人选对了，事就成了"，但实际上还差得很远。找对人，只能证明此人做成过事，但并不能保证他次次把事做成。管理者必须确保下属能够找到做成事的办法，或是与他一起想办法；同时还要做好过程管理，以确保下属有资源、有条件完成工

⊖ "赋能"（enable）是近些年流行起来的新词汇，但研究的其实是管理学中的老问题。彭罗斯等学者很早便提出"管理即服务"的理念，只是在新的时代背景下，这一问题凸显得更为重要。为理解上的方便，本书在涉及这一主题时也统一使用赋能的概念。

作，工作处于正常进展中；最后才是对成果进行验收。工作达成四步法如图 3-3 所示。

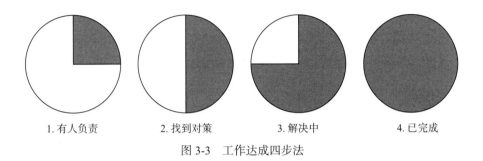

图 3-3　工作达成四步法

换言之，不能把一项工作交给一个人之后，就以为万事大吉了。如果真有那么简单的话，任何人都可以成为领导。

现实中常见的一种情况是，工作达不成就换人，再达不成就再换。这中间当然有可能是人用错了的原因。但如果次次都是人的问题，这种假设也未免太单一了些。

况且，除了找对人，找对策略，管理者还需要仔细评估：合适的绩效反馈周期需要多久？即在多长时间以后才可能看到绩效成果？否则很容易导致的一种后果就是，刚要有所起色就换了一拨人，又刚要有所起色又换了一拨人，最后搞得一团糟。

现在媒体上流行一种说法是，似乎到了移动互联网时代，管理变得不再重要，或是把传统管理与新管理对立起来。其实都没有必要。"管理"已发展为一个相当宽泛的概念，处处皆有管理，因此很容易攻其一点，便伤及其余。但就实践而言，我们必须具体问题具体分析，即为了解决什么样的问题，需要什么样的管理。

我们在每天的工作中都要与管理行为打交道，我们总是能在好的管理者身上发现好的管理，而这两者也总是同样稀缺。

好的管理者应成为下属的老师。教学相长的故事，不仅发生在课堂，更经常发生在工作指导过程中。但自己把事情做成与教会别人做事，通常是两件不同的事。就像每个企业内部都有做成事的方法，但真正形成方法论的企业却很少。越是涉及脑力劳动、创意活动的地方，想做出有效的指导便越难，它涉及的不仅是怎样完成工作，更是该如何进行思考。

在成为领导的过程中，管理者有机会抽身出来，站在更高维度上重新审视自己的工作，把做成一件事的规律找到。其经验背后的方法论、思考方式、做事原则，很可能传递的就是一家企业的价值观。这是形成教学型组织的根本。就像好的老师总是在教会我们如何做人，而不仅是如何成事。同样，好的管理是基于原则，而不是针对动作。

好的管理者也要做好下属的秘书。就像好的秘书总是处处为他人着想，尽力做好服务工作一样。好的管理者给下属交付任务时，也要经常有一种"放心不下"的感觉。这跟信不信任是两码事，它指的是管理者在安排工作时，都要假设一下，如果自己去做怎样才能做好这件事。否则，就会出问题，许多事情就做不到位。

只有假设自己去做这件事，才能考虑到在做事的过程中可能会出现什么样的问题，通过事前提示工作要领和跟进指导，才能使下属把事情做好。

除此，上级的确需要多了解一线的情况，但要谨防越级管理。实际上，没有什么比越级指导、越级汇报更容易把一位管理者架空的了。阿里巴巴有一个理念值得借鉴，即"跨级了解问题，逐级分配工作"。从利弊得失的角度来讲，一项工作的事成与否是小，对组织秩序的破坏是大。

与职能部门相关的问题

对业务部门与职能部门的划分，不同行业、不同企业有不同的分法。比如，研发部、产品部究竟属于业务部门还是职能部门，就存在争议。通常意义上，我们习惯将能够直接产生业务收入的部门，或处于主价值流程中的部门，称为业务部门；而将发挥支持性作用，或处于业务"支线"上的部门，称为职能部门。

一般来说，财务、人力资源、IT、行政等相对靠后的部门，是普遍公认的职能部门，对它们的管理也更明显地表现为任务导向。㊀波特的价值链模型如图3-4所示。

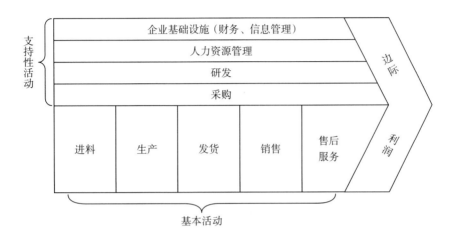

图3-4　波特的价值链模型

无论是业务部门，还是职能部门，都可以看作组织横向分工的产物，它们与直线层级一起，组成了直线职能制。㊁不同之处在于：对处于主价值流程中的研、产、销等部门，由于其业务本身就存在相互衔接的关系，

㊀　此处针对的是直线职能制中业务部门、职能部门间的划分，展现的也是一种最不容易出错的分类方式。实际上，这两类部门之间经常没有绝对严格的边界，只有推到极端情况下才是清晰的，例如，没有人认为销售部是职能部门，也没有人认为行政部是业务部门；在中间地带则是模糊的。它只是一种被普遍接受的人为划分，用以区分部门性质的不同。而在实践中，具体分法更是带有很强的主观性，例如，在推行区域事业部制后，将所有区域事业部称为一线部门、业务部门，而将所有总部部门称为职能部门，也是一种常见的分法。本章节对与职能部门相关问题的探讨，同样适用于总部职能与一线业务之间。

㊁　严格意义上，直线职能制中的"职能"（function），和通常中文语境下的职能部门不是一个意思，前者可理解为对所有部门的指代，强调部门具有某种功能。因此，此处对直线职能制的界定是准确的。同时，由于本书在第二章中对研、产、销等部门间的协同关系已进行过探讨，本节更多侧重于对纯职能部门的研究。而在多事业部制结构下，随着总部与一线分离，总部对应的业务部门，有时又被称为"业务职能"，同时服务多个事业部，实现了一种功能上的集约性，本书将在下一节的事业部制结构中进行探讨。

可按照流程协同的逻辑进行管理；而对处于业务"支线"的职能部门来说，尽管其发挥的作用是辅助性的，但由于同时服务多个部门，其产生的影响却可能是全局性的，因此对职能部门的有效管理，挑战甚至更大，也更为复杂。

在职能部门的身上，集中了专业化分工的好处，也集中了专业化分工的问题，反映出一种管理上的两难。由于职能部门的工作派生自业务部门，因此必须以服务为目的，能够理解业务端的需求；但作为一个专业部门，它也必须树立自己的专业追求，不断提升服务能力。而在服务多个部门的过程中，职能部门几乎不可避免地成为一个资源部门、权力部门，许多负责人都必须是高级管理者，这对胜任力提出了很高的要求。

另外，职能部门对业务部门的制衡，经常有助于实现一种管理上的平衡。职能部门如果完全倒向业务部门，那么企业很容易成为功利性组织，变得只有短期没有长期。企业内必须同时有两类人才：一类长于"开疆拓土"，而另一类善于"治国安邦"。

正如安迪·格鲁夫所言："好的经营管理，永远都是完全的'业务导向'和完全的'功能导向'之间的混血型组织，是在应对市场与发挥组织最大力量之间寻求一种最佳组合。"

1. 部门任务 Vs. 公司目标

事实上，凡是有专业分工的地方，就容易形成一种为了专业而专业的倾向，容易形成"部门本位主义"思想，以及厚厚的部门墙。只不过对于职能部门来说，问题经常会更加严重。作为专业化的服务部门，职能部门的内部只是存放着工具，对外才创造价值。

因此，对于职能部门的管理，首先要关心的是：你在为什么目标而工作？

德鲁克在《管理的实践》中讲过一个关于三个石匠的故事——有人问三个石匠他们在做什么。第一个石匠回答："我在养家糊口。"第二个石匠边敲边回答："我在做全国最好的石匠活。"第三个石匠仰望天空，目光炯炯有神，说道："我在建造一座大教堂。"

在德鲁克看来，许多管理者都和第二个石匠一样，更关心自己的专业，但只有第三个石匠，才是合格的管理者。

这就像在讲述职能部门自己的故事。能否从第二个石匠跃迁为第三个石匠，对职能部门的负责人来说，就像一道分水岭。工作思路不同，结果自然两样。前者只是在完成部门任务，但后者时刻考虑的却是公司总体目标。

职能部门在企业里似乎是这样一种存在：要么举足轻重，要么就无足轻重。只要你经历过一个好的人力资源部，或是跟一位真正到位的财务总监交流过，就会发现，其间的差别竟然有那么大。对职能部门的评价似乎只存在优秀与及格之别，而几乎不存在中间地带。

据我所见，职能部门高管与企业家、一把手的关系也是这样。要么成为核心决策层中的一分子，要么就指望不上能帮到什么大忙，别出乱子、别掉链子就好。

一个真正到位的 HRVP 也好，CFO 也好，跟你谈的从来都不是人力资源问题或财务问题，而就是业务问题，只不过他选择从专业角度去解决问题。而决定这位职能高管其自身段位的，也绝不是专业能力本身，而是他对战略及企业本质问题的理解力。

大多数职能部门高管的职业发展瓶颈，都不是卡在专业问题上，而是对问题的理解缺乏总经理视角。换言之，要想成为一个真正有所作为的 HRVP、CFO，首先要让自己在思维高度上成为企业中的第二个 CEO，而不能只是一个技艺精湛的手艺人。

不过，上述观点更多只适用于职能部门高管，即部门的工作方向和目标始终是第一位的，专业服务的有效性应排在服务效率之前。而对于部门中的年轻同事来说，树立专业追求，提高专业本领，做到专业傍身，依然是重要的。专业本身必须是值得尊重的。

现代社会中的每一门专业，之所以能长期存在，通常都有其自身的专业使命、专业尊严和专业美感。若是老师或职场导师未能让年轻人趁早领略到这一点,就很难激发起人们对这门专业的热爱和从事这份职业的内驱力了,但这才是事关教育有效性的核心问题。

2. 专业能力 Vs. 高管责任

其次要关心的是:职能部门如何从能力维度为整个公司做出贡献?这又涉及两个方面:其一是提升职能部门自身的服务能力;其二是以专业能力服务于企业成长。

(1)**关于职能部门的能力建设**。这属于管理学中的一类经典问题了,做得好的企业也主要是按照下述规律办事。

1)相信能力是由经历塑造的。人才培养方面的 721 原则被广为接受,即 70% 的学习效果来自工作历练;20% 的学习效果来自人际互动;10% 的学习效果来自正式课堂。那么也就是说,对于职场人士,科班与否至多只是入门条件,胜任与否主要取决于过往经历。

实际上,无论是选人,还是育人,最理性和克制的办法都是选择相信:人的能力是经历的产物,而不是意愿的产物。

人是活不过自己的人生经历的,有什么样的经历就造就了你是怎样的人。

2)轮岗是培养人才的有效途径。职能部门服务于业务部门,这决定了职能人士的胜任力需要是两方面的,即"通才"+"专才",或称通业务、懂专业。合适的培养路径只有两类:要么补上业务经历的不足,提升对业务的理解力;要么从业务转型,补上专业能力的短板。

实践界普遍习惯于批评,专业人才不懂业务;但问题总是相互的,业务人士也不太懂专业。

在更大范围上,由于企业本是一体的,对领导一家企业来说更需要有全局观,真正重要的是整车思维,而不是零部件思维。人不换位是很难完成换位思考的。因此,对未来领军人才的培养,轮岗几乎是唯一有效的路径,这已被许多企业的实践证明过了。

3)好的团队需要人才互补。实际上,人才禀赋的确是分类型的,有的人适合成为通才,有的更适合成为专才。况且,专业本身就意味着局限性。职能部门内部需要业务派,也需要技术派。目前,有的企业过于强调职能人士要有业务背景,这会对专业精神、专业沉淀造成伤害。

(2)关于职能部门的整体贡献。不少企业都喜欢讲,职能部门要服务业务多打粮食,但这只是问题的一面,另一方面,职能部门还有责任帮助企业增强土地肥力。换言之,企业需要在短期见利见效与长期具有意义之间取得一种平衡。通常,人们很容易注意到职能部门与业务部门交集的部分,但也需要看到它相对独立的价值。

华为曾对"功利组织"做过名词新解,说企业是以内部之"功力",求外部市场之"利益"。而职能部门在企业里扮演的角色,通常就是有价值、不盈利的。职能部门的许多投入,有可能短期都看不到效果,甚至不被人理解,但对夯实企业基础与核心竞争力有利;职能部门在必要的时候,也要拉一拉业务的缰绳,不过分透支,而是留有余地;职能部门更需对企业的能力成长负责,那些基业长青的企业总是把主要精力放在做企业而非赚钱上,其中许多做企业的能力,都是通过职能部门的努力,而存蓄下来的。

据我所见,哪怕是曾经做过职能高管的人,当转到业务口径之后,通常想的都是:"我得赶紧去赚钱。"正因职能高管不对收入及利润指标承担主要责任,反倒可以抽身出来想想短期利益之外的事,那是职能高管应承担的独特责任。

3. 职能工作对管理权威的消耗

还有一类问题值得关心,即长期从事职能工作可能产生怎样的影响。

事后来看,除了少数技术型岗位外,长期在一家企业从事某一类职能工作,并不是一种好的职业选择。对多数人都不适合,而只对少数人适用,因为它对这类人才提出了一种特殊要求:他必须长期甘居二线,甘做服务;他必须有自己的办法保持对业务的理解力,同时也能做到专业精进;他必须足够正直,但又要求情商极高,总能在总体上令人满意。

同时满足上述条件,显然很不容易。因此在现实中,大多数职能类高管在职业生涯的中后期几乎都难以避免地陷入一种职业倦怠感。

特别是对那些处于资源协调及分配位置上的职能部门，资源总是有限的，几乎不可能在同一时间让所有人满意，要做好管理工作就更要有上佳的分寸感与平衡感。但这仍然会造成对管理权威的消耗。业务部门可以拿业绩来赢得权威；但职能部门的工作，其成果很难立竿见影，或是被视为理所当然，但其差错却很容易引起波及效果，乃至引起过度解读；因此，其工作不容易累积权威，却很容易失去信任。

凡是有权力的地方，就可能有对权力的滥用。就像在古代历史上，武将可能拥兵自重，而文臣中也容易出现权臣与"和事佬"。在现代企业里，长期担任某一类职能高管，很容易在群众间被视为"老官僚""老油条"，而对组织的绩效精神造成伤害。

这就要求职能高管在做决策时，必须尽最大可能站在整个公司的立场上思考"何为正确"，然后兼顾组织平衡；但凡对某一类业务或负责人展现出过分的热情，往往都会导致其站位偏离、动作变形，并给组织及自己带来更大的麻烦。

职能类工作可以成为终身职业，但不适合在同一企业内长期连任，应视企业发展需要，在合适的时间周期内进行轮岗。对少数特殊岗位，例如审计、稽查部门负责人，通常不适宜作为职业发展的进阶通道，而应被考虑成高管生涯的退出通道。

三、以结果为中心的组织设计

直线职能制在经营单一或少量产品，市场环境相对简单、稳定的情况下，是一种行之有效的组织设计。但随着企业进一步成长，开始跨区域、多业态经营，所要管理的规模与范围不断增加，再使用以任务为中心的直线职能制，管理重心就太高了，协调成本就太大了，也管不过来。此时，就有必要转变为以结果为中心的组织设计。

以结果为中心的组织设计，指的是该模式下的主要构成单元，能够直接面对外部市场环境的检验，承担经营责任，交付业绩结果。其单元的形式可以是独立的项目、区域条线、业务条线或业务群。同时，各单元在很大程度上能做到业务独立核算、责权利相匹配，可落实为一个完全责任主体，即负责人必须能对结果的达成承担起不可推卸的责任。概言之，以结果为中心，强调的就是经营主体要能为结果负责。

事业部制是这一组织设计原则下的代表形式。与矩阵制相比，事业部制没有太多的资源共享，而是在各事业部的内部就尽量把资源配置完整，形成价值创造的闭环，所谓"麻雀虽小，五脏俱全"。这当然有可能造成资源重复配置。但反过来看，但凡有资源共享的地方，就会影响到责任边界，即责任是不完整的。每个人都有责任，恰恰就意味着每个人都没责任，责任一定会被推诿。从这个意义上，事业部制是以资源的重复配置为代价，换来了责任主体的明确，使整个事业部被激活。

企业在进行新业务孵化时，最初通常是以矩阵制模式推进的，即从成熟部门抽调人才、资源共享，但一旦有条件就应当尽早转换成事业部制，这样也更利于业务孵化的成功。同时，为减少资源浪费，不少企业会采取一种"不完全事业部制"的做法。例如，在生产端追求规模效应，统一采购、统一生产、统一配送；在品牌端灵活作战；即该分的分，该合的合。某种意义上，"不完全事业部制"的应用可能还更为普遍。

不过在现实中，还经常出现一种"假事业部制"的做法，即看似是事业部制，实则是直线职能制的变体，通常有以下两种表现形式。

其一是在直线层面，例如也进行了总部与区域事业部的划分，但在实际运行中，区域名为事业部，实则只能忠实地落实总部的部署，在人、财、物方面都无法做主，那实际上区域只是一个销售渠道，或称办事处，而不是完全责任主体，不是区域事业部。

其二是在职能层面，对总部的各职能部门进行独立核算，事业部化，试图让每个部门都成为利润中心。这看似是一种组织创新，但实际上并不是一件很难办到的事。理论上，凡是能由企业内部提供的服务，都可以在市场上进行采购，只不过成本更高。因此，推行内部市场化要考虑的并不是能不能做到，而是有没有必要。

尤其在稻盛和夫的界定下，阿米巴更接近一种管理行为，而不是一种组织设计；它强调的是各环节的人效提升，借此把成本降下来，把企业整体的竞争力提上去；它奉行的是能力主义，而不是结果导向；因此在薪酬问题上，采取的也是统一的能力工资体系，而不是事业部制，更不是以包代管。这也是稻盛先生反复强调"阿米巴不相信绩效主义"的原因。㊀

实际上，阿米巴应当被看作对直线职能制的一种优化，而不是一种新的事业部制，这刚好是许多中国企业容易搞错的地方。不应把每个部门都视为利润中心，那恰恰失去了组织起来的意义。更何况，赚出来的才叫利润，省下来的都应该算成本。

事业部制是一种面向市场、承担责任、对结果负责的组织模式设计。尽管可以从不同维度对事业部制的类型进行划分，例如客户、技术、产业等维度，但从管理属性上，只有区域事业部与产品事业部两种。

产品事业部制涉及的是多品牌运营。实际上，最早由通用汽车公司前总裁斯隆先生发明的事业部制，所处理的就是多个汽车品牌之间协同管理的问题，因此，早期的事业部制指的就是多产品事业部。但在现实中，区域事业部制也被广泛应用。区域事业部可以承接多款产品、多个品牌的区域化管理，也可以只面向单一品牌，但只要各区域的市场属性不同，例如顾客需求不同、竞争态势不同，区域事业部制的威力就能显现出来，更利于贴近市场实情作战，也能把人的主观能动性充分调动起来。

㊀ 近些年，随着传播途径的多样化、表达的自由化，媒体语境下的管理学有一个问题越来越严重了，就是大量的概念其内涵与外延的边界是极不清晰的。"阿米巴"就是典型一例。事实上，我们必须要把稻盛和夫语境下的阿米巴，与阿米巴的中国化分开；后者是极为混乱的，而且永难统一，似乎任何人都可以为阿米巴赋义，借以表达自己的主张。管理学此前就存在着修辞与现实之间的悖离，但现在这一问题愈加严重，这必然会为彼此间的交流带来困扰，长期也一定会给企业实践带来麻烦。为此，我们需要重视经典教材和正统的学院派教育所具有的价值，也需要考据概念的出处和原意。但是在短期内，这种状况恐怕很难得到改观，而必须以社会层面的大量试错为代价，才能从管理创新的虚假繁荣中冷静下来。

对事业部制的管理，经常被误解为只要做好放权就够了。倘若那样的话，集团与子公司间只维系投资关系，做好资本管理就够了。但在多数情况下，事业部制的管理难点不在于"分的逻辑"，而在于"合的逻辑"，考验的不仅是前线作战部队，更是后台指挥与调度中心。换言之，事业部制的基本思想是"基于协调控制下的分权管理"。

如斯隆先生所言，事业部制开创了通用汽车的一个新时代，"从此通用汽车幸福地处于绝对分权和绝对集权的两种极端之间"。

斯隆的历史性贡献

斯隆对事业部制的探索是开创性的，而且即便放在现在也令人颇受启发。这或许就是经典管理理论的价值所在——"他提出的管理问题依然存在，他总结的管理经验依然有益，他研究的管理逻辑依然普遍，他创造的管理方法依然有效。"

通用汽车公司是在别克汽车的基础上改组而成的，其后在 1908～1910、1918～1920 年间，威廉·杜兰特先后展开两次大规模收购活动：第一次是取得了奥兹莫比尔汽车公司、凯迪拉克汽车公司、奥克兰汽车公司及其他 6 家轿车公司、3 家卡车公司和 10 家零部件公司的控股权或相当比例的股份；第二次则将联合汽车公司、雪佛兰汽车公司、费雪车身公司、代顿公司、嘉典公司等纳入麾下。到 1920 年，通用汽车公司的经营摊子已经铺得非常大了，但各个下属公司都是"独立王国"，整个企业外表看似强大，但内部却混乱不堪。

通用汽车公司正是在这样的局面下开始了事业部制改造。整个改造是以斯隆于 1919～1920 年间撰写的关于通用汽车的《组织研究》为蓝本的。此前，斯隆担任联合汽车公司的总裁，1918 年，该公司被并入通用汽车公司后，改任通用汽车公司副总裁。或许正是因为这样的经历，让斯隆既能懂得分权制的优点，又能体会到其中的不足。在 1920 年 11 月底，杜兰特离开通用，皮埃尔·杜邦继任总裁后，斯隆的意见正式被采纳。此后，这项改革带通用汽车公司走出了危机，1923 年 5 月，斯隆在众望所归中从杜邦手中接棒，成为新任总裁。

在《组织研究》中，斯隆主张以各子公司的自治为前提，加强公司总部对各事业部的协调控制。斯隆认为，报告的基础是以下两条基本原则。

（1）各事业部CEO的职责不应受到限制。各个以CEO为负责人的组织都应该具备各项必要的职能，从而保障它能够主动、合理地充分发展。

（2）为了保证整个公司的合理发展和适度控制，绝对需要将一些职能集中起来行使。

现在我们可以看到，斯隆当时的思路非常清楚，他明白无误地写道：

"在公布这两项基本原则并且确信公司内部所有利益团体都认同这两项原则之后，则有可能达到本报告的目标。这些目标列举如下：

（1）明确定义构成公司的各个事业部的职能——不仅仅是各事业部之间的职能，还包括事业部和总部之间的职能。

（2）为了确定总部的地位并协调好总部与整个公司的关系，总部需要行使必要而合理的职能。

（3）将公司所有执行职能的控制权集中到总裁及公司CEO手中。

（4）为了尽量限制向总裁汇报的CEO的人数，第四个目标就是保证总裁能够更好地指导公司的总体政策而不是陷入本应可以安全地授权给CEO处理的重要性稍低的事务之中。

（5）在每个执行事业部中为其他执行事业部提供建言的渠道，从而使得各个事业部都能以对整个公司有所助益的方式发展。"

实际上，这五点目标几近完整地勾勒出了总部与各事业部、各事业部之间的关系及相应的功能。放在今日也毫不过时。而为实现上述目标，斯隆主要采取了如下措施。

首先，公司总部的财务委员会对各事业部进行财务控制，以避免再次出现类似于1920年的财务危机。

其次，公司总部掌握政策制定权，各事业部CEO可进入公司总部相关政策制定机构兼职。

再次，为了协调各事业部的行动，共享相关资源和信息，建立各种事业部间委员会和事业部与总部间委员会。

最后，设立新的管理层级——"集团经理"。集团经理不直接参与各事业部的运营，其职责在于协助公司总部、董事会和总裁制定相关政策，并协助事业部执行政策。这样既提高了政策的质量，又减少了直接向总裁汇报的人数。

除此，斯隆还采取了许多其他措施，其中，总部"参谋机构"的设立是一大特色。在斯隆看来，"（参谋机构）事实上是由一系列组织或部门构成的，根据不同情况规模可大可小，这取决于每一具体工作的要求。这一机构的目的是为运营管理处的首席经理就有关技术和商业性质的问题提供咨询，这些问题内容宽泛，需要对其进行大量的研究，以至超出了单一业务的范围，而这种研究一旦获得充分的发展，将对所有的业务起到重要的指导作用"。斯隆在通用汽车构建的事业部制如图3-5所示。

当我们今天再看这份《组织研究》时，你会发现，后来通用汽车事业部制改造发生的一切，几乎都在这份报告中有所预见，它是发生在斯隆先生的眼界之内的，这是其最了不起的地方。你会发现，斯隆的抽象思考能力达到了惊人的地步，他是有思想的企业家。

我们常习惯说，理论来自实践，但以管理思想史观之，理论主要是来自理论，思想主要是来自思想，而并非来自实践。无论是泰勒、福特，还是斯隆，他们都来自实践界，也都推动了管理理论的进步，但他们对理论的贡献并非来自实践了多少，而是取决于思考的深度。他们并不是做了之后才想清楚的，而是在很大程度上想清楚了才去做的。

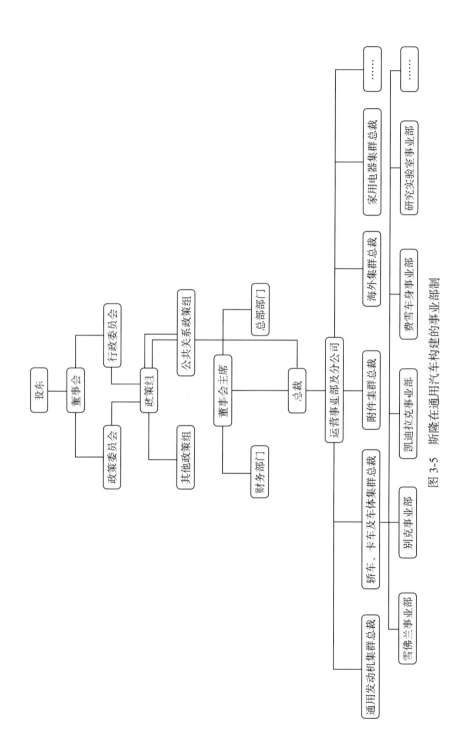

图 3-5 斯隆在通用汽车构建的事业部制

许多企业界人士认为，学者与实践者之间隔着巨大的鸿沟。这种认知习以为常，但却未必正确。学者与学者之间的差别，实践者与实践者之间的差别，往往有可能更大，而德鲁克与斯隆对管理的认知却可能差别很小。实际上，问题的关键并不在于身份，而取决于你对事物的真相是否真的有洞察力和判断力。以历史眼光观之，管理学的进步靠的从来都不是人云亦云的常识，而是少数弄懂道理的思想者及其成功经验的示范。

反过来说，如果不具备相应的抽象思考能力，想把企业做到一流的境界几乎是不可能的。我们的许多企业家欠缺的并不是赚钱的本领，相反，他们聪明绝顶、胆识过人，而且赚钱赚得太容易了，但也常因此而缺乏把企业做长做久的智慧与定力。

许多中国企业的组织设计，显得过于急功近利和追赶时髦，而欠缺深谋远虑与本质思考。随着时间的推移和企业的进一步成长，是迟早要补上这一堂课的。借用尼采略显文艺的说法，"这个世界并不是围绕新的喧嚣发明者转动，而是围绕新价值的发明者转动，它的旋转是悄无声息的。最伟大的世界并不是最嘈杂的时候，而是我们最寂静的时刻"。

区域事业部制

在互联网时代到来之前，区域化扩张几乎是一个企业走向规模壮大的必由之路。大多数连锁型企业，当管理半径大到一定程度时，实际上必须采取区域事业部制，否则经营重心和管理重心都太高了，总部注定离一线越来越远，总部的策略很难准确反映区域的实情，也很难再用一张牌通吃全国或全球市场。总部既无法也不应为区域的经营结果负责。

遗憾的是，很可能是出于历史惯性的原因，许多中国企业习惯把过多的权力抓在总部手里，生怕失去控制力，于是形成了总部强经营、区域强运营的组织形态。换言之，区域的职责只是做执行，负责落实总部标准，并不是真正意义上的事业部。这在以往市场竞争尚未白热化，顾客需求尚未分化，需求变化较慢的经营环境下，问题并不明显，但放在今天，就很容易遇到尾大不掉的麻烦，遭受快鱼吃慢鱼的打击。

许多企业形成全国布局后，总热衷于探讨到底该做强总部，还是做强区域的问题，实际上没必要做这种选择，没必要以二分法的方式来寻求解决方案，而是各有各的定位与分工，彼此形成联动机制。

对区域事业部制的管理，最值得注意的是：总部只应做那些只有总部才能做的事，其他的都应留给区域；而不是总部做了区域该做的事，反过来还要向区域问责；合适的方式是，总部强能，区域强职，即面向总部强化能力建设，面向区域强化职责担当。

我在陪伴企业成长的过程中，针对区域事业部制的优化，提出过一种"三纵三横"的组织设计理念。

"三纵"指的是，面向总部、区域、门店，落实三级责任主体，各有各的责任。其中总部是策略中心，区域事业部是经营主体，门店是最小作战单元。尽管在门店之上、区域之下，可能设有小区长、大区长之类的管理层级，但它们起的是辅助作用，而不是责任主体。

"三横"指的是，在总部层面，按照各部门、各单元工作性质的不同，分成收入中心、成本中心、费用中心，它们同样各有各的责任。其中，收入中心主要对收入增长负责；成本中心对成本节降负责；对费用中心的考核是费效比，这是因为许多投入无法计算当期回报，而只能对投入产出的有效性进行检验，并对其贡献进行事后追认。

"三纵三横"组织设计理念如图3-6所示。

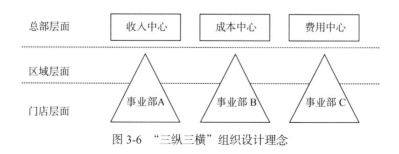

图3-6 "三纵三横"组织设计理念

需要指出的是，三大中心的划分可以跟企业当前的部门设置并行不悖，但有必要把责任梳理清楚。例如，总部的人力资源部总体上要对人力成本负责，但对其中员工活动小组的绩效评估，则要纳入费用中心的管理范畴，按关键事件进行考核。通俗地说，这就是"一码归一码"。否则就可能出现左手倒右手的情况，即尽管按总账考核是达标了，但该省下来的钱没省，却把该花的钱给省下来了。从这个意义上，也可以把三大中心的划分理解为：该赚的钱得赚（收入中心），该省的钱得省（成本中心），该花的钱得花（费用中心）。

"三纵三横"的组织设计是围绕着两条基本原则展开的。

第一，凡事必须找到明确的责任主体，各自承担各自的责任。例如，区域事业部对区域的经营结果负责，店长对门店的经营结果负责。即便有责任分担的地方，也要有明确的第一责任人，否则责任难以被落实。

现在许多企业喜欢讲共创、共赢。但责任是不能被共担的，而只能被分担；利益也不应被共享，而只应按贡献大小被分享。

第二，按照工作性质的不同进行分类管理，没有分类就没有管理。不同性质的工作之间存在的是"质的差别"，而不是"量的差别"，不能用同一标准来衡量。要想实现有效的管理，必须具体问题具体分析，分门别类地对待，唯有这样才能真正把管理做到实处。

许多企业家在早期创业阶段都颇有"街头智慧"（street smart），不迷信书本或教条，但随着事业规模大了，可能是要管理的摊子太大了，难以管得面面俱到，再加上面对巨大的经营压力，就开始失去独立思考的意愿与耐心，变得热衷于研究最佳管理实践，然后把别人的模式套在自己头上，工作作风也不再务实，这实在是一件令人遗憾的事。

事实上，人们是很容易被模式、构型等类别化的概念，把脑子给搞坏掉了。企业中有"事的逻辑"，也有"理的逻辑"。但问题是，道理是为事情服务的，事不同则理不同。所谓模式，研究的是在特定条件下的假设，而不是放之四海而皆准的真理。老百姓讲话，问："这件事怎么办？"答："按照事儿办。"朴素的言语中却有智慧，即按照做成一件事的客观要求去办，而不要被某种主观认定、主观选择给束缚住了。

1. 纵向结构设计

如前所述，在"三纵三横"的组织设计中，区域事业部是经营主体，总部是策略中心，门店是最小作战单元，构成了三级管理体系。

近几年流行谈组织扁平化，但实际上，企业里到底应该有多少个层级，并不是一个至关重要的问题。组织管理的核心命题之一是，要让企业真正成为一个"有主人的企业"。因此，真正值得关心的是，企业的经营策略要在哪些层级上如何发力，以激活责任主体，形成联动机制，去共同应对市场竞争，并最终竞争取胜。

许多企业都设有区域分公司，但未必是区域事业部制。我们来做个对比说明就清楚了。

假设 A 公司有 200 家门店，分布于华北、华东、华中、华南四个区域，每个区域都各有 50 家门店。在总部作为经营主体的模式下，每个月 200 家门店全国拉通来做赛马，评出优、良、中、差，并兑现为店长及店员的奖金，所谓"赛马不相马"。在现实中，不少连锁型企业真就是这么干的。

但这种做法的背后暗含的经营假设是，各区域没有明显的差异性，各地的顾客需求、竞争态势是基本一致的，因此，企业可以用一套办法打全国，店型和产品组合也基本一致。而就其管理逻辑来看，实际上只有两级责任主体，总部做指挥，门店做执行，区域分公司这一级是被架空的，它的手中没有实权，而只是帮总部对门店进行监督和辅导，确保其能够落实总部制定的标准。如此，区域分公司这一级并不是企业中的主人，所谓的区域总经理的头衔也并不意味着一方将领，而只是摆设，其实只扮演着保姆的角色。

实际上，这时 A 公司的组织模式仍然是直线职能制，而不是事业部制。即便该企业对外宣称是事业部制，从组织结构图上看起来像事业部制，但在实际运行中只是一种直线职能制的延伸。它采取的仍然是一种管理小型企业的办法，只是门店数量众多，但性质却非常统一。

许多时候，我们必须把营收规模与管理复杂度分成两类问题来看待。

一个企业的规模大、利润高，只能说明其经营模式在目前的时空结构下是有市场的，而不能说明其管理上具有先进性。管理和经营不存在必然的内外因辩证关系，许多企业经营上的成功，未必有管理上的道理。

麻烦的是，在 A 公司现有的组织模式下，总部是很难向区域问责的，因为区域总经理也做不了太多事情；它的模式是由总部驱动全国门店，而不是由区域驱动区域中的门店；区域总经理无法对经营结果负责，总部也不应把结果不好怪罪到区域总经理头上。不客气地说，此时 A 公司不需要聘用素质一流的区域总经理，它需要多用培训经理，或是任用那些擅长传帮带的大店长作为分公司负责人，反倒是一种非常节省成本的、务实的做法。

有些创始人误以为，采用区域事业部制就会破坏连锁经营的标准一致性。但实际上，标准能否一致，是一个员工能力维度上的问题，属于管理控制的范畴，而不是一个组织模式层面的问题。最直接的证据是，那些采用了区域事业部制的连锁型企业，总部显然也可以进行管理稽核，而它们在门店端的表现也并没有让标准失控。

在某种意义上，从直线职能制到事业部制，是从管理小型企业到中型企业的惊险一跃，除了管理复杂度的提升，对创始人的心态转变也是一种挑战。不过，当企业到了多业务条线叠加多区域管理的阶段，区域事业部制就变成了一种必然之选。再靠总部这一个火车头是无法带动起一个庞大的组织的，它必须有其他的动力机制，必须激活区域的责任主体。

不同组织模式下的管理力量感是不同的。同样是 A 公司，如果采用区域事业部制，区域总经理对经营结果承担最主要的责任，那么，区域团队就必须依据市场实情，在遵循公司经营理念的前提下，充分开动脑筋，与竞争对手展开激烈的市场争夺，争夺消费者及其他资源，迭代经营策略，想尽一切办法去兑现绩效承诺。

而对总部来说，此时要考虑的是如何给区域创设条件，令其有更大的可能性交付结果。否则，总部把权力都抓在手里，再怎么强调服务型总部的定位，依然是强管控的作为。而当区域事业部成为经营主体，总部在管理行为上就要跟各区域老大仔细探讨当下的挑战、明年的重点，一起来想办法、做计划；在反复探讨的基础上，落实季度、半年度、年度的绩效管理周期；在每个绩效周期的节点上，做绩效面谈，检验管理状态，探讨改善之法，形成人事档案，最终兑现成绩效奖金和利润分红。

如果不做这些管理动作，总部到年底也没有充分的理由对区域问责。换言之，总部仍有必要对过程进行适当的把控，避免结果失控，而非不闻不问，这跟手伸得太长是两个概念。

如此，总部和区域的力量共同面向市场、面向顾客需求、面向竞争取胜；总部是策略中心，强化规划功能，弱化管控功能；而区域层面的竞争策略则有机会做成"一区一策"，打法上是"规定动作＋自选动作"，既保持品牌的一致性，又能有一定的灵活空间。

与全国拉通赛马的办法相比，区域事业部制有条件针对不同市场的属性，对经营任务和管理要点做出不同的选择和侧重。例如，有的区域要市场占有率，有的区域要利润，有的区域要品牌知名度。尤其竞争对手如果采取的是全国一盘棋的打法，那么以区域为中心的模式就显得更为灵活多变，企业完全可以采取各个击破的打法，打得对手没脾气。

与此同时，门店要成为最小作战单元，承载企业的经营理念、区域事业部的经营重点。这样一个企业在其终端、神经末梢，才仍具有饱满的生命力，所谓激活组织。

实际上，每个企业都值得认真思考：如何在最小作战单元上落实自己的差异化价值主张？顾客通常很难感知到区域事业部的存在，只有门店才是企业最直接的经营窗口。

在我看来，海底捞的管理模式中，最可圈点之处就在于它的门店管理。它能够通过门店清晰地传递海底捞的差异化价值主张，即服务制胜，因此在其门店考核方案中也极为强调顾客体验的部分。反过来，如果你的竞争策略不是服务，那就没必要像海底捞那样如此强调顾客体验了。务实点儿说，管理是有成本的，劲儿要使到点子上，钱要花在刀刃上。

巴奴火锅作为海底捞的竞争对手，就没有采用相似的做法，尽管它必然会关注到海底捞的举动。事实上，企业间的竞争也总是遵循着"学我者生，像我者死"的规律。相对海底捞的"服务主义"，巴奴则是蹚出了一条"产品主义"的路子，力图让每一道涮品都能品质突出、与众不同，因此对门店的管理就要重视服务员给顾客"说菜"的环节，让顾客能更好地感知到企业在这方面所付出的努力，也是在落实巴奴的差异化价值主张。

这样按照总部、区域、门店的"三纵"体系做下来，就真的没必要全国拉通赛马了，而是按各区域的实际情况，该怎么考核就怎么考核；对各类门店的管理，该怎么合适就怎么来。具体的管理办法可以选择相对考核，也可以选择绝对考核，即跟同事比，或跟自己比，也可以跟竞争对手比；而考核节点也可以以绩效反馈周期为准，该间隔多长时间合适就间隔多长时间，没必要月月考核，更没必要自我设限。

对"三纵"体系的探讨，始终是围绕"责任"展开的。许多时候，我们付出全部的管理努力，不过是为了增强员工的"主人感"，令各级管理者具有主人翁意识。例如，让店长认为自己是门店的主人，让区域总经理认为自己是区域的主人，进而耕者有其田，守土有责，最终实现自我管理。从这个意义上，鼓励把蛋糕做大的逻辑，永远比研究内部怎样分蛋糕更重要。绩效管理在宏观上是为了实现企业制胜，在微观上是为了帮助员工发展能力，而不是比高下、分输赢，那样的话，长期一定会对协作意愿及文化风气造成伤害。

再强调一遍，要想让企业真正形成组织起来的力量，企业里需要的是各层级的"主人"，而不是更多的"保姆"；需要的是敢拿主意、敢担责任的管理者，而不是听话照做的看门人。而对于企业家来说，做管理不仅要满足企业的需要和自己的心理需要，同时也要兼顾管理者的需要和员工的需要，若想让管理真正落到实处，就必须更多地为对方着想。

2. 横向责任划分

当企业实行了事业部制管理模式后，各事业部就成为经营主体，是具体做业务的部门；而总部层面则整体上成为策略中心，不再执着于细节，而是侧重于方向，这显然对总部提出了更高的能力要求。有的企业将总部整体上定位为职能部门，也有的企业将总部部门分为业务职能与后台职能，与直线职能制下对业务、职能的划分呈现出一种延续性。

作为策略中心的总部，有必要将规划功能与管控功能分开，强规划而弱管控，一方面不要束缚住事业部的手脚，另一方面坚守底线，避免失控。不少企业在总部层面常面对的"一管就死，一放就乱"的处境，往往是因为这两方面的功能都没有定义清楚，并且能力不足，而不是这种管理结构本身存在问题。

为使总部与事业部之间产生合力，即便是对同一类问题，总部都应在关注点上做出不同的定位：将动作与原则分开，将局部与整体分开，将短期与长期分开。换言之，总部最重要的是做那些有共性之事、重大之事、长远之事，而把其他事情留给事业部来完成。这对区域事业部制和产品事业部制都同样适用。

对区域事业部制而言，按照本书对纵向分工体系的界定，总部做正确的事，区域事业部正确地做事，门店则要把事做正确。

不少企业在采用了事业部制后，其总部的管理方式依然是"归堆式管理"。几位联合创始人各管一堆，但各项职能之间在性质上没有分清楚，责任上没有讲明白，呈现出一种混乱的"全攻全守"模式：遇到事情一起往前冲，出了问题又找不到人负责，经常是临时想到一件事就丢给一个部门，但组织秩序是混乱的。企业小的时候，这样或许有利于创新，不断试错，然后不断试对；但大了之后，组织秩序建立不起来，秩序经常被打破，反倒容易导致许多核心工作被耽误了。这也是我们之所以要对总部做出"三横"体系划分的原因。

横向上对收入中心、成本中心、费用中心的划分，首先也是为了明确责任关系，其次是分门别类地做好管理。否则，许多企业一年忙到头，每个人都很忙，每一天都很忙，但到了年底一问，谁对公司总体的收入增长负责，谁对成本节降负责，谁对研发活动、品牌活动的投入产出比负责，却找不到责任主体了。即使取得了经营上的成功，也往往是以巨大的内部消耗为代价的，或是误打误撞的、难以持续的成功。

收入中心：主要对收入增长负责，并承担相关联的利润指标。不同的企业类型、企业的不同阶段，驱动收入增长的要素不同。有的靠产品创新，有的靠用户拉新，有时靠运营优化，有时靠营销推广，等等。但设立收入中心的意义在于，将驱动收入增长的要素之间形成联动关系，并围绕核心部门建立协同机制，更充分地把握企业发展的主动权。

一般来说，收入中心的负责人即为企业的首席增长官，可能由CMO出任，也可能是产品中心的老大、GTM部门的头儿，或公司的高级副总级，乃至CEO。这需要视具体情况而定。但通常来说，收入中心处在多个部门的交叉点位置上，或由多个部门组成，它至少要做好三方面的衔接/协同工作：其一是内外衔接，即顾客需求与企业能力之间的衔接，例如，代表顾客向企业内部的研发部、产品部提要求；其二是产销协同，即产品的供给与动销之间的协同，提升产品流速；其三是总部与区域之间的衔接，绝不仅仅是总部单方面给区域提要求，还包括提升区域的方案落地的能力。

作为总部的策略机构，收入中心不仅要具有产品规划的能力，还应有向区域兜售方案的能力，否则也应被视为一种不称职的表现。例如，在多产品、多区域的布局下，区域负责人应有权在总体预算下对产品进行选择与组合，以使区域策略更符合当地市场的要求，这也是落实区域事业部作为经营主体的一种方式。同时，由于总部不直接产生收入，应对收入中心与区域事业部进行绩效双计，以此对总部的专业能力进行检验。

收入中心既然对总收入负责，就不应对总利润负责，不应直接对成本节降负责，否则又容易行为短期化，乃至监守自盗。从道理上说，本质性的利润增长来自创新驱动，最主要的利润源泉来自收入增长。收入中心只应对与收入增长相关的利润负责，同时作为总部的业务职能，对企业的长期发展负有责任。

收入中心应依据历史经验，对成本中心提要求。例如，某项成本不能高于多少。同时，不应违背公司的经营方针，对顾客利益造成伤害。

收入中心与费用中心之间也应形成相互约束机制。以研发费用为例，一方面要保证研发投入，保障企业的长期竞争力；另一方面，研发投入也不应超出一定比例，否则就作为例外事件，特事特办。

成本中心：在与收入中心达成共识的前提下，确定成本节降的科目及合理区间。通用的方式是将成本项分为例常和例外两类。对于例常科目，依据历史经验，进行成本节降。对有效的成本节降，可视情况进行利润分享，这是衡量成本中心能力的关键指标。

对于例外科目，在制定标准后，纳入关键事件考核，并累积成下一年的管理经验，继续进行成本节降，背后是管理能力的持续提升。

费用中心：主要包括研发部门，以及其他不应被计入成本节降费用科目的相关活动，例如员工活动、品牌活动、公关活动等。对这类活动，很难明确考核其短期收益，否则很容易导致动作变形，但可依据项目复盘及历史经验，对"费效比"形成管理。否则，费用中心下的部门及项目，很容易出现经营和管理上的无效动作、多余动作、假动作。

除此之外，在企业成长过程中，每年都要做一些公司级项目，在费用预算中要单独划出来，并对其进行里程碑管理，一旦识别出项目风险，应及时进行调整，确保其如期达成。

对于这三大中心，通常来说，收入中心对企业的当期作用是第一位的，成长是对员工的最大激励，在某种意义上，有增长就有未来，没有增长就意味着危机在即；成本中心体现的是企业管理水平的提升，管理即是为了实现有限资源的有效利用；费用中心是对长期发展进行投资，就像华为公司长期坚持将销售收入的15%投入研发，其意义是深远的。

经常有人误以为，只有对总部的职能部门进行独立核算、独立考核，乃至自负盈亏，才能令其充分感受到市场压力，在业务能力上真正成熟起来。实则不然。对单一部门的管理来说，问题的关键并不在于是否推行了内部市场化，而是能否有一个合理的标准对其绩效结果进行衡量；对整个组织的管理来说，问题的关键并不在于是否令每个部门都具有创业能力,而是能否形成统一面向市场竞争的机制与能力。

毕竟,企业与企业之间的竞争,不是部门与部门之间的对抗,而是整体对抗。我们仍然要关心的是组织合力,即整个组织是如何被驱动起来的。就像两辆车的较量,如果对方是全轮驱动的越野车,而你是前轮驱动的小轿车,道路好走的时候,差距似乎并不明显,但若要跑远路、跑险路的话,所谓"路遥知马力",你在配置上就先输了。

在"三纵三横"的组织设计中,总部的职能部门之间,三大中心之间,在管理逻辑上相互锁定是必要的,有利于整体最优并一致对外;同时,总部与区域之间在责任分担上相互制衡,也是有益的,这在相当程度上于企业成长而言是一种必要的张力,两者看似对立,实则统一,反倒成为事物发展的动力与源泉,有利于企业的能力拓展。

产品事业部制

对产品事业部制和区域事业部制来说,管理上的相似性大于不同。尤其是当产品事业部进行了区域化扩张后,"三纵三横"的管理理念在很大程度上是通用的。不同之处在于,仅就区域事业部制而言,尽管各区域间的市场属性存在差别,但通常对总部来说,各事业部间的共性大于个性。而产品事业部间的关系则可能刚好相反,彼此各不相同,这种业务多样性令产品事业部制下的总部要面临更大的管理挑战。

对产品事业部制来说,如果整个公司下辖的A、B、C三个板块,业务上没什么关联,只是资本上有关联,那么对组织管理而言,几乎无异于同时管理三家不同的公司,只是这三块业务刚好同属于一个法人主体,或同处于一个集团公司下,而很难再获得其他方面的业务组合上的好处,例如在经营效果上1+1＞2,或在管理成本上1+1＜2。

要想取得业务组合上的好处,背后往往是两种效应在发挥作用:一种是互补效应,即业务上相互补充;另一种是相乘效应,即对资源或能力的重复利用。这两种效应经常共同发挥作用,产生互补相乘的效果。若一定要做出区分的话,前者更偏向外部机会导向;而后者更侧重内部管理维度，例如，近些年不少互联网公司热衷于进行的中台建设，主要是为了提高对某些资源和能力的重复利用，从而体现出一种管理上的经济性。

事实上，对不少产品事业部制的企业来说，尤其涉及多产业布局所面临的管理问题，是很难用管理手段来解决的。这也是与区域事业部制有所区别的地方。就像我们在上一节谈到的，对有区域分公司的企业来说，要考虑的是究竟采用直线职能制，还是事业部制，才更为合理；而对有多业务布局的公司来说，要考虑的是究竟采用事业部制模式，还是构建以关系为中心的治理结构，才更为妥当。

换言之，一家集团公司如果一直面对"集而不团"的困扰，未必一定要在各板块之间建立管理上的统一性，倒不如就采用底线式管理的方式，或转为投资型平台就好了。⊖

企业可以以资本为纽带，近乎无限制地拓展自己的业务疆域，但遗憾的是，管理能力却是有边界的，正如人的能力是有极限的一样。即便互联网令到跨时空的连接变得容易，让许多管理问题变得简单，但这种边界与极限依然存在。

因此，对产品事业部制有效性的探讨，首先有必要回到问题发生的地方，即看清楚业务上的多样性是怎样来的，为何产生，其次才是如何在不同业务间取得管理协同。

1. 外在多样性与发展路径

产品事业部制的扩张，通常基于两种导向，一种是外部的机会导向，

⊖ 必须承认，对集团公司在组织管理的属性上进行清晰的界定是困难的。集团公司本身在法律概念上是明确的，但与其下属公司间的关系，既可以采取控股方式，也可以选择参股其他企业，至于管理方式更是可以多种多样。换言之，事业部制只涉及一种管理方式上的选择，而不是一种法律意义上的界定。集团公司与其下属公司间的管理关系既可以采取事业部制，也可以仅维系一种相对松散的联盟关系，但不同的管理方式却能如实反映出企业间的真实状态。同时，本书对事业部制在管理责任的承担上选择了一种相对严格的界定，也更接近这一模式的本意。否则，事业部制与企业联盟、投资型平台、生态型组织之间的关系如何加以区分，就又变成了一件不容易被说清楚的事。

另一种是内部的资源与能力导向，尽管最终的决定也要考虑这两者间的平衡，但常常基于一种偏向。

对那些基于外部导向进行业务扩张的企业来说，真正值得警惕的不是能否抓住机会，而是同时想抓住的机会太多了。

事实上，只要企业在成长，人的能力在成长，抓住机会的能力只会越来越强。许多企业家都有类似的感受，即便失去所有，自己也有本事东山再起。正因如此，不是所有的机会都值得把握，不是所有的机会都与你有关。我常向企业家建议，重要的不是发现机会，而是识别"机会差距"，对已处于组织管理阶段的企业来说，可做的事总是很多，能做的事就变得较少，值得做的少之又少，值得现在就去做的凤毛麟角。

在某种意义上，多业务布局算得上一种连续创业行为。从统计规律来看，创业成功的概率总是很小。但处于公司内部的多业务布局却没那么容易失败，与外部创业相比，它具有不一样的资源基础，如品牌或流量；但它也未必能取得真正意义上的成功，而这常常才是问题的麻烦所在——它们只是活下来了，甚至是以一种"半死不活"的方式，并没有实质意义上的竞争力可言，但从整体上却容易营造出一种多点开花的成功假象。这导致不少集团公司手里总抓着一把小牌，但没有一张大牌，没有一张王牌，而且往往因为同时要打的牌太多了，而始终无法把小牌打成大牌。

我当然能够理解，企业家精神的一部分就包括成就一个企业帝国的梦想与热忱，正如熊彼特所言，企业家经常"存在有一种梦想和意志，要去找到一个私人王国，常常也是一个王朝"。而且，如果要说企业家作为一份职业选择有什么不同的话，那么最突出的地方可能就是要经常承担巨大的经营风险，因此如下的选择便显得非常合理，即在不同的业务之间形成成长接力，不能把鸡蛋都放在一个篮子里，以抵消单一业务、单一产业的起起落落对财务所造成的影响，降低经营风险，消减内心焦虑。

即便这类考虑仅仅是出于满足一种心结，也完全可以被理解。而事实上，企业进行多元化扩张即便只是为了逐利，那也无可厚非。

不过理性来看，在许多行业里，是否具有竞争力与规模经济和范围经济无关，尤其对那些依靠创新驱动的行业就更是如此了。就像对一所大学，学科能力始终是第一位的，而并非学科数量。反过来，许多丧失竞争力的事反倒是由规模不经济、范围不经济所带来的。就像历史上的许多名将，指挥作战的能力都是一流的，但最终败于战线拉得太长。

以我对咨询行业的长期观察来看，中国企业有两类咨询需求的数量，远远超过同期的美国、日本或德国企业，一类是企业文化，另一类就是集团管控。遗憾的是，这两类项目在交付时经常要大费周章，但长期来看对企业却往往成效甚微。这背后有一重原因在于，不能用文化问题来替代管理问题，也不应用集团管控来替代战略选择。

许多企业过早涉足了多个业务领域，同时进入了多个产业赛道，在企业只有几亿元年营收时就变成了集团化公司，在业务上做成了一个小型国民经济，此时再想做战略管控、运营管控，已经来不及了，只能进行财务管控。但很可能永远失去了聚焦主航道、持续做强、做大的时机。

往往只有经历危机，才能让企业真正成熟起来，才能让身处火线上的企业家真正冷静下来，重新思考企业的出路：不管你投了多大本钱，不管你费了多少心血，把不重要的业务停掉，将看不到回报的项目清盘，从非关键的领域撤出，去边缘而保核心，舍局部而保整体，这一过程可能极为痛苦，但也是一种极负责任的选择。

就像英特尔决定放弃存储器生意，主攻芯片业务时发生的经典一问。

时任 CEO 格鲁夫问董事长摩尔："如果我们被踢出董事会，你认为新来的家伙会采取什么行动？"

摩尔答："他会放弃存储器生意。"

"那你我为什么不走出这扇门，然后回来自己做这件事呢？"

反过来，对那些基于内部导向进行业务扩张的企业来说，要关心的就是另一类问题了。它们几乎不需要为业务上的互补性、能力上的延续性而犯愁，因为这些问题在做决策时已经被仔细评估过了，甚至显得过于精打细算。它们通常也不乏识别机会的眼光，但遗憾的是，总会在行动节奏上慢了一拍，而在投入力度上又棋差一招。

从整体上看，这类企业的创始人在价值观层面颇为类似：他们相信成功是一个水到渠成、自然而然的过程，做事情要留有余地；他们对工匠、手艺、本领有一种近乎天然的好感，对如何提升企业管理水平总是兴趣浓厚，但对资本市场、并购整合、市值管理等议题，若非工作所需，就不太感冒了；他们并不是绝对的风险厌恶者，但更喜欢有把握地冒险；他们在日常生活中更像个保守派，不过分张扬，很适合做朋友。

这类主要基于内涵式策略而发展起来的企业，通常在一段时间内，也能成为行业翘楚；但只要行业发生结构性调整，那些曾经的"坏小子""野孩子"就可能抓住机会，实现反超；但这类企业也很难一夜之间垮掉，它们会退居到行业第三、第四名的位置，不再数一数二，但麻烦的是，很可能也会就此持续萎缩下去。

值得注意的是，在目前中国的商业环境下，各行各业的头部企业很少是靠管理能力出众而取得的成功。在未来一段时间内，这种状况大概率还会持续下去。对研究者来说，中国企业和中国市场中特别不缺少创新样本和失败案例，非常缺少好的管理样本。

衡量企业的决策风格是否趋于保守，是一件很困难的事。但有一个信号非常值得关注：当企业内的关键人才纷纷加入竞争对手的行列，或选择自立门户，那或许便是在暗示，企业的成长速度、发展空间已经达不到关键人才的成长预期了。这是一个危险的信号，事实上也很有可能是企业家的领导力出了问题。

进一步说，好的战略逻辑既要满足竞争环境的需要，也要符合内部资源与能力的要求，同时还要满足组织与人才对成长的愿望，符合人心的逻辑。企业内的创业创新行为、多业务扩张便是其中的一种方式。就像我们对关键人才的管理，经常要设立挑战性指标，对企业成长的管理也同样如此，对现有能力做适当的拉伸，反倒有利于激活组织。

李健熙在再造三星的过程中总是强调，不能满足于一石二鸟的思维方式，而是要思考如何取得一石五鸟的经营效果，例如对核心技术的重复利用。他有一个观点非常掷地有声："5% 的增长目标或许达不到，但 30% 的增长却是可能的。"这可以看作一种很好的提醒。

总的来说，企业成长的过程不是从一种平衡走向另一种平衡，而是处在不平衡—平衡—不平衡的动态发展之中。这其中，企业的发展路径、管理逻辑，若想取得实质性突破，都需要勇敢地走向自己的反面。对基于外部或内部这两种业务扩张导向的企业来说，前者要学习的是后者的稳健，而后者所欠缺的是前者的激情。在某种程度上，这的确是一种两难，却也是为实现有效管理所需要的。

2. 内在统一性与管理协同

对产品事业部制、业务多元化的管理，归根结底是要处理发散与收敛之间的矛盾，兼顾外在多样性与内在统一性。而各业务之间具有管理协同性的前提在于，整个公司是基于事业导向发展起来的，而不仅仅是利润导向；更看重长期收益，而非短期效果。

换言之，如果各业务板块本身就不是为了服务统一的目的而来的，那么能否取得管理协同的效果，靠的就不是后天努力，而是怎样弥补先天不足。甚至，讨论协同问题本身也就成了一件毫无意义的无聊之事。

哪怕企业是完全基于利润导向而进行的多业务扩张，也绝不是一件可耻之事，反倒是一件规则之内的、理所应当之事。唯一需要提醒的是，适时知止。否则按此发展下去，很容易导致组织上的肥胖，而非强壮。所谓的业务体量、人员规模，只是一种体积上的增长，并不意味着能力上的成长，而且其管理复杂度很难得到有效消减。由于缺乏组织机能的支撑，摊子一大就很容易气喘吁吁、力不从心，甚至弄到难以收拾的地步。

只有本着事业导向，并切实执行，才有可能在各项业务之间建立起内在联系，包括总分关系、分总关系、分分关系，然后互为补充，彼此强化，最终以结构性的力量统合起来。

在互联网时代到来之前，人们通过不断试错，总结出三种一体化扩张的策略，实际上放到今天依然是适用的：一是垂直一体化，又包括前向一体化、后向一体化；二是水平一体化；三是同心多角化。

垂直一体化策略，又称纵向一体化策略，指企业在两个可能的方向上扩展现有业务类型：一种是前向一体化，延伸到市场端，掌控分销渠道或零售终端，通过自建、兼并或收购等方式；另一种是后向一体化，上溯到产业链上游，获得原材料供应商的所有权或增强对其的控制。总体上，这两种方向的努力都是为了增强对整个产业链条，包括产品供应链、需求价值链的控制力。

现实中正如我们所见，像华为、优衣库等公司都是垂直一体化策略的坚定执行者，以便把业务发展的主动权牢牢把握在自己手中。这一点并不会因为互联网时代的到来而发生改变，真正重要的战略性资源与能力必须攥在自己手里，必须首先为我所用。

此前这些年，在空前热烈的全球化与互联网的双重影响下，总有一些人倾向于认为，企业的核心能力就是连接能力，企业不再需要拥有什么，而只需要搭建一张价值网络，交换本身就能产生价值。遗憾的是，这多半只是一种美好的幻想，多半是把现象当成了本质。

近两年，美国政府对华为等中国企业的一系列制裁，明白无误地说明了商业世界中的合作是有条件的，竞争才是逃不过的。对企业的战略选择而言，价值网络是为价值存在的，而不是为网络存在的，如果失去了对核心价值的掌控力，失去了持续创造价值的能力，那么整个网络便变得毫无价值，至少它的价值也可以不再服务于你。

水平一体化策略，又称横向一体化策略，指企业去开展那些与当前业务有相互竞争或互补作用的业务活动。一方面有利于在生产及供应端产生规模效应，不断降低成本；另一方面有利于在市场端以产品组合或品类组合的方式，共同参与竞争，整体性地巩固市场地位。

通用汽车通过别克、雪佛兰、凯迪拉克等多个汽车品牌，对抗福特的T型车，并最终赢得竞争，便是典型一例。事实上，斯隆最初发明事业部制就是为了解决同一品类下多产品线的自治与协同并存的问题。

多产品组合、多品类组合是两类应用较广的业务策略，前者多用来覆盖不同人群的同一类需求，例如以产品金字塔覆盖高、中、低价位，同时也能对主力品牌形成保护；后者则用来满足同一类客群的不同需求，同时也可以共享渠道资源。关于这两类打法，宝洁公司都取得过教科书级的成功。而通常在这方面做得好的公司，倒未必是因为产品力出众，那只是一种结果；在于对顾客需求和市场属性真的有洞察力，并反复利用这种能力。

许多采用水平一体化策略的公司，都会把后台的职能部门统一管起来，形成一个公共的能力调用平台，而在市场端保持独立性和开放性，于是对产品运作形成了一种灵巧的组合，即产品在前线有主人，在后台有效率。宝洁的品牌经理制即是一例，它是将品牌经理这条线单独拉出来，令其成为品牌的主人，或称在全公司的代言人，其他部门围绕品牌经理的策略展开协同，为一款产品的最终售出做共同努力。⊖

字节跳动也对其内部的组织结构做出了巧妙的安排。这家互联网公司因成功推出了今日头条、西瓜视频、抖音等多款用户量巨大的产品应用，被业界称为"App 工厂"，但它并没有按照业务线划分事业部，而是设立了三个核心职能部门：技术、User Growth 和商业化，分别负责留存、拉新和变现。每一款互联网产品从无到有、从小到大的过程，都要历经这三个阶段。事实上，这种组织安排与宝洁公司的品牌经理制颇为类似，只是由产品经理取代了品牌经理一职。用现在流行的话说，它们形成了小前端、大后台的组织形态，但实际上都属于"不完全事业部制"的类型，只是各自的表现形式不同。

许多人认为，中台是一种了不起的组织创新，并将"头条系"的成功归因于此。但从学理上来看，这算不上一种全新的组织设计，而主要

⊖ 业界普遍认为，是宝洁公司开创了品牌经理制。所谓"品牌经理"（brand manager），就是公司为每个品牌的产品或产品线配备一名直接经营责任者，使其对该品牌的产品开发（包括产品概念、价格与成本、材料要求、包装要求、上市时间等）、产品销售、产品毛利等经营承担全部责任，并具体协调产品开发部门、生产部门以及销售部门的工作，负责品牌建设的全流程。

是一种新颖的表达方式。它其中的确有创新的部分，即对互联网公司职能部门的范畴进行了重新定义，常见的说法包括技术中台、数据中台、业务中台、组织中台等，但更需重视的是中台背后的能力积累。就像对字节跳动来说，它真正厉害的地方在于开始找到了做成事的窍门，形成了一套标准化的打法，于是得以批量性地复制自己的成功。它看似产品种类繁多，但内部的管理逻辑却颇为统一。

同心多角化策略，又称同心一体化策略，指的是企业以一种主要产品为中心，充分利用该产品在技术上的优势和特点，开发工艺相近但用途不同的新产品，并不断向外扩展自己的业务经营范围。许多技术类公司常采用这类策略，各产品事业部以同一种底层技术为基础，经过二次研发，服务于不同类型的客户，或应用于不同的业务场景。

我曾经服务过一家做 to B 业务的公司，该公司为其他制造商提供特种涂料，其内部的组织逻辑就是这样。该公司有五大事业部，但彼此间的关系不是平行的，而是 A 事业部为其他四个事业部提供底层技术。B 事业部在 A 的基础上做二次研发，其产品逻辑相当于 $A \times B$；C 事业部的产品逻辑是 $A \times C$……那么，该公司实际上并不是在管理五个不同的事业部，而是要解决好两类管理问题，即底层技术的竞争力与应用开发的适配度。

有西方学者将同心多角化策略的利润模式称为"利润乘数模式"，指从同一产品、特色、商标、能力或服务中重复获得利润。这是有道理的，即实现对核心资产的重复利用。例如，迪斯尼将同一形象以不同方式呈现，其卡通形象出现在影视、服装、手表、主题公园、专卖店等各种场景，内部也催生出各类衍生品事业部，但究竟以谁为中心却是非常清楚的。⊖

实际上，当我们在看待同一公司下多个业务板块间的关系时，真的要少用一些形容词或副词，少用一些文学化的，甚至具有浪漫色彩的表

⊖ 现在 IP 这一概念很容易被滥用，但其本意却是非常清楚的，即知识产权（intellectual property）。本书有意在此处没有使用 IP 这一概念，而强调的是核心资产。

达方式,而回到数学或经济学的基本原理,弄清楚这中间到底有什么相关性、因果关系,如何使管理的复杂性和不确定性得到有效缩减,而不是追求表面的风光与热闹。

这些年,多少宣称生态化战略的企业最终破了产,这足以令我们清醒:经营上的四处开花只是一种外在表象,任何违反统一性的多样化都注定是低效的、难以持久的。外在多样性必须以内部统一性为前提。

从逻辑上讲,一块业务无论多么复杂,或多么新潮,它在流程上都要走完研发、生产、销售的环节,或者说要经历事物的开始、中间和结束的过程。那么,多个业务板块间的管理协同性,要么在时间维度上有接续关系,要么在空间维度上能达成以下三类统一(见图3-7)。

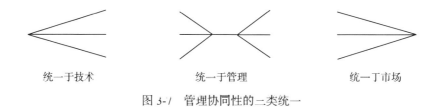

图3-7 管理协同性的三类统一

(1)统一于技术,例如共享同一类底层技术,看似做了很多事,实则是因为做好了一件事。

(2)统一于市场,例如服务于同一类消费者,或共享渠道及终端资源,或因顾客信任,能共享同一个品牌。

(3)统一于管理,即能够通过管理输出,有效地提升其他板块的内部效率,例如美国丹纳赫公司在工业仪器及设备领域总结出一套DBS(Danaher business system)管理模式,将其应用于各个事业部都能成效显著,便是这类代表。

也有人会说,统一于文化。这的确是一种更好听的说法,但能在多大程度上发挥作用,却值得打一个问号。文化这个概念在中国已经被过度使用了。它本身是一个管理维度上的概念,更接近于经营与管理之道,或一种成功模式,但在我们的许多企业中,文化更多的只具有传播价值,只是看起来有文化，实际并未找到或总结出一套成功规律。

况且，尽管价值观冲突的情况总是存在的，所谓"道不同不相为谋"，但人与人之间、企业与企业之间的交易成本，主要是由利益结构决定的，而不取决于是否使用了同一种管理语言。况且，只要把道理讲清楚，语言的障碍是很容易被跨越的。因此，关于管理协同性的取得，我并不排斥"统一于文化"这样的说法，除非它能讲清楚管理上的道理。

四、以关系为中心的组织设计

以关系为中心的组织设计指的是，企业突破了传统意义上的组织边界，无论是对业务的控股权，还是人的雇用制，而构建起了更为广泛的但相对稳定的合作关系。处于该系统中的核心企业与其合作者之间的关系，可以以资本为纽带，也可以只是业务上的合作，而再无归属权之说。这是与以任务为中心、以结果为中心两种组织设计有明显区别的地方。

这种组织设计的类型，在性质上并不是一件新鲜事。此前就存在过企业集团[⊖]、战略联盟、代理及加盟制等多种形式。而且，西方学者很早就意识到，相较而言，东方企业之间的合作关系并不会完全受限于契约制的束缚，同时也很愿意相信彼此间的交情，因此，即便在股权上无甚关联，但在行为上却经常展现出高度的一致性。例如，曾经日本以财团为中心形成的企业家族，在中国企业中经常出现的某某帮、某某系，等等。

但随着移动互联网时代的到来，以关系为中心的组织设计在应用程度和种类上都得到了极大的扩展，其可以构建的合作关系在规模和范围上完全超出了人们此前的预想，再也无法用相关多元化、非相关多元化

⊖ 企业集团与集团公司是两个概念。集团公司本身具有独立的法人资格；而企业集团一般不具有独立的法人资格，它实质上是由许多法人组成的经营合作的联合体。对处于企业集团中的成员企业来说，彼此间的资本关系也是一种相对开放的较松散的组合，而不是谋求一种封闭式的一体化关系。

等概念来对眼下的现象做出有力的解释，于是，"平台模式""生态战略"等概念被提了出来，也被人们普遍接受并广泛使用。

关于近些年发生在商业领域的层出不穷的造词运动，给人们造成的困扰，应该已经是一件不争的事实了。人人都在谈"生态战略"，但很可能对"生态"的理解各不相同。仅仅对生态类型的描述，就有雨林生态、竹林生态、榕树生态等不同说法，恐怕连概念提出者也无法准确说出它们彼此间到底有区别，又究竟意味着什么。

实际上，对一类问题的研究，例如"管理"，我们首先要问的是 what is management，即管理学是什么；但更值得探索的是 how is management，即管理在企业中的存在方式是怎样的，它究竟是如何发挥作用的；而不是整天围绕着"what is about the management"（什么是关于管理学的）兜兜转转，那样看起来要研究的问题花样繁多、生动有趣，但实际上只是在研究"花边新闻"。遗憾的是，我们有不少研究者，几乎把毕生时间都花在对衍生现象的研究上，而无法对问题的实质做出回答。

换言之，我们若想对以关系为中心的组织设计在近些年的发展方向进行探讨，就必须对下列问题做出回答：什么是平台，什么不是？平台和生态的区别是什么？如果说生态系统的本质是发生了网络协同、自组织，那么其过程是如何发生的？以下我尝试做些说明。

狭义的平台与生态

在本书看来，尽管许多新概念都经不起时间的检验，比如"互联网思维"，一度火到不行，现在已很少有人再提起，但"平台"和"生态"是两个应该会被保留下来的概念。

1. 对平台与生态的概念辨析

相较而言，"平台"尽管是一个日常化的用语，例如我们可以说，企业是一个做事业的平台，但在经济学的语境下，"平台"却有着明确的定义，指的是连接两个或两个以上不同群体的服务中介，其本质特征为双边或多边市场属性。换言之，当我们说某企业的商业模式是做平台时，

通常是指它提供的是一种中介价值。[○]

但"生态"就不同了。当这一概念被借用到商业领域后，它基本上是以定语形式出现的，如生态战略、生态组织，沿用的依然是它在生物学上的意义，即"生态泛指一切生物的生存状态"。英文中，生态（eco）源于古希腊语 oikos，原意指"住所"或"栖息地"，但具体指什么状态，却缺乏明确的指向性。只是"生态"一词还可以隐喻一种具有物种多样性的、可和谐共生的状态，人们便把这层意思拿过来，用以形容某一系统内部各组成部分间的关系，但至于这种关系到底是什么，依然是模糊的。

对于一个已经被广泛采用的概念，想对其进行再次赋义，几乎是不可能的，甚至也没有必要。但"生态"所指代的现象未来还会持续下去，随着这一概念被使用得越来越广，对其外延进行明确的界定，却是一件非常必要的事，即究竟什么不是生态，什么才是生态。而在没有找到更合适的概念以前，采用"生态"的说法也未尝不可。

不过，有一些基本问题是可以被澄清的，也是时候该被澄清了。

第一，狭义上讲，平台组织（platform organization）是对采用了平台模式的核心企业与其合作者之间关系的一种描述，而核心企业对自身组织的管理，却可以依然沿用经典模式，如直线职能制或事业部制。

以早期的滴滴打车为例，它提供的是一种中介服务，做的是一款打车软件。对该公司内部雇员的管理，其实并无太多特别之处，软件也只是一种业务形式而已。但这款软件所能引发的合作关系就是另一回事了，它实际上实现了对社会资源的一种重新组织。这令对滴滴公司组织边界的界定成为一个新问题：司机师傅既是打车软件的用户，也在某种程度上发挥着雇员的作用，但又不是雇员；不过彼此间的合作关系却是明确

○ 此处对"平台"的界定主要是基于"平台模式"。否则，许多具有外部开放性的业务形式都可以称为平台，如技术平台、社交平台、媒体平台等，但实际上，具体做的业务很可能是操作系统、社交软件、电视频道。因此，我们也有必要将业务的表现形式与业务实质分开。

的，滴滴公司也对他们发挥着组织作用，甚至可以说带动了就业问题的解决。

因此，这应当被视为一种新的组织形式，我们将其称为平台组织，也让平台模式或称平台战略与平台组织之间取得一种统一。^㊀

第二，不是所有的企业都能够采用平台模式，适合采用平台模式，值得采用平台模式。这三个问题对组织模式的选择也同样如此。

我们首先应当遵从对"平台"这一概念本身的界定，进而遵从"战略决定组织"的原理，对平台组织进行界定。否则，企业组织本身就是一个做事业的平台，因此对"平台组织"这样的概念，就很容易造成误读，似乎企业只要增加了自己的业务开放度，打开了利润分享的空间，让更多的员工成为合伙人，它就成了平台组织。那么，这根本算不上是一种互联网时代的新现象，许多企业早就这么做了，只是那时候它们还不知道，自己原来可以被称为平台。

事实上，即便在工业时代，也没有任何一个企业是绝对封闭的，它总要有自己的合作伙伴与利益相关者，但要考虑在多大程度上进行开放才是值得的、适当的。这对今天的企业同样是一个问题。因此，我们有必要将"企业平台化"与"平台模式"区别对待。

第三，不是所有基于平台模式的业务之间都可能演变为生态系统，同样，也不是所有的平台组织都能成为生态组织。

尽管"平台"和"生态"在很大程度上已经被滥用了、混用了，但这两个概念之间还是有一些微妙的区别，其中有两方面经常被人提及：

㊀ 此处对"平台组织"的界定是一种复数形式，而不是单数形式；是"以关系为中心的组织设计"的一种，与企业集团、战略联盟在性质上是一致的；它是由核心企业参与构建的，但只有将合作者包括其中，整个系统才得以完整。就像我们在考虑滴滴公司的组织形态时，必须将司机师傅纳入其中；在考虑阿里巴巴的组织形态时，必须将各类商家纳入其中。同时，本书有意将"平台组织"与"平台化组织""平台型组织"进行了概念上的区隔。否则，对"平台组织"的界定就很容易变成一种程度之争，即对单一组织来说，哪些特点更为突出，便可以谓之以"平台"，例如更具有包容性、更开放、更平等、更乐于分享等。但是否具有这些特点，未必是企业真正去解决的问题。在下一小节中，本书将对此进行探讨。

一是，生态组织更强调多样性；二是，在生态组织中，合作者之间可以和谐共生、自组织，也有人称为实现了网络协同效应。

为对这一问题做出说明，有必要从平台企业自身的战略选择说起。

2. 平台企业的三种战略选择

事实上，平台模式古已有之，就像俗话说的"一手托两家"，服务于双边或多边市场，提供一种中介价值。婚姻介绍所就是一种典型的平台模式，男孩因此而认识女孩。阿里巴巴很早便提出"让天下没有难做的生意"，也是搭建了一个平台，让买家遇见卖家。

我们将平台企业称为 X，将它所提供的服务以 x 标注，将服务对象称为 B、C。但问题在于，对 X 来说，其模式必须有赖于 B、C 才能跑通，但 X 对 B 和 C 都没有掌控力，B、C 显然也不会被 X 所控制——这是平台组织与直线职能制组织、事业部制组织的显著不同之处。而且 B、C 还可以绕开 X 直接建立联系，那么，X 的模式就变得十分脆弱了。

为此，X 可以做的战略选择总体上有以下三种。

第一种选择是尽可能增加 B、C 的数量，让自己在规模上看起来更像一家平台（见图 3-8）。而且，由于平台模式具有双边市场效应，即只要大幅提升 B 的数量，就会大幅提升平台对 C 的吸引力。因此，平台企业在早期只需专注于提升某一类群体的数量，就可能有所成效。

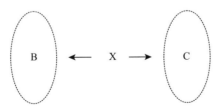

图 3-8 平台 X 的第一种选择：做大规模

在这一选择中，对规模的考虑是第一位的。业务的稳定度以规模为基础，服务能力的提升以规模为前提。但问题也在于此，即尽管可以依靠规模效应、头部效应活下来，但其模式本身依然是脆弱的。只要市场中有第二种选择,哪怕是次优选择,也可能对 X 造成威胁。

总有人质疑优步、滴滴模式的可靠性,原因也正在于此。[⊖]这就像是在互联网时代,认识一下是容易的,但成为朋友依然是困难的。

第二种选择是沿着价值链分工,上溯或下探,例如找到谁对 B 提供服务,或 C 服务于谁,如果 X 能为这两者提供进一步的服务,那么反过来,X 的平台黏性就大幅提升了。此时,X 不只服务于双边市场,还有多边市场;不再是数量上的变化了,而是性质的改变。

为方便理解,如图 3-9 所示,我们不妨把 B 这条线看作商品端的价值链,其中 B_1 就是商家,而 C 是消费者;X 此前用 x_1 业务,服务于 B_1 和 C;现在则要用 x_2 业务,服务于 B_1 的上游企业或第三方企业,称为 B_2。此举既增加了新的服务对象 B_2;也可以更好地服务于 B_1,把商家留在自己的平台上;同时也增进了对消费者 C 的权益。可谓一举三得。

$$B_3 \cdots\cdots B_2 \cdots\cdots B_1 \quad \longleftarrow \quad X \quad \longrightarrow \quad C$$

图 3-9 平台 X 的第二种选择:做深产业链服务

更关键的地方在于,B_1 和 B_2 不是两类各自独立的群体,而是两类存在业务合作关系的群体,但它们依托于 X 的平台,具体会产生怎样的合作,却不在 X 的预料之内,也不受 X 的控制。换言之,B_1 和 B_2 的合作是由它们自己主导的,对 X 体现为自组织性。

此时,围绕 X 所形成的合作关系,就不只是平台组织了,而是生态组织。它之所以具有网络协同性,不只是因为 B_1 与 C 之间的交易关系,还在于 B_1 和 B_2 同属一条价值链,具有业务上的协同性。而整个体系之

⊖ 例如,在 2019 年 5 月,优步在纽约证券交易所上市后不久,《经济学人·商论》执行总编辑吴晨就在《优步晴雨表》一文中指出:"优步也认为自己是平台,一边对接消费者,一边对接司机。可如果优步是有效的平台,为什么它还要既补贴消费者,又补贴司机,才能不断壮大这一平台呢?至少优步不是出行领域内唯一的平台。消费者对它没有产生完全的依赖,司机也是'狡兔三窟',同时在多平台上接单。这样缺乏消费者黏性也缺乏独占性的'平台经济',潜力到底如何?"

所以能够自我扩张，其模式本身具有生命力，是因为 B_1 与 B_2 之间具有正反馈效应，而 B_1 和 B_2 所组成的价值链与 C 之间也有正反馈效应。

还有第三种选择，就是平台企业在 B 与 C 的服务场景下，增设了一种新的服务 y，提供了一种新的价值（见图 3-10）。这对平台 X 来说也是一种巨大的挑战，它必须完成自我突破，再做一次真正意义上的创新。

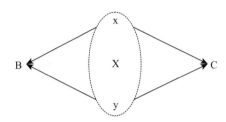

图 3-10　平台 X 的第三种选择：创造一种新价值

许多服务型企业都会想到要为客户提供一条龙服务、一揽子服务、一站式解决方案，以提升自身的附加值。但问题是，许多时候这些服务真就是附加上去的服务，既不是针对同一服务场景，也没有提供新的价值，更像一种功能点缀、价值补充，或另起一事。换言之，x 与 y 之间很难产生业务上的协同，其关系至多表现为 x+y，而不是 x×y。

尤其对拥有巨大流量入口资源的平台企业来说，它太容易依托 x 的成功推出一种新业务 x′，而且 x′ 很容易活下来。但问题在于，对 B 和 C 来说，x′ 很可能并未创造新的价值，反倒增添了新的麻烦；x′ 并没能有助于 B 和 C 之间的联系，反倒在破坏这种联系；在 B 和 C 的客户视角看来，x 和 x′ 之间不存在业务上的协同关系，这种协同只是平台企业的一厢情愿，实则是对客户价值的一种重复利用，或称二次开发。

事实上，对平台企业 X 来说，真正重要的是强化 B 与 C 之间的联系，让 B 与 C 的联系离不开自己搭建的平台，让平台得以稳固。在第二种选择中，无论怎样改善平台对 B 端的黏性，实际上其平台模式依旧建立在 x 业务的基础上；但在第三种选择中，便多了一个新的事业抓手 y，甚至相当于搭建了一个新的平台。在某种意义上，y 的价值就相当于支付宝之于淘宝及整个阿里巴巴体系，相当于 App Store 之于苹果手机及整个苹果体系。

y 业务的推出，由于提供了一种新的价值，实际上也引入了一条新的价值链，这让平台企业的事业空间一下子被打开了，业务版图也变得丰富起来。因此，就整个合作系统的多样性而言，看起来的确像个生态。而且，由于 x 与 y 服务于同一类场景，业务间具有协同性，这使得平台企业自身的管理复杂度被有效缩减了。但整个体系未必能对外进行自我扩张，恰恰相反，y 业务的推出很可能减少了对外的开放性，加强了平台自身的封闭性，而这种封闭性反倒巩固了平台企业的事业基础。

3. 从"中间组织"到"中间市场"

总结来看，尽管平台模式并不是一个全新的概念，但它却在互联网时代找到了真正合适的土壤，并发展出全新的模样。

本书在第二章的结尾处谈到，所有产业都可以看作广义的信息产业，而反过来，所有对产业分工的组织，都可以被看作基于信息的组织。

此前在很长一段时间内，企业的组织之手主要是对内部的生产性资源发挥作用，即对内部分工体系的组织，包括对工作的组织、对人的组织。但放到今天，互联网平台企业有条件使自己的组织力延伸到更广泛的社会分工体系之中，并将这种外部合作关系，纳入自己的管理范畴。"看不见的手"与"看得见的手"之间的界限开始变得模糊。如何重新界定组织的边界，便成为我们这代学者必须要回应的时代命题。

服务中介，由于能促成交易的达成，此前就具有一定的市场属性，但任何单一中介的力量都是有限的，不足以左右市场。但对于互联网平台企业就不一样了，它们的影响力足以影响整个行业，因此有可能参与甚至主导一种市场规则的建立。它们本身仍是企业，但所搭建的平台却扮演着市场功能，因为，它们事实上成了市场的组织者（基于第一种选择）；成了产业的组织者（基于第二种选择）；而当成为多个产业的组织者时（基于第三种选择），该平台所构建起来的整个体系，便成了一个小型的经济体。试想一下如今的平台巨头在各自领域所发挥的影响力，就不难理解这一点了,而这是此前从未有过的新现实。

对于产业平台和小型经济体来说,整个系统已具有了一定的生态属性,参与者足够多样,且可以完成自我进化。但值得注意的是,这种"自组织"实际上是发生在一个市场之内,而不是在一个企业之内。就像在遵循市场规则的前提下,交易双方的行为可以有十足的自主性,而不会受到市场或市场监管部门的制约。

经济学家威廉姆森曾经提出,在企业与市场之间存在一种"中间组织",它既不是一体化企业,也不是市场,而是介于两者之间的一种资源配置方式。后来不断有学者完善该理论,并认为企业集团、战略联盟、企业簇群等便是"中间组织"的代表形式。在本书的界定下,这些都算是以关系为中心的组织设计的传统类型。

但平台组织、生态组织应被视为一种新类型,而不再是传统的网络组织、中间组织。这种新类型具有此前所难以比拟的开放度,它可以对全社会开放,而不只针对某一圈层;在整个系统中发生的交易行为不是一种内部交易,而就是市场交易本身;核心企业对整个系统产生的影响,也不再是一种对组织机制的协调,而更接近于对市场机制的协调。因此,这种新类型不应被称为"中间组织",应被定义为"中间市场",如图3-11所示。

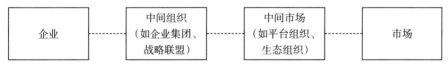

图3-11 从中间组织到中间市场

这是实践所带来的新问题。例如,对具有空前影响力和渗透力的平台企业来说,它到底应承担哪些责任和义务?它应在哪些方面受到保护?其权力又应受到怎样的限制……这些问题在平台企业前期的发展中或许并不明显,反倒是采取"摸着石头过河"的态度更利于创新的发生,但当平台企业大到一定程度时,却成为值得被深入研究的社会问题。

同时，我们也不能妄下定论，例如，"未来商业组织不再是'公司＋雇员'，而是'平台＋个人'"；"流程化和管控型组织已死、平台化和生态化组织诞生"；或"大小公司都得死，唯有平台永生"。这类表达方式富有冲击力，但在我看来并不符合现实。

其一，目前的社会形态主要还是机构型社会与员工型社会，这种状况还会维持很长一段时间。

其二，平台模式之所以成立，在很大程度上有赖于传统企业的支撑，就像中间市场的繁荣得益于行为主体间的交易，随着产业互联网时代的到来，情况更会如此。

其三，考虑到平台企业的影响之巨，对其行为合理性的考量，绝不应局限于经济合理性，而必须虑及社会合理性，甚至后者要排在前头。这对平台企业自身同样是一种挑战。

在自媒体时代，制造一个概念太容易了，表达一个观点太容易了，但看清事物的真相依然很难，给出负责任的判断就更难。事后看来，我们很容易放大单一事件的影响，高估趋势来临的速度；但真正涉及结构性的变化，必须经历结构性的过渡，绝不会很快到来。我们未必能给出正确的结论，但至少应秉持审慎的态度。

泛化的平台与生态

平台模式作为一种中介模式，注定不会在数量上成为商业世界中的一种主流模式，换言之，如果人人都想做平台，那么谁来"被平台"呢？但互联网平台企业在短时间内取得的惊人成就，却具有一种明显的示范效应，进而演变成一种战略选择上的正当理由，甚至也具有了一定的管理合法性，在此过程中，"平台"与"生态"的概念被泛化使用了。

一开始，人们对"平台"的探讨仅限于平台模式、平台战略、平台经济；进而是平台化战略、生态战略、向平台化转型；然后又进入组织领域，提出平台型组织、生态型组织等，一时间好不热闹。

修辞大于现实，是管理理念在传播中经常要面对的一类问题，这在某种程度上也在所难免，就像泡沫之于股市；同时也未必都是坏事，现在有越来越多的企业开始考虑，如何在业务上开展更广泛的合作，如何让自己的组织更具有开放性，便是例证；但另一方面，我们也要警惕这些概念可能造成的误导，事实上，已经有不少企业在这方面栽了跟头。

1. 已经发生的现实

目前人们对平台组织的理解，许多时候跟平台模式无关，而是其他两类：一是平台化组织，对应的是平台化战略，或称企业平台化；二是平台型组织，"平台型"指的是一种组织属性或特征，例如强调开放、平等、去中心、共享等，它的对立面通常是金字塔型组织。

首先是关于"平台化"。它往往指的并不是平台模式，而是把企业中的一部分资源或能力拿出来，作为共享平台，与外部建立更广泛的合作关系，也包括对内建立创业机制，鼓励内部创业等。在这方面，平台化战略、企业平台化、平台化组织通常表达的是同一个意思。

实际上，这并不是一种新的组织设计。我们此前谈到的"不完全事业部制"、多产品事业部布局，其实就是这样的思路，例如把工厂和渠道作为共享平台，对内激活组织，对外开放合作，一起把产品线和品牌线丰富起来，抱团打天下，尽快抢占更多的市场份额。

只是在互联网背景下，企业平台化有一些更生动，也更具有想象空间的表现形式，比较成熟的做法有以下两种。

第一种是开放技术端的资源，把技术的所有权与使用权分开，企业可以把基础研究的能力握在手里，把应用开发的权利让渡于社会，这样即便产品端的表现既多且杂，如同生态，但实际上整个公司的核心竞争力仍统一于技术，是从同一根系上开枝散叶，结出果实的。

第二种是开放市场端的资源，例如流量入口，对同一用户提供多重服务，最终把用户留下来，把用户的时间留下来，也把用户的数据留下来。而当应用场景足够丰富，数据中台足够强大后，这样的企业有机会做到彻底统一于消费者，比消费者更懂消费者，而具体的业务表现形式反倒是次要的。等这一天到来时，我们恐怕要认真对待信息伦理问题。

不过，尽管现在企业间合作的机会变多了，方式也愈加灵活高效，但企业在考虑平台化问题时，依然离不开对一些基础问题的追问，反倒需要先按一下暂停键——真的要进行平台化吗？自己做和请别人做的利弊得失在哪儿？平台化了之后又可能有哪些后果？

如此来看，平台化只应被视为一种手段、一种可供选择的途径，而不应成为目的，更不是企业必须要进行的一种选择。同时可以确定的是，平台化只能放大企业的核心竞争力，例如加快规模化的进程，但无法解决核心竞争力不足的问题，反倒可能因为选择了平台化，更早暴露或放大了这种不足。同样，核心竞争力也不可能通过合作的方式获得。真正的本事都是从自己的体系中长出来的，而不能从别人那里借过来。

其次是关于"平台型"。有些时候，平台型战略、平台型组织指的就是平台模式、平台组织，毕竟"平台"本身就是一种类型；但如果"平台型组织"指的是一个组织应具有的某种气质、特征，那便很可能是一个具有误导性的概念。

在目前的时代背景下，讨论一个组织应具有开放、平等、去中心、共享等特征，很容易具有一种天然的观念上的正确性。这背后有一部分原因是，整个社会对互联网精神有一种普遍的认同。于是，"向平台型组织转型"这样的提法，也很容易得到人们的认同。

但问题是，几乎没有哪个组织称得上绝对的封闭或极权，那么在多大程度上具有平等、开放等特征，才是对的，才是好的，便成为一件很难被说清楚的事。事实上，是否具有这些特征并不是企业真正要去解决的问题。对一个面临市场竞争压力的企业来说，有这些特征能怎样？没有又会如何？况且，特征只是一种结果，是因为企业做对了业务转型，逐渐形成一种新的文化，具有了一种新的组织特征；而绝不能为了特征而特征，为了文化而文化，那都是些伪命题。

还有一种常见的先入为主的判断逻辑是，正因为互联网公司有这样的文化、组织特征,才取得了惊人的成功。不得不说,许多时候这类言论真的很有市场。但遗憾的是,从文化观念到业务成功之间的证据链实在是太长了,其中的因果关系几乎不可能被验证出来。况且,开放、平等有时都算不上一种企业文化,而只是一种组织氛围、风气。难道风气好,就一定能带来业务上的成功吗?

反倒几乎可以确认的是,人们常常容易高估互联网公司的管理水平,及其对经营所产生的正面影响。互联网公司业务上的成功经常是以巨大的管理浪费、高昂的试错成本为代价的,它们赚取的是创新利润,而且由于显著的规模效应,少数几个成功的项目就能覆盖掉庞大的管理开支,而大多数传统企业都不具备这样的条件。人们也很容易误以为,创新就必须以巨大的浪费为代价。但事实上,许多互联网公司自己都不认为这是一件正确的事,相反,它们正苦恼于此,只是还没有找到更好的低成本试错的办法。

一个组织是否具有"平台型"的特征,至多算是对组织样貌的一种描述,而不是组织管理要面对的"源问题"(base problem)。像目标、流程、层级、结构,包括权力、权威等,才是每个组织在运行中都必须要面对的问题,必须做出妥善的安排,但"平台型"显然不是。

实际上,我们要经常警惕组织管理中的"构型说"可能给人们带来的误导。它很容易让创始人和管理者产生一种幻觉,误以为自己的组织管理出了什么问题,或是在模式上已落后于整个时代,于是脱离业务上的需要而启动了组织转型,但这通常都是没必要的。

反过来,对研究者来说,"构型说"常体现为一种饶有趣味的思想实验,但作为一种管理建议,却极容易脱离企业的实际情况。例如,把适用于小企业的模式套用在大企业身上,把适用于成长期企业的模式套用在成熟期企业的身上,把适用于互联网企业的模式套用在传统企业的身上。更根本的,"构型说"是一种很适合用来做研究的体裁,很容易形成对照,构建起竞争性假设,但其研究成果却未必真正具有价值;它常常使研究者的注意力停留在"这件事大概是什么样子",而不是"这到底是一件什么事",但后者才更具有研究价值。

最后是关于"生态化"与"生态型"的提法。本书对"生态"这一概念的使用一直非常谨慎。"生态"一词始终缺乏明确的指向性,反倒很容易让企业失去焦点,甚至误以为眼下的业务多元化具有某种合理性。"生态"更适合对一种状态进行描述,而很难表明其内在意义或价值;将"生态"用于阐明方向时,则更缺乏实质性的指导意义。

无论是"生态战略",还是"生态化战略""生态型战略",如果该战略模式走得通的话,总体上不会超出平台战略、平台化战略,或多产品事业部的逻辑范畴,主要还是强调有两方面的特点:一是业务足够多样,或合作者多种多样;二是各业务间能产生一定的协同效应,诸如统一于技术、统一于用户或统一于渠道等。

但反过来,"生态战略"也很容易成为掩饰非相关多元化的一种借口。企业家和创始人本来就常有一种成就企业帝国的野心,"生态战略"很可能会助长这种冲动。于是,企业家更不注重发展节奏,四处出击,并高估业务之间的协同关系。就像乐视的贾跃亭曾经犯过的错误那样。但问题是,无数个战术级的成功都无法堆砌成一个战略级的胜利。

几乎没有哪个企业像当年的乐视那样,如此迷恋生态战略。乐视曾认为自己在七大领域实现了生态布局,包括互联网和云生态、内容生态、体育生态、大屏生态、手机生态、汽车生态、互联网金融生态。而整个乐视生态由四部分构成:内容(影视、音乐、体育等内容)、平台(云视频平台)、终端(包括手机、电视、车机在内的七块屏幕)、应用(乐视自己开发的核心应用,如乐视网、应用商店等)。用许多乐视高管的话说,乐视是一个以视频内容为核心的生态系统。

借用本书的概念体系,我们可以看出,乐视从始至终就不是平台模式,它提供的并不是中介服务,而是由自己做完整个价值创造的全流程;除了视频内容可在多块屏幕之间实现资源共享外,每块业务其实都是一个单独的板块;业务和业务之间并不隶属于同一条价值链,很难形成自然而然的协作关系,而是被人为安排到了一起。在这样的情况下,想要实现多业务间的化学反应、"生态化反"（即各业务间的化学反应），无疑是极为困难的。

我的研究团队曾在 2016 年春天调研过乐视。我当时就提出一个看法："如果把商业模式看成函数关系的话，乐视生态就像解多元一次方程组。从任何一个角度看，它建立的业务壁垒都不够厚，只有薄薄一层。而节奏上，又不想解完一个方程，再把答案带入另一个方程，而是试图一下子把整个方程组都解出来。但这道题太难做了。"

事后来看，乐视更像一个不恰当的平台化企业，即便许多板块都屡有亮点，但依然不足以撑起全局。乐视一直希望能挟内容以令用户，挟用户以令终端，最终"生态化反"。但问题是，这两类因果关系都不牢靠，遑论可传递性。倒真是应了那句提醒——"你有你的计划，世界另有计划"。

至于"生态型组织"，则很可能是比"平台型组织"更糟糕的一个概念。"平台模式""平台化战略"至少是有其内在逻辑的，但"生态战略"并不是一个准确的提法，"生态型组织"更无法对组织内部关系的合理性做出有力的说明。"生态"之于组织，主要适用于对组织的最终状态进行描述，而不能成为一种组织设计原则。

管理学是一门人文学科，其内在规律并不具有自然科学那样的客观性。管理理念更是一种人为产物，因此也很容易受到人为干扰。常有人以为，企业家个个聪明绝顶，颇具主见，很少受到舆论的误导。但实际上，企业家不过是选择了创业的普通人，他们同样也很容易受到其他人的影响。而在所有对企业家和管理者的认知产生影响的言论中，没有什么比错误的理念、错误的假设所带来的伤害更大了。

2. 超组织管理的选择

除了平台企业和企业平台化，近几年，各类企业集团、战略联盟的数量明显多了起来，企业间的竞争关系，不再是企业与企业之间的对抗、产业链条与产业链条之间的对抗，而是联盟与联盟之间的对抗、价值网络与价值网络之间的对抗。这是一种新的现实。

在此背景下，每个企业都值得打开思维空间，重新思考一遍：你在所能影响的社会关系中，例如对顾客、员工、上下游伙伴及其他利益相关者，到底扮演着怎样不可或缺的角色？如何才能发挥更大的价值？是否需要建立一种新的或更广泛的社会合作关系？

无论最终的选择是做平台、企业平台化，结成战略同盟，还是采用其他方式对合作伙伴产生带动作用，对超越组织自身边界的管理，即"超组织管理"来说，总有三项任务是绕不开的（见图3-12）。

图3-12　超组织管理的三项任务

首先是重视目标的利他性。这未必是由企业使命决定的，而是由超组织管理所要承担的责任所决定的。企业如果想在更大的社会范围内发挥价值，就必须重视目标的社会性。

现在许多企业都喜欢讲使命，但在我看来，很少有企业在创业之初就能有明确的使命或愿景。即便许多企业后来都提出了使命宣言，但也很少有企业真正是为了一种使命，为了一种主义而存在的。反过来说，企业的存在未必一定要有使命，但必须要有目标。

对单个企业来说，发展目标中未必要有很强的利他性，做好自己已是足够。但对于超组织管理来说，必须真心实意地为合作伙伴的利益着想。就像对武林盟主来说，有时候功夫倒在其次，胸怀要排在前头。许多平台企业在谈及发展问题时，总会优先考虑合作伙伴的利益，这未必是由企业家的个人情怀所决定的，也是业务属性的一种必然需要。

其次是能力归核。这实际上是在强调"战略归核"。但不少企业一旦开启了更广泛的社会合作，卷入利益网络中之后，就很难收得住自己的野心了，很难在战略上保持应有的克制，因此有必要在能力维度上加以约束。

企业中的某项资源与能力，通常要么是自己怎么用都用不完，要么就是怎么算都不够用。往往也正是因为这种资源与能力上的"冗余"，才触发了企业进一步扩张的冲动。但反过来要注意的是，稍有不慎，你在共享什么资源，就是在透支什么资源。

因此，除了加强核心竞争力建设外，核心企业还要在对资源与能力的使用上注意两点：一是必须将有限的资源集中起来使用，并充分考虑其波及效果，即怎样对合作系统中的其他伙伴都有利，尽可能提高资源的复用率；二是重视资源与能力积累的正向循环，并构建起这样的正反馈机制，即在正常的业务活动中完成对资源与能力的蓄积。

最后是重塑关系。在组织社会化的今天，业务合作的紧密性很容易突破企业边界的限制。人才可以不为我所有，但为我所用；业务也可以不为我所有，但为我所用；人才和业务都是跟着机会走的，真正考验的是企业家的战略远见与领导力。

同时值得注意的是，正因为在以关系为中心的组织设计中，不存在绝对意义上的控制力，因此在整个合作系统、价值网络中，也不存在绝对意义上的中心。"整合"与"被整合"都是相对的概念，地位及影响力取决于能力对比。当生产型企业的能力大到一定程度，所有的品牌商都离不开它的时候，反倒可以看作品牌商在为生产企业打工。生产企业反倒成为一个平台，具有了类似中介般的价值。

换言之，价值网络存在的基础始终在于价值，而不在于网络。网络依附于价值，而非价值依附于网络。一旦在网络中失去了价值，那么再多的关系链接也终究无济于事。

| 第四章 |
 ··· CHAPTER 4 ···

组织形态与整体效率

引言　非结构性控制见真章

组织中有横向的流程、纵向的层级、交叉形成的部门与结构，再辅以岗位说明、部门职责、规章制度等，在某种意义上，这是一套完整的组织设计逻辑。照理来说，这样规划下来，组织中分工明确、责任清楚，各部门之间应当运转得井然有序才对。

然而，组织的真实运行状态很可能与之相差甚远。

组织内部实际上是有两张图的：一张组织结构图，一张组织运行图。前者集中体现的是战略的要求，符合逻辑上的正确；但后者反映的是逻辑背后的、人与人之间的互动关系，其中既有遵循规则要求的部分，又包含大量的人情世故。毕竟，组织不是由机器构成的，组织内部都是活生生的人。人们也不是每天跟章程打交道的，而是与人相处。

当我们谈到一个组织时，往往最先注意到的就是它的组织形式和组织状态，称之为"组织形态"。"形式"体现的是组织设计者的心思，通常与组织结构图有很强的一致性；但真实运行下的"状态"反映的却是成员们认为合适的道理。两者不完全相同。不过，尽管组织形态是我们最先观察到的，但其内在原因很可能是我们最后才搞懂的。

本书认为，组织形态由三种形态构成：经济形态、社会形态、政治形态。这也符合我们在组织生活中的日常感受。换言之，法理之外还有人情，人情之外还有江湖。

法理是一种显性逻辑，但组织内部还有隐性逻辑，它们彼此交织，共同构成组织的完整样貌。就像一方面，文化管理是对制度管理的有效补充，要想实现高水平的组织管理，就必须用文化的水去填制度的缝；但另一方面，当一项组织调整、制度安排与文化相冲突时，往往是以文化的胜利而告终。实际上，组织内真正发挥作用的往往不是"结构性控制"，而是"非结构性控制"，它们显得柔软而非正式，却极具力量。

在组织理论的历史上，最早对组织中"非结构性控制"这一问题进行深入研究的，是麻省理工学院教授道格拉斯·麦格雷戈。

麦格雷戈提出，相对于企业的理性面，我们还应该关注企业的人性面。他直接谈道："员工的智慧是无穷的，足以对付管理者设计的任何控制制度。"他认为，"上下级关系的环境并不是由政策及流程决定的，也不是由管理者的个性决定的，而是由管理者根据自己的管理理念及对人性本质的基本假设所不经意表现的日常行为决定的"。

麦格雷戈意识到的问题是关键的：①员工对自己的行为方式有主控权；②在不同的组织环境下，同样的员工会做出不同的行为选择，即行为是环境的产物；③非结构性控制的关键在于塑造环境；④环境不是由政策及流程决定的，而是由管理者的心智模式所塑造的。

我们在组织中其实很容易感受到这一点。哪怕一个再扁平化的组织，当涉及决策问题时，成员们总会情不自禁地想领导会做何反应，进而形成一套相处之道。反过来也可以注意到，管理者诸多言行的背后，其实都是同一种心智模式在不同侧面的映现。换言之，管理工具的作用是次要的，关键仍要回到使用工具的人本身。

好企业都是学不会的。不是学不会办法，而是你成不了那个人。即使条件完全一样，你把另一个企业的所有制度全搬过来，照着管，但总是觉得哪里不对劲儿，感觉怪怪的。实际上，大家看重的不是制度，而是老板到底是一个怎样的人。尤其人这种动物对真情极其敏感，你是真的关心员工，还是以此为手段来利用员工，他分明感受得到。一下子味道就全变了，管理效果就出不来了。

从这个意义上，要想实现高水平的组织管理，必须达成主客观的统一。与其四处学习别人的经验，不如静下心来意识到自己的问题，进而调整认知，改善心智。否则，管理能力不可能有本质性的提升。

正是意识到管理者心智对组织环境的塑造，发挥着不可替代的重要作用，麦格雷戈才区别出了两种人性假设。他提出，如果管理者从根本意义上认为，人们天性厌恶工作，而必须予以监督和控制，即对人性的假设是"X理论"，那么他对组织的管理，"无论采取怎样的技巧或者管理方式，都不可能实现整合管理与自我控制"；反过来，"一个人的职位越高，就越要遵循Y理论行事"，即相信人们有能力践行自己对目标做出的承诺，而人们也能够在此过程中获得内心的满足。

值得一提的是，管理学中有比较明显的师承现象。麦格雷戈至少对两位大师级学者影响深远：一位是沃伦·本尼斯，作为麦格雷戈的学生，他延续了老师对管理者心智的关注，后来被许多人认为是领导力理论之父；另一位是他的同事埃德加·沙因，沙因比麦格雷戈小了20多岁，他后来成为企业文化领域的奠基人。

除此之外，受到麦格雷戈影响的还包括汤姆·彼得斯、沃特曼、威廉·大内、罗莎贝丝·坎特、利克特、阿吉里斯等一众学者，可以说，正是这些学者共同丰富了我们对组织的理解，也为组织管理的理性逻辑增添了许多人性的温度。

企业文化与领导力，真正让组织成为一个整体，具有了鲜活的状态，也决定了企业最终能发挥出怎样的整体效率。

这其中，无论怎样强调企业家、管理者的关键作用都不过分。掌握多少知识和方法反而是次要的，最终仍要回到你内心的假设与认定。从这个意义上，组织管理的心法大于手法，心法到了，手法弱一点也没关系，怕的是反过来。

在真实的组织管理中，不仅是流程决定组织、战略决定组织，更是企业家决定组织。要问的是，你到底想成就一个什么样的组织？

一、经济形态、社会形态与政治形态

之所以将组织形态分为三种，是因为组织的运行遵循着三套逻辑：第一种是经济形态，理性而富有秩序，遵循的是效率逻辑；第二种是社会形态，反映的是组织中人与人之间、群体之间的远近亲疏，遵循的是情感逻辑；第三种是政治形态，遵循的是博弈逻辑。实际上，组织中有政治现象是完全正常的，是必然的，甚至也是必要的，具体如表4-1所示。

表4-1 组织中的三种形态

	经济形态	社会形态	政治形态
内在逻辑	效率逻辑	情感逻辑	博弈逻辑
主要特征	目标的明确性	目标的多重性	目标的对抗性
	结构的正式性	结构的非正式性	结构性的失衡

只要组织中有分工与合作，彼此位置不同、理解不同，就不存在每个人都认为的合理；只要组织中有对资源与利益的分配，就不可能让每个人都满意；只要人们还愿意努力向上，我们就要正视与之如影随形的欲望；也可以说，只要组织中有经济形态、社会形态，就必然存在政治形态，每个管理者都必然将与之共处，并警惕它可能造成的破坏性。

经济形态的特征

当我们踏入一个组织之中，第一眼看到的就是它的经济形态，其主要特征是目标的明确性、结构的正式性，且两者紧密贴合。它很像管理者第一次跟你见面时讲的那些道理，而如果换作你是管理者，十有八九也会对来访者讲同样的故事。

在经济形态中，人们是奔着同一个目的，走到一起来了。组织目标清晰而统一，自上而下做分解，并自下而上卷起来；组织结构跟随组织目标，是为了实现特定目标的工具。于是，部门有定位，人人有分工，并按照既定规则展开协同，确保目标能如期达成。

经济形态反映的是组织设计者的心愿。这并非一厢情愿，而是道理上本应如此，并且也只能这样——组织管理必须追求效率逻辑，必须具有经济性。尽管组织运行起来有各种各样的不完美，但必须以此为基础。[^1]实际上，如果不是为效率考虑，组织完全可以设计成任何样子，但前提是，市场竞争真的可以忽略不计。

不过正因为经济形态遵循效率逻辑，并因此而实行必要的控制，也导致它经常饱受各类批评，尤其容易遭到崇尚自由者的反对。

于是，每过一段时间，管理学领域就会受到某事件的触发，掀起又一轮主张"自我管理""自组织""自协同"的思潮，诸如"去管理""去KPI""去层级"，但每次的结果都是不了了之，用不了多久就会销声匿迹。皆因为自由式管理对人性之假设，估计得过于乐观了，对大多数人、大

---

[^1]: 管理学中最常见的争论之一，就是"效率"（efficiency）与"效果"（effectiveness）之争。effectiveness也常被译为"有效性""效能"。一方面，本书对组织管理有效性的探讨，总体建立在"效率"之上，因此在第二章引言部分就指出，"不能离开效率谈组织"；另一方面，本书也并未回避对"有效性"问题的追问，但使用的概念体系主要围绕着目标展开，如做正确的事、整体最优、目标达成等。进一步说，只要涉及目的与手段之争，就很容易牵扯到"有效性"与"效率"之争。正如每个人在工作中都需要先想好目的，然后再追求有效率地完成。但问题是，对"有效性"的检验往往是事后性的，我们必须先假定方向是正确的，然后付诸努力，目标才有可能被达成，否则这项工作将始终徘徊在原地而无法开展。整个公司最高层面的"有效性"便是战略的正确性，但衡量战略最终是否有效，却是个复杂的问题，它与环境的不确定性有关，与竞争对手有关，同时也与组织的有效性即目标实现的效率有关。因此，相对于战略、整体目标对有效性的影响，即公司层面的目的，本书将对组织有效性的衡量标准建立在"效率"之上。

多数企业都注定是行不通的。

每件事都能做到慎独、利他，那是对圣人的要求；对普通人来说，那只是理想的彼岸；于组织管理而言，我们似乎永远只能往那个方向无限靠近，但终究难以到达。

即便有一天，组织真的实现了自我驱动，其背后依循的假设恐怕仍然要以效率为先。这是由企业的属性所决定的，而不是由意愿决定的。尽管工作不是人们加入组织的唯一目的，但企业首先要解决的是生存问题。

社会形态的特征

与经济形态相对应，社会形态的主要特征是目标的多重性，以及结构的非正式性或称非正式组织。社会形态遵循的是情感逻辑，它提醒我们在重视效率的同时，还要看到问题的另一面：人们在一起工作，并非只为了工作，也是为了"在一起"。

你总能在不经意间察觉到社会形态的存在，例如，午餐时谁愿意跟谁坐在一起，下班后哪些人结伴同行，人们总会情不自禁地表达对彼此的欣赏。这也让我们在理解组织问题时，除了关注"官方版本"之外，还要读懂"民间故事"。许多时候，职位和头衔是一码事，但人人心中都有另一杆秤：谁是值得信任的，谁对这件事享有权威，谁受了委屈，等等。而这些也是我们在安排工作、组织变革时，必须予以考虑的。

况且，非正式组织是对正式组织的有效补充。例如，阿里巴巴很早就有"阿里十派"，它们是员工自发成立并管理的群众性兴趣团体，对组织氛围有很好的带动性。也有的企业经常进行部门出游，跨部门团建，一起过生日等，这样把大家的能量凝聚起来，反过来也可能对业绩交付起到很好的作用，大家的承诺度更高，积极性更强。

这可被称作组织管理中的"非线性关系"，即社会形态对经济形态的影响，尽管没有必然的因果关系，但是可产生正向或负向的作用。

正式组织最早就来自非正式合作，因此从组织的社会形态来看，维系住组织自身的存续，其本身就是一个重要的目的，至于该组织是否真的具有很高的效率，反倒成为一个次要命题了。

就像在战场上，袍泽之情比爱国主义对人的影响来得更直接有力。在职场中，有几个要好的朋友，能天天在一起工作，是一种快乐的源泉，甚至成为选择继续待下去的理由。做过一把手的人，常常对此深有体会：想做事情，先做团队。

组织中的经济形态，看重胜负；组织中的社会形态，关注的则是人情世故。许多时候，人们甘愿忍受痛苦、接受挑战，不是为了争输赢，而是为了维系"团队融合感"。

从社会学的眼光看，企业组织的价值绝不仅仅在于营利，它也是一种社会构成方式，是从农业社会向工业社会演变的过程中，对以往的乡村、部落、宗族、社区的一种替代，它不仅是人们的工作场所，也是介于个人与家庭、地区与国家之间的一种非常重要的社会载体。

即便到了移动互联网时代，我们也没有找到更好的办法，去满足人们对一种群栖生活的向往。因为人们不仅需要建立广泛的联系，更重要的是形成稳定的关系，尤其是要在同甘共苦的经历中，才能真正建立起个人对团体的一致之感，结下那份休戚相关甚至足慰平生的情谊。

在东方文化的情境下，组织的社会形态更值得被重视。许多心理学测量都证实过，东方文化下有更强烈的集体主义倾向。对比东西方的职场关系，西方人的同事和朋友通常是两群人，但对我们来说，往往是一群人。尤其是在早年的职业经历中，大家下了班在一起，周末还在一起，甚至延伸到两个家庭之间的关系。

借用学术上的概念，西方人更相信制度，相信上帝，相信白纸黑字的契约，所谓"契约精神"。但是中国社会有着长期的农耕文明及宗族观念的传统，我们更习惯把自己及情感寄托在亲朋好友的心中，注重情感联系和亲情关系。因此，中国人更相信私下里的交情，相信彼此间的心灵感受与默契，所谓"心理契约"，而且认为这种关系更长久，也更可靠。

你会发现，在许多优秀企业中，员工对创始人、对组织的感情都延续着传统伦理关系，视若兄长、亲人，把企业当家。就像海底捞的员工都把创始人张勇叫成"张大哥"，员工父母也会觉得孩子真有福气，因为"老板把他们当成兄弟"。

这既是一种管理现象，也对组织管理的有效性提出了挑战。例如，处于权力中心的管理者，除了业务领导力之外，最好还得是一个有修为的得道之人，能在一定程度上扮演"君亲师"的角色，是君子，如父兄，足以为师。就像华为人对任正非、联想人对柳传志、阿里人对马云的感情，绝不仅仅因为他们是创始人，还因为他们颇具风范。

政治形态的特征

政治形态遵循的是博弈逻辑，主要特征是目标的对抗性，以及结构性的失衡。与经济形态、社会形态的"易识别性"不同，政治形态在组织中通常是隐性存在的。要是人们已经普遍感受到了政治形态的存在，那便通常意味着，组织政治所造成的伤害已然发生了。

几乎每个组织中都散落着各式各样的政治现象，且往往是无法避免的。首先是因为，组织本身就是一个分工与协作的体系，分工意味着彼此不同，协作意味着相互合作，这种差异性与相互依赖性的并存必然意味着良性合作要以大量的相互理解、协商，乃至妥协为前提，但同时也意味着必然将有冲突与斗争的发生。

其次，组织中的资源、地位、机会、利益等一定是有限的，但人的欲望可以是无限的。总会有人不满意当下的安排，也总有人不甘于被动地接受安排。于是，有的人努力争取资源，谋求上位；有的人拼命保住位子；有的人左右逢源……凡此种种。

再次，即便组织中的职权体系是客观公正的，是依据战略及业务发展的需要设计而成的，但最终做决策的不是体系，而是人，而人们的决策过程很难不受到主观因素的影响。因此，我们在组织中总是能够看到，业绩好并不一定意味着升职或加薪，总有人更懂得取悦领导、投其所好，并因此得到更好的发展。尽管在某种意义上，这也符合人之常情。

但上述还只是政治现象、个体行为，不足以构成政治形态。

形态意味着已形成一定的组织性，即人与人之间的博弈关系，背后是团体之间的争斗。有的企业为了平衡这种利益冲突，也让决策过程更加审慎，便形成了集体决策制或决策委员会制度。在最高决策者有足够的领导权威、头脑清楚，而且冲突可控的前提下，企业内可形成结构性的制衡，这种制衡通常对业绩发展也是有利的。

不过，我们仍要对组织内的派系之争保持警惕。稍有不慎，一方力量将自己的目标凌驾于其他团体之上，甚至凌驾于组织目标之上，造成一部分人对另一部分人的伤害，斗争就开始公开化了，乃至引起连锁反应，变得一发不可收拾。

决策者必须小心把握这中间微妙的平衡，绝不能轻易表达对某一高管或某一部门的好恶，这一定会造成组织内的站队，乃至敌对。许多政治形态的种子和苗头，往往就是决策者在不经意间播撒和浇灌的。

许多中国企业未来都要面临交接班的问题。创始人一旦退下去，权力真空就会马上露出来，但凡没能做出妥善的制度性安排的企业，大概率会发生权力争夺。而且，越是那些笃信有救世主登场的利益集团，越容易将矛盾激化，进而把企业推向毁灭的边缘。

当陷入权力争夺后，必须有人能率先从对抗中跳出来，引导各方力量暂时冷静下来，重新站回企业的立场上思考：对于全局而言，何为正确？然后寻找最大公约数，即各利益集团都能大体接受的方案。否则，大概率会走向"多输"结局。

一个企业通常不是被竞争对手打败的，而是被自己打败的，被自己人打败的。它往往是败了两次，先是在内部已经失败掉了，尚可以撑住场面；然后在外部又败了一次。企业的发展之困，责任不在于员工和普通管理者，就像瓶子一样，"瓶颈"永远都在顶端。

当组织内的政治形态、博弈逻辑完全浮出水面，你会发现，其中的每一个人都是理性的，但合了群就会疯狂，整个组织内部演变成一个"狂乱的场"。在组织中，最棘手、最难办的从来都不是理性问题，而就是这类非理性问题。

索尼的接班之误

组织和人一样，都是有生命周期的，但组织可以活得更久一些。没有 200 岁的人，但有 500 年的企业。遗憾的是，成功并不是一位引领未来的好向导。企业兴衰似乎向来如此，"眼见他起高楼，眼见他宴宾客，眼见他楼塌了"。江山代有才人出，各领风骚只几年。

日本管理学界曾有一个说法，苦于企业寿命之短，大多数企业都活不过一个"狗年"（1 狗年 =10 自然年）。相比之下，索尼绝对当得起"长青"二字。只是这中间经历了长时间的低谷，目前也仍在转型之中。值其盛时，索尼就像巅峰时期的苹果公司，以至于投资界曾有一个笑话。问：How to spell Sony？答：A-P-P-L-E！彼时苹果如日中天，索尼日薄西山，言下之意，苹果就像昔日的索尼。

前几年，《绩效主义毁了索尼》一文在国内舆论界传播甚广，该文指出是绩效主义让员工丧失了创新的激情，导致了索尼的衰落。但问题是，索尼的衰落是一个战略层面的问题，而不是战略之下的问题；是高层之误，还怪不到员工头上；更不需要让一种绩效管理办法来背锅。索尼当时真正的问题是政治性的，毁于组织内斗。

讲一段索尼的权力往事。索尼是在 1946 年 5 月，由时年 38 岁的井深大和 25 岁的盛田昭夫创办的，当时叫作"东京通信工业公司"。直到 1976 年，也就是创业 30 年之后，索尼才进行了第一次交接班，由岩间和夫接棒盛田昭夫，担任社长。遗憾的是，岩间和夫于 1982 年不幸去世，由大贺典雄接任。直至 1995 年，即 13 年之后，出井伸之继任总裁。而索尼的接班之误就集中体现在 1995～2012 年这段时期，长达 17 年之久。

这场权力之争可分为三个阶段：一是从大贺典雄当任到出井伸之接班，即 1995 年之前的故事；二是 1995～2005 年，即出井伸之时期；三是 2005～2012 年，从出井伸之离开索尼，斯金格继任董事长之职，直至斯金格离任。

同时需要指出的是,盛田昭夫自 1976 年担任董事长,直至 1993 年因中风停止所有工作,这期间跨越了岩间和夫、大贺典雄两个时期。而大贺典雄在出井伸之担任总裁的前 5 年,即 1995～1999 年,仍担任董事长兼 CEO 之职。[⊖]

大多数中国企业还没有遇到接班问题。许多创始人正值壮年,董事长兼总经理一肩挑,但未来很可能也要面临类似的麻烦。索尼一例,或许可以为我们提个醒。

1. 从井深大到大贺典雄(1946～1995 年)

索尼早期以技术见长,这与两位创始人都是理工科背景有很大的关系。井深大负责研发与生产,盛田昭夫负责除此之外的其他工作,主要是营销与管理。盛田昭夫是在井深大的邀请下加入公司的,年纪更轻,并十分尊重井深大这位天才工程师,因此便揽下其他工作,让井深大专注于研发。日本企业界有一个说法,"技术的索尼""销售的松下",这种重视研发与创新的"索尼精神"是自创业之时便种下的基因。

两位创始人为索尼制定的经营方针,饱含着雄心壮志。彼时,索尼真可谓一家使命驱动型的企业,生龙活虎、元气淋漓。

公司设立的目的:①最高程度地发挥精益求精的技术者的技能,创建自由阔达、愉悦的理想工厂;②为日本重建、文化提升、积极开展技术上、生产上的各项活动;③将战时研发的各项技术,广泛及时地运用到国民生活中去。

经营方针:①放弃只顾赚钱的思想、重视开展内容充实的企业活动,不过度追求企业规模的扩大;②在经营规模上,宁小勿大,将大企业难以顾及的领域作为技术上的出路,开展经营活动;③严格挑选公司员工,尽量压缩员工数量,避免形式上的等级制,一切秩序皆以实力为本,尊

⊖ 索尼在 1976 年 6 月,导入 CEO 制度。CEO 有较大的决策权力,但总裁(president)更多的是做执行。CEO 有在董事会发言的权力,而总裁则未必。这也是索尼当时政治斗争的重要背景之一。

重人格，最大限度地发挥个人才能。

以这种企业家精神为动力，公司成立 4 年后，日本第一台录音机"G 型机"上市销售，其后，日本第一台晶体管收音机、世界第一台晶体管电视机、世界第一台晶体管录像机、世界第一台微型电视机等，各类荣登"日本第一"或"世界第一"宝座的新产品，被索尼源源不断地推向市场。后来人们将这类产品统称为"索尼风格"。

这一切都与井深大坚信的理念息息相关——他一直信奉"不模仿别人"及"做别人不做的事"这两项原则，致力于推出"承载着梦想的产品"。

但两位创始人可能做梦都想不到，几十年后的 20 世纪 90 年代中期，当索尼成为一家在全世界拥有 13 万名员工、900 多家子公司的集团公司时，它正在遗忘的恰恰就是创业之初立下的企业精神，尤其体现在出井伸之这一任接班人身上。

从历史来看，索尼的总裁人选总是进行着技术型与市场型的相互更迭。最早是井深大出任总裁（1950～1971 年，技术型）；后来由盛田昭夫接任（1971～1976 年，市场型）；之后是岩间和夫（1976～1982 年，技术型）；再是大贺典雄（1982～1995 年，市场型）。

这中间有两件事非常令人遗憾。

一是，岩间和夫在任期内患急病去世。否则，故事很可能就是另外一个版本了。因此，盛田昭夫在选择大贺典雄作为继任者时，曾做指示，"你的下一任总裁一定要选择技术型的"。

二是，大贺典雄的继任者出井伸之是一位市场型干部，当时他负责海外业务，但这一选择并非大贺典雄的初衷。大贺典雄原本考虑的那位技术型接班人，在任命前夕闹出了丑闻，因此只能将其从候选名单中剔除。

连续两任总裁人选，无论是大贺典雄，还是出井伸之，都像"急救兵"，是仓促之选，没有经历扶上马、送一程的过程。对索尼这种体量的公司，这本身就意味着风险。

况且有所不同的是，大贺典雄在索尼成名甚早，29岁担任专业产品部门的总经理，34岁便出任公司董事，许多人将井深大、盛田昭夫、大贺典雄视为索尼的"三驾马车"，因此在大贺典雄52岁担任总裁时，在组织内已积累了相当的威望，可谓是众望所归。但对出井伸之而言，直到1990年，才算真正步入了索尼的高管阶层，而那时他已53岁了。从1994年4月，担任产品创新与传播部部长，到1995年4月任索尼总裁，中间只有短短一年的时间。

事后来看，选择出井伸之任总裁，很难称得上明智之举。而出井伸之正是在这样的背景下，开启了他的总裁岁月，并上演了一系列权力争夺。

2. 出井伸之的动荡十年（1995～2005年）

事情还要从大贺典雄的选择说起。

1990年后，大贺典雄对索尼的未来忧心忡忡，他已然意识到网络社会即将到来，那是一个自己从未经历过的时代，他的心中没有答案，不知该如何率领索尼去应对新的局面。即将卸任之际，大贺典雄终于得出一个结论：能解决这一问题的，应该是一个与自己不同辈分的、新时代的年轻人才。由此，他注意到了出井伸之。此人在1993～1994年间，三次提交关于"索尼的未来"的报告，言及要将网络业务作为新的收入来源，也是索尼要进军的新领域。

在记者招待会上，大贺典雄谈到，选择出井伸之做接班人是"使用了排除法的结果"：索尼的总裁必须是"懂技术的人"；同时由于索尼拥有世界上最大的电影公司和音乐公司，因此他还必须是一个"对软件有理解能力的人"。符合这两项条件的，只有出井伸之。

于是，出井伸之甫一出任总裁，就开始挑战包括互联网在内的与网络有关的新业务，还试图开发出一种不仅仅将单个硬件产品卖出了事，而且售后还能持续盈利的新业务模式。这类构想事后看来或许具有前瞻性，但在这之后的10年里，成功案例却一个也没有。

但出井伸之也有自己的委屈。在1995年3月底的财务决算中，索尼的有息负债（主要是贷款）达到 19 141 亿日元，几乎占年销售额 3.99 万亿日元的一半，可谓命悬一线。

出井伸之事后谈到，"我那时觉得，索尼的生存概率已低于 50% 了。所以在那个生死边缘上，何谈索尼复兴！当务之急就是改善公司的财务结构"。而导致这种财务失控的最大原因就是此前的投资过度，即大贺典雄时代的索尼公司，倾囊收购了国际电影公司和音乐公司。

在巨大的财务压力之下，索尼的经营导向趋于短期化，索尼精神逐步沦丧。公司对电子业务所施加的增收压力，使其在研发具有跨时代意义的新产品所需承担的风险面前，始终裹足不前。很多时候，即使发现了一款让人眼前一亮的新产品，一旦面临追加投资，或研发所需的时间超过了预想，人们当初的热情就消失殆尽了。

恶性循环就此加速。大贺典雄在创始人盛田昭夫逝世的 1999 年以后，开始屡屡怀疑：自己是不是选错接班人了？到 2001 年前后，他意识到：确实是"搞错了"！继而他在公司内部，甚至外部，时常表达自己的不满——"盛田推出了 Walkman，我推出了 CD，而出井君当上总裁后，向世界推出了什么具有'索尼风格'的产品？什么也没有！只要他不能推出我认可的'索尼风格'的产品，我就不认可出井君！"

公允地说，上一任总裁如此公开地批评继任者，这种行为是极为失当的。况且，自 1995 年担任总裁以来，出井伸之似乎从未得到大贺典雄的充分信任，后者直到 1999 年仍担任 CEO 一职，似对总裁垂帘听政。而大贺典雄这些毫无顾忌的说法，显然伤了出井伸之的自尊心，使两人心生芥蒂。尤其要考虑到，出井伸之在组织内的资历和威望本来就不够，必然对此更加敏感。

更麻烦的是，大贺典雄将自己对索尼的巨大影响力延续到了出井伸之下一位继任者的人选上。

彼时，受 2003 年 4 月"索尼冲击"的影响，质疑出井伸之的声音日益强烈；而在公司内部，对出井伸之批评得最狠的，是在家用游戏机"Play Station"（PS）与"PS2"方面十分成功并将游戏业务做成索尼集团核心业务的功勋大将——久多良木健。而大贺典雄也强烈推荐久多良木健担任新一任总裁，受其影响，大贺典雄时代已然退休但忠心追随大贺典雄的那些干部们，宛若自己有提名权似的，一直谈论着出井伸之位子的话题，几近令出井伸之恼羞成怒。

2005年3月，时任董事会主席兼CEO的出井伸之与总裁安藤国威双双辞职，与此同时，久多良木健也离开了总公司，被调往美国负责索尼计算机娱乐公司。而取代出井伸之之位最有实力的候选人，是与之过从甚密的集团董事会副主席、索尼美国董事会主席兼CEO斯金格。毕竟，提名接班人是CEO的专属权利，也是属于出井伸之的最后之抗争。

到此为止，围绕在大贺典雄、出井伸之、久多良木健等几方势力间的权力争夺，已然是"多输"结局了。但事情还没完，还有"后遗症"要处理。

3. 斯金格继任与混乱七年（2005～2012年）

问题首先在于，斯金格最初对执掌帅印的意愿并不强烈。他此时已经63岁了，还有长期的腰痛病。如果想工作、家庭两不误，每月必须轮番在纽约、伦敦和东京三地飞来飞去。斯金格本有退休打算，但还是接受了出井伸之的橄榄枝，原因也许正像出井伸之所说的那样："他不忍心看我煞费苦心的样子，才决定不管怎样都要干下去的。"

斯金格是索尼历史上唯一的非日籍最高负责人，他是位出生在英国的美国人。但斯金格上任之后，索尼的高管班子却一度呈现出"权力空白"的尴尬景况，毫无全局感可言。这与出井伸之之前的决策有关。

当时能继续支持出井伸之所制定的经营策略，并对其足够尊敬的接班人，也只有掌管整个娱乐事业的美国人斯金格了。同时，苦于派系斗争的出井伸之，还需要找到一位不带有任何"色彩"的人来做新任总裁，而担任过仙台工厂厂长等职的中钵良治，正属于这种远离总公司"纷争"的人。由此，再也没有人关心"索尼精神"和"索尼风格"了。

可以说，选择斯金格和中钵良治都是没有办法的办法。在某种意义上，彼时摆在出井伸之面前的这道题，已经不是在正确与正确之间做选择了，而是在错误与错误之间做选择。

每个人都被困其中。中钵良治后来谈到，"反正只是临时用我一下。下任总裁，肯定是井原（胜美）。我就是个过渡"。于是，中钵良治为表现出作为总裁的存在感，开始试图在井原胜美负责的电子业务以外做出成绩。

井原胜美，此时正担任副总裁兼集团CFO，他曾在索尼立下赫赫战功，是索尼爱立信的第一任总裁，也曾担任集团首席战略官，但在当时的局面下，除了考虑如何在下一届政权交替前建立好自己被接受的组织体制外，再无暇顾及其他。

而斯金格正在处心积虑地构建自己的独裁体系，继而变卖资产、大幅裁员、"放弃电子，转向娱乐业"，大量的优秀工程师流失……实际上，已经种种败象尽显了。

令人讽刺的是，2007年财年，索尼的销售额及当期净利润创造了历史最高纪录，而细究之下，这只是玩儿了一回"制造数字"的把戏。

2009年，井原胜美并没有成为下一任总裁，而是斯金格集董事长、CEO与总裁于一身，这样的集权格局在索尼的历史上前所未见。然而情况并没有得到改善，在经历了连续四年亏损之后，直至2012年，由平井一夫取代斯金格，成为总裁兼CEO，才终于迎来了索尼中兴。许多人后来评价，是平井一夫拯救了将死的索尼。

回望索尼之败，最大的失误仍在于接班人的选拔与任用，或有两点教训值得借鉴。

其一，选人方面，要选"血统"相近、思路不同的人，才既能保障权力交接的正当性，又敢于进行业务创新，推动企业突破旧我，持续成长。

其二，用人方面，上一代领导者应充分让权，再不插嘴。"用人不疑，疑人不用"既是古训，也是用血的代价换来的经验之谈。索尼的衰落，不光错在出井伸之，问题也出在大贺典雄身上。

好的企业是有灵魂的，企业家便是为企业守魂的那个人。以历史观之，没有任何证据能够表明，一个企业能摆脱企业家精神而存在。一个企业必须要由领袖人物为之注入灵魂，并有人为之坚守，否则，很容易成为一个"灵魂出窍"的企业，最终有一天突然垮下去。

从这个意义上，企业交接班，传的不是位子，传的是衣钵；继承的不是赚钱的买卖，而是一份以命相托、以灵魂相抵的事业。只有这样，在管理之中才依然具有直抵人心的力量。就像松下幸之助晚年时的顿悟，他说，我突然明白了，做企业本质上是一个宗教事业。

形态背后的文化

许多时候，我们一提起企业文化，就想起基业长青。似乎那些伟大企业的背后，总是有好的文化在保驾护航，企业因文化而卓越。

于是我们在现实中看到，一批又一批的企业热衷于做文化运动：又是编手册，又是做氛围；既要文化上墙，也要有文化大使；时而字斟句酌，时而热泪盈眶……事后看来真的有效吗？值得打一个问号。

严格说来，文化只是一个解释学范畴的概念，而不是用来解决某类具体问题的。企业文化是对企业的经营管理、组织中日常生活状态的一种"再解释"，而不是像营销、财务、人事等概念有着具体的功能指向。我们无须对企业文化的作用抱有太高期待，更别指望它能包治百病，更有可能的情况是，它什么病都治不了。

做东西方管理比较研究时，据我所知，没有任何一个国家的企业，像中国企业这么重视企业文化建设；也没有任何一个国家的企业，像中国企业这样如此热衷于企业文化咨询。

还记得在前几年，我跟一位埃森哲全球资深董事聊天。他是位欧洲人，当时年近六旬，大半辈子都在做咨询，见多识广，近些年把注意力转向中国。我们在许多问题上都很容易达成一致，但当谈到愿景、使命等话题时，对方却表现出相当困惑，一再跟我确认问题的究竟。最后他告诉我，在他为埃森哲工作的30多年里，他很少听到这类说法，他们更在意的是目标、与目标之间的差距，以及如何到达。

很有可能，重视企业文化建设是中国企业的管理特色之一，但另一方面也在提醒我们，不要高估其作用。

实际上，"企业文化"这一概念是 20 世纪 80 年代之后，美国学者在做日美企业比较时提出，并逐渐发展成一门理论的。㊀换言之，此前并不存在企业文化这样的概念，但企业依然可以活得好好的。同时，文化也不是日本企业的专利，在此之前，像宝洁这样的美国公司，就有着鲜明的管理理念，只是没有从文化维度进行过系统解释。

按照企业文化理论奠基人之一埃德加·沙因教授的观点，"文化是一个集体在其整个历史中习得的所有共享的被视为理所当然的假设的总和"，即文化是共同习得和默认的假设。借用实践界的语言：首先，文化是由一群不同的人一起把事做成，然后积累下的价值观和方法；其次，文化是多数人影响少数人。

这一定义放到今天也依然适用，其中有三处界定尤其值得注意，我们都以关键词的形式呈现出来，一是"事后"，二是"集体"，三是"总结"。

第一个关键词是"事后"，即文化是一个事后性的概念，文化是沉淀下来的。这对管理者的提醒在于：①不要试图去控制文化、左右文化；②文化不是一种内部营销方案，它很难被随意操纵；③文化需要你先把事情做成，大多数人才会信以为真，而不是反过来。

企业文化在很大程度上是自然形成的，而不是设计生成的。我曾经以为，文化也可以设计生成，但以我近年的实践及见闻来看，这条路是走不通的。文化可以"从有到优"，但不能"无中生有"。至于一些企业热衷于做的文化工程，更像形象工程，只是着力于文化的表象。它的确能让企业看起来更有"文化"，就像家里的客厅挂满了山水画，具有审美

㊀ 比较公认的是，20 世纪 80 年代初，企业文化兴起的标志是美国学者出版的四本畅销书，分别是《Z 理论——美国企业界怎样迎接日本的挑战》（威廉·大内著）、《日本的管理艺术》（帕斯卡尔、艾索斯合著）、《追求卓越——美国管理最佳公司的经验》（彼得斯、沃特曼合著）以及《企业文化——企业生活中的礼仪与仪式》（迪尔、肯尼迪合著）。

价值，也会给参访者留下好的印象，但起不到什么本质性作用。

就像有的企业在价值观中提倡"开放"，实际上只是表达一种渴望改变的愿望。它很可能成为企业中的一句口号，但事实上它开放不了，一旦遇到具体的事情，就马上会显现出封闭、保守、谨小慎微的本性。那便是说，在企业真正走向开放，并开出第一条路之前，它在文化层面都不可能有什么实质性的改变。

企业也没有必要设立一个专门的企业文化部。尽管许多中国企业都有这类部门设置，但是其通常的功能定位，要么是一个编辑部，或称宣传部；要么是一个员工活动部，负责丰富组织成员的文化生活，做氛围建设，增强归属感、荣誉感、自豪感。⊖

文化是从企业的经营管理活动中沉淀下来的，而不是说出来的。因此，要想令其真正发挥作用，也必须嵌入经营管理活动中去。没有哪个专门的部门有责任、有能力承担起这样的功能。否则，企业文化部的负责人就得准备好扮演"背锅侠"的角色了，好像经营不力、管理出问题，本质上都是文化不行，但企业文化部可挑不起这么重的担子。

许多人认为华为的企业文化做得好，但华为并没有专门的企业文化部，它是嵌入在整个机体之中的。我跟华为高管一起开会的时候，经常很受触动，他们谈战略的时候会谈文化，谈管理的时候会谈文化，谈人事任免的时候会谈文化，唯独很少专门为了文化而谈文化。落实到部门建设上，关于对文化的传播，如图4-1所示，华为有人负责"两报一论坛"，即《华为人》、《管理优化报》、"心声社区"；有人负责新员工企业文化导入；有专门的道德遵从委员会；在华为大学的"高研班"中也格外重视文化价值观的研讨，但是唯独没有专门的企业文化部。

第二个关键词是"集体"，即文化形成的过程是一个集体学习的过程，对文化的认知是一种共同认知。实际上，文化本身就是一个集体性的概

⊖ 有可能产生误解的是，有读者会以为，我是在建议取消企业文化部。实际上我并没有这个意思，况且企业内部门的设置并没有一定之规。我只是建议，有必要对企业文化部所扮演的角色做出清晰的界定。

念，我们不能说某一个人具有企业文化，只能说某一个企业具有教派般的文化。

图 4-1　华为企业文化的传播平台

但却经常有一种说法，即企业文化本质上就是老板文化。这种说法本身就是对企业文化概念的否定。文化不是老板一个人能说了算的，更非一蹴而就。显然，谁都不会否认创始人对文化形成的关键作用。但是在创业途中，创始人绝非全知全能，更不可能第一次就把事情做对，不要忽略其他人对老板的重要影响。许多时候，老板也是要受到高管的教育的，否则，高管只不过是跟班，其作用何在？

更要命的是，越是那些强调老板文化至上的企业，越难以形成真正意义上的企业文化。那些所谓的"文化"只是老板个人意志的体现，绝非共同认知。而企业文化试图要解决的，恰恰是组织理性、制度权威对个人理性、老板权威的超越，帮助老板完成从"企业家的企业"到"企业的企业家"的过渡。否则，一个企业凡事离不开老板，企业内部也缺少制衡与约束，老板的缺陷也极易被放大，很容易遇到"企业家封顶"的麻烦。

在这类企业工作，高管就像长不大的孩子，很难获得真正意义上的成就感。反之，那些具有持续进化能力、抗周期能力很强的企业，在企业家的背后，通常总有一个班子，是以团队的力量来对抗风险，甚至从创业之初就形成了联合创始人文化，例如阿里巴巴的创始团队被称为十八罗汉，腾讯有五个创始股东。这些联合创始人在不同侧面影响了企业的发展进程，也让企业养成了一种很好的品格，即不过分依赖某一个人的力量。

还有一种常见的说法认为，对文化的管理是最高形式的管理。这类表述常常具有毋庸置疑的正确性，但结果却往往是有害的。这对企业家的个人素质要求太高了。而且，它很容易让人们误以为，企业家最重要的工作就是管理文化，或对文化产生影响。于是，一把手的日常工作开始变得避重就轻，避实就虚，但文化的作用是有限的。又或者，"文化"这类表述太过于抽象，不同的人有不同的解读，我们更需要经常使用一些尽可能朴素的管理语言，比如，企业家最重要的工作就是指明方向。

第三个关键词是"总结"。企业文化理论出现之后，对企业家及高管团队有一种很重要的提醒，就是要经常从日常的忙碌中抽身出来，观看到自己，也看清楚到底发生了什么。我们要习惯把一件事情做完之后，再多问一句"为什么"。例如，事情做成了，是遵循了什么原则？事情失败了，是因为违背了什么道理？

你会发现，人们通常不是在工作中进步的——工作中总是忙于应对各种急务，工作中只有工作，人们是在反思中进步的。做企业首先要把事情做成，然后再把规律和道理找到。

在这个过程中，企业家和高管团队一定会遇到文化命题，乃至价值观冲突。比如，为什么消费者总觉得我们的产品贵，但我们还要坚持，理由何在？为什么我们更欣赏这一类员工，而不是那一类员工，背后的原因是什么？为什么我们一定要选择上市，或是为什么一定不上市？背后是因为更相信哪种假设、哪种价值观？

从这个意义上，企业中所发生的一切，只要关乎选择与评判，站在更高维度上看，都跟企业文化有关，因为背后必有其假设与原则。

按照沙因教授的见解，文化是共同习得和默认的假设，而这种共同假设最重要的是对三类问题做出本质性的思考与回应：①组织如何在外部环境中求得生存？②如何成为整合人的组织？③关于现实、时间、空间、真理、人性和人际关系的深层次假设，换言之，创始人和早期领导者为什么要创办这家公司？在本公司何谓正确？具体如表4-2所示。

表4-2 企业文化回应的三类问题

外部生存问题	内部整合问题	深层次的基本假设
使命、战略和目标 手段：结构、系统和流程 度量：纠偏和修正系统	共同语言和概念 集体边界和身份识别 权威和关系的本质 报酬和地位的分配	人与自然的关系 现实和真理的本质 人性的本质 人际关系的本质 时间和空间的本质

这么说起来可能有些抽象。但好的理论与好的实践本来就是一家亲，相互映衬。以华为的企业文化、核心价值观为例。"以客户为中心"对应的是向外部求生存；"以奋斗者为本"对应的是向内部求整合；"长期艰苦奋斗"与"坚持自我批判"，则指向与时间、真理、人性等相关的深层次假设。从这个意义上，企业实践未必一定要预先经过理论指导，但好的实践所具有的哲学高度及正确性，往往暗合理论。

能否将人们组织起来，必然涉及假设层面的共识。但人与人之间很少有天然的默契，倒是经常会有观念之争，即价值观冲突。人们必须共同经历一些事情，以及对同一件事情做出不同的反应，彼此才能更充分地意识到冲突之所在，才有了达成共识的契机。

我们将价值观解释为"组织对事物的是非、善恶和重要性的评价及优先级排序"，这中间的关键词是：①对与错；②提倡与反对；③重要性排序。所谓的价值观冲突，往往就是在这三类问题上无法达成一致。

共识的达成无法回避冲突，反倒恰恰需要的就是"建设性冲突"，以及充分坦诚的沟通。因此，当我们把组织成员聚在一起讨论文化价值观时，千万不要急着去遣词造句，或寻求"政治上正确"的答案。它不仅是一个理性思考的过程，也是一个拷问内心的旅程——你究竟认为什么是对的？什么是错的？人们在研讨时的状态，不是把圆珠笔支在脑门上绞尽脑汁地想，而是把手放在自己的胸口前，率真地说出答案。

在价值观研讨这件事上，往往先要感性到场，然后才能理性到场。研讨的过程与结果同样重要，甚至更为重要。换言之，假如公司管理层没有经历过一个"真情投入、充分民主"的研讨过程，从而在心底里把饱经"锤打""撞击"而提炼出来的价值观视为"我们的"，那么，贴在墙上的价值观陈述哪怕再押韵、再动听，也是毫无作用的。

只有在假设层面建立起共识，人们在面对决策与选择时，才更有可能达成一致。企业也由此形成自己的原则与信仰，道路才能越走越坚定。

千万不要把企业文化理解为文化活动、氛围建设，那样通常看起来很热闹，也可能有短期效果，但也容易回避本质问题，到头来，彼此之间都是面和心不和，仍然是组织不起来，形不成组织起来的力量。

二、组织模式的客观约束与主观认定

人们常常会被时兴的组织创新论所吸引，于是也想对自己的企业加以改造。但遗憾的是，事后来看这条路通常是走不通的。从来就没有一种放之四海而皆准的组织设计，甚至也无法在某个行业中设定一种最佳组织模式，这其中的矛盾性体现在以下两个方面。

一方面，组织模式的可靠性，在相当程度上受到行业属性、商业模式的限制。例如，同是餐饮企业之间、互联网企业之间，其组织模式的确具有一定的相似性，但餐饮企业与互联网企业的管理办法总体上往往相差甚远。换言之，组织模式必须符合某种客观规律。

另一方面，组织模式及其运行效率，跟随企业家的心智模式。往往越是事关全局的模式选择，越要经由一把手的主导。如果企业家的心智模式始终是 B 类型，那么即便他参照标杆企业，将组织模式改造成 A 类型，但真正运转起来之后，组织形态往往仍更接近于 B，而不是 A。你会发现，影响组织整体效率的最重要的因素，不是制度，而是管理者的假设。人们不是每天跟制度打交道的，而是与人相处，跟管理者的行事方式打交道。

不过，企业家选择哪种组织模式设计，就像哈利·波特选魔法棒。看似是哈利·波特选择了魔法棒，实则也是魔法棒选择了哈利·波特。因为对秉持那样一种心智模式的你，这一类组织设计方案实在是再合适不过了。

技术属性与客观约束

如果一个搞学问的人想拔高自己这一派的理论价值，也不是什么困难事，他只要在各类表述中多加上一些"只要……就……""只有……才……"就可以了。但实际上，社会学科中不存在绝对意义上的真理性，各类学说展现的皆是不同视角，如同盲人摸象，但共同构成我们对一个事物不断深化的、不断完整起来的认识与理解。

曾任《企业管理》杂志首席编辑的张西振，我的一位前辈，在七八年前讲过一段话，令我至今记忆犹新。他谈道："媒体口径下的管理学，本质上是一个'时装'行业，要不断制造一些流行的时尚，《哈佛商业评论》就是世界上最著名的'T型台'。企业管理者，消费这些管理时尚也如同穿衣服，跟不上时尚的潮流会被人说成'老土'，但衣服的好坏与身体健康与否没有必然联系，健康与饮食、锻炼和生活习惯相关，而这才是管理者的'硬功夫'。"

许多管理命题中的核心问题往往是简单的，数量也不会太多，就那么几个。比如，谈人力资源的实践问题，总也离不开"选育用留"。但困难之处在于，影响问题的环境是复杂的，人性是复杂的，而管理是具体的，企业中业务性质的不同导致了管理属性的差异。这种属性差异，是由行业属性、企业属性、企业定位、企业发展阶段、职类属性、群体特征和企业家内心追求等因素共同决定的。对其中分寸感的拿捏与把握，的确是一种本事,其手感源于经验。因此,实践中的管理更接近于艺术,不仅是科学,它也是一门手艺活儿。

我们在学习其他企业的成功经验时,也一定要厘清其"适用性边界"。否则就像一个手拿锤子的孩子,看什么都像钉子。重要的是,"穿透商业的热闹,进入管理的门道"。

2015年6月,在我准备和君总裁班的组织管理课程时,一位西安的女企业家提了一个很好的问题:"组织设计的根本依据是什么?什么是组织设计需要考虑的最重要的因素?"

我至今都很喜欢这位企业创始人的问题,因为她关心的不是"how",而是"why"。实际上,许多企业总是急于解决眼下的问题,这种心情当然可以理解,但事后看,很可能连问题是什么都没有搞清楚。就像是,如果想消除一个人的口腔异味,只需要一块口香糖就够了,但要弄清楚产生这个问题的原因,可就困难多了。

于是,我在那节课上分享了"组织协同模型"(见图4-2),借以传达的理念是:企业中的管理问题,通常不是孤立存在,而是系统存在的。一个问题的解决总是依赖于与问题相连的更高一级。简言之,答案在上一层。

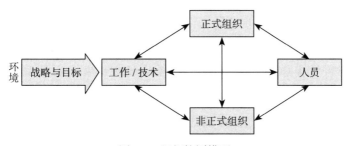

图 4-2 组织协同模型

"组织协同模型"强调的是组织模式设计的权变性,即不存在一种绝对合理的组织方式,而是要综合考虑以下六方面因素:①环境;②战略与目标;③工作/技术;④正式组织;⑤非正式组织;⑥人员。这些因素相互嵌套、彼此勾连。

尤其要重视前提因素的影响，即商业环境、战略选择和技术属性。

首先，商业环境影响组织模式。在一种环境下适用的组织模式，很可能在另一种环境下完全不奏效，所谓"甲之蜜糖，乙之砒霜"。

例如，近几年流行"敏捷型组织"的提法，好像到了VUCA时代，企业在一夜之间就要提升响应速度了。许多互联网企业都喜欢谈敏捷型组织，它们也把持着时代的话语权。但问题是，不是所有的企业都是互联网企业，更何况大多数都不是；更不是所有企业都需要转变为敏捷型组织。

我对此的基本看法是，企业该敏捷就敏捷，该敏捷的部分就敏捷，不该敏捷的就别瞎敏捷了。例如，我跟手机企业打过交道，在这个行业里但凡能活下来的企业都敏捷。技术换代的速度这么快，消费者需求变化的速度也快，不敏捷能行吗？这实际上是环境对企业适应能力的一种筛选。但一些餐饮企业本来做的就是老百姓的吃饭生意，结果搞得花样百出，变来变去，最后把自己变死了。

我曾在喜家德水饺做过多年的管理顾问。这家公司起家于黑龙江鹤岗，现在总部在大连，目前在全国有近600家直营门店，从任何经营指标来看，这都是一家相当出色的公司。但它就没那么"敏捷"，常年就是那五六种馅，但生意并未受太大影响。喜家德的理由也很简单，它做的就是大众口味，坚持做好基本款才是根本。而喜家德之所以可以有这样的经营选择，而且还取得了不错的成效，首先是由商业环境决定的：顾客对大众水饺并没有太多奢望；同时，在全国范围内，喜家德始终没有遇到能与其硬碰硬的竞争对手。

其次，战略决定组织，这怎么强调都不过分。它也决定了，即便在同一个细分行业，两家公司面对的商业环境十分类似，但不同的商业模式选择对组织能力的要求也可能是截然不同的。

例如，海底捞与巴奴火锅都处于餐饮业中的火锅类目，堪称这一细分行业中的冠亚军，但前者以服务取胜，后者以产品取胜。顾客吃海底捞，更多图的是服务体验，海底捞在服务方面始终精进，你可以在跟服务员的互动中，感受到诸多细节与用心。但巴奴火锅就不一样了，它必须在菜品方面持续地推陈出新。可以想见，两家企业因业务模式不同，而形成的组织机能也是相差很大的。就像同样是两名足球前锋，有的是力量型，有的是技巧型，两者选择了不同的路线，并不断强化相应的能力。

但从另一方面来看，海底捞与巴奴火锅又都属于餐饮连锁企业。仅就连锁类企业的管理特点而言，它们又有许多相似之处。甚至在我看来，对现在超过300家门店的中国餐饮企业来说，更值得对标和学习的是超市连锁企业，例如日本的7-11，而不应再局限于餐饮行业之内。

企业在成长过程中，总有那么一个时间节点，其动力机制需要从经营驱动转向管理驱动。企业家突然意识到，管理属性是大于行业属性的，他需要跨行业取经，向成熟度更高的行业及其中的标杆企业学习。

我在跟不同行业、不同阶段的企业打交道的过程中体会到：在早期阶段，几乎每位企业家都会不断强调自己企业的独特性、行业的特殊性，"隔行如隔山"，因此必须蹚出一条与众不同之路；但伴随着企业成长，他们越来越意识到"隔行不隔理"，许多道理是相通的，异曲而同工，并能以更大的包容度进行经验借鉴。不过这两个阶段通常很难跨越式发展，似乎必须经历一个从"建立自我"到"追求无我"的过程。

最后也是最重要的，即技术属性对组织模式的关键影响。在组织协同模型中，技术属性起的是承上启下的作用，是外部经营问题与内部管理问题之间的转换器。如果我们把商业模式与绩效结果抽象成一组函数关系，那么组织就是投入与产出之间的技术转换系统。这一系统总是要处理一个又一个的任务，而组织模式也因交付这些任务的能力而生。

管理学界认为，最佳的组织方式取决于组织所处的任务环境；而执行任务的能力，关键取决于所要处理的信息需求到底有多少。

这么说起来可能有些抽象。但实际上，我们在工作中有这样的感受。如果让你重复做一件简单的工作，你就会感到枯燥，不会感到挑战，因为这一任务的信息需求太单一了。相反：

你什么时候会感到千头万绪？因为任务太多了，而且种类繁多，以至于你恨不得找一个帮手，帮你分担某一类的工作。

你什么时候容易焦躁不安？往往是因为工作中存在太多变数，各种事情都确定不下来，让人很难安静下来。

你什么时候会手忙脚乱？当最后期限即将到来的时候，下游工序还在"等米下锅"，你耽误的不仅是你的工作，还有整个流程，你必须也要为其他同事的工作进度负责。

学者加尔布雷斯曾提出下述公式来诠释任务信息需求，其颇具启发性。

复杂性 × 不确定性 × 互依性 = 任务信息需求

复杂性或多样性：组织必须同时应对的不同事项或要素的数量，包括输入的多样性和产出的多样性，以及客户细分程度等。

不确定性或不可预测性：工作对象或要素的变化程度及其事先可预测的程度，包括输入的变化程度与不一致程度、工作过程可能出现的意外的数量，以及主要产品变化的多少。

互依性：工作对象或要素之间或工作过程之间相互关联的程度，这种关联导致一个要素状态的改变会影响其他要素的状态。

我们上述谈到的三类工作场景，即千头万绪、焦躁不安、手忙脚乱，其实也是对这三类任务信息性质的一种解释。

实际上，我们在组织中做的许多结构设计、工作安排，都是为了降低任务信息需求量，故而强化任务自身的内在一致性。

为了对复杂性进行缩减，我们按照性质对任务进行分组：①按活动分组（完成类似工作）；②按产出分组（提供同样服务或同一产品）；③按用户分组；④按焦点分组（服务于各自目的）。事实上，人们自科学管理时代就意识到了这其中的道理，例如生产车间中有两种专业化分工，即工艺专业化、对象专业化。

为了降低不确定性的干扰，我们把工作分成例常性工作、例外性工作，也要腾出整块时间专门处理那些重要而非紧急之事。

为了减少劳动交换中的相互牵绊，乃至推诿、扯皮等伴生现象，组织设计上要尽量落实完全责任主体，即把一项完整的工作交给一个人或一个小组，使之对工作结果全权负责。

按照这一思路，我们也可以做出以下一些推论。

第一，技术的复杂度越高，组织结构的复杂度越高，包括部门及职位的细分程度也越高。

我所经历过的行业与企业中，单一产品背景下，组织结构最复杂的当属汽车业（非电动汽车），因为它的技术系统最多样，而组织结构应对技术多样性的策略必然是差异化。

第二，技术的不确定性越高，组织的正式化程度、集权化程度越低。

我还记得 10 多年前，我在同一时间段先后调研过云天化集团和用友软件，两家企业的组织结构和管理气质差别太大了，但这倒不是因为前者是国企，后者是民企，那不是根本原因，差别主要是由技术属性导致的。

云天化是化工企业，当时的主营业务是化肥，以生产效率取胜，组织结构相对稳定。而用友软件的组织模式就经常变，其管理气质很像今天的互联网企业，它不是效率驱动的，而是效果驱动的，必须逐浪起舞、因需而变。在这样的情势要求下，用友的组织结构也一定不能仅仅是自上而下的，而必须与自下而上相结合，所谓"顶层设计 + 基层生长"。

第三，技术的互依性越高，用于协调的资源越多。

比如，同样是对知识型员工的管理，对华为研发工程师的管理与对杂志社记者的管理，完全是两码事。我在杂志社当过主编，尽管一篇稿子有时会署上两三个人的名字，但通常是由一人主创完成的，其他人扮演的是辅助角色，彼此间不涉及太多劳动交换，可称为"单人作业模式"。诸位记者与编辑主要是跟主编沟通，而不是相互约束，可称为"主编圆心制"。这跟华为公司非得在研发端做 IPD 流程再造，才能整体性地提升作业效率，所要面对的管理问题可真是不一样。

由此我们可以看到，技术属性对组织模式的客观约束。显然，不存在一种包打天下的组织模式。哪怕有一种组织创新思潮，再符合这个时代的"审美情趣",企业家和管理者也必须选择性吸收,必须审慎地考虑自身的需求及变革的必要性。尤其考虑到,最佳管理实践通常只是一个孤例,其成效未必具有普遍性,这一点就更值得被提醒。

企业家心智与主观认定

一方面是组织管理的客观规律,但另一方面企业家如何评判与选择一种组织模式,却在相当程度上取决于他的主观认定。这种认定通常是牢固的,源自其心智模式。

管理学中也有"皮格马利翁效应",讲的是人们会通常不断地强化自我认定、自我期望,于是最终实现了自我预言。这很像星座学说,你越相信自己是白羊座,就越觉得是。对组织模式的选择也同样如此,它不仅取决于什么是对的,更重要的是,你选择相信什么是对的。

学者加雷斯·摩根在1998年出版的《组织》(*Images of Organization*)一书中,提出了一个很有意思的理解组织的视角。他认为,所有的组织理论及实践都建立在某种意象或比喻的基础之上。更具体地说,你会把组织比喻成什么?

就像我们喜欢把人的性格比喻成老虎型、孔雀型一样。尽管任何单一比喻总是片面的,但正因如此,这一比喻对事物在某一方面的特点进行了更为突出的诠释。

摩根一共总结了八种比喻,我想总有一款更合你的胃口,以下结合我的理解加以阐释。

(1)**组织是机器**。这一比喻最早出现,也最为经典、常规。当我们将组织作为机械来看待时,我们实际上是把组织看作为了实现某种特定目的而设计与构建的理性组织。

(2)**组织是有机体**。在某种程度上,这一比喻是对组织机械论的纠偏。它就意味着组织不仅是刚性的、严丝合缝的,而且也要颇具柔性,存有冗余资源。另外,有机体是活的,是有呼吸的,因此组织必须有一定的开放性,不仅内部自洽,而且要参与外部交换。

（3）组织是大脑。这一比喻关注的焦点是，组织如何处理信息。学习型组织理论，实际上就归于此类。同时，这一派观点还着重探讨了大脑与肢体间的关系，例如，自上而下与自下而上的决策过程，战略规划与战略即兴，由此引申到"全息型组织"的建设，即每个细胞都是全息的。目前流行的自组织理论、海星式组织，也可以归于此派。

（4）组织是文化。这一比喻强调了信仰、价值观、意识形态等因素对组织的重要影响。倾向这派观点的专家，常喜欢讲统一价值观如何提升战斗力的故事，对《基业长青》《从优秀到卓越》等书籍也是青睐有加，相信"理想集团"终将战胜"利益集团"。

管理学中有一个流传甚广的故事，说是"二战"期间，有一支小分队到阿尔卑斯山执行任务时遭遇暴风雪，绝望之际，硬是靠着一个士兵的一张地图走出了大山，但等回到营地时才发现，这是一张比利牛斯山地图！可见，重要的不是地图，而是信念和共同创造的过程！

但后来有人考据出，这实际上是一个杜撰出来的故事。不过因为它曾经打动过很多人，反倒恰恰说明了"组织是文化"的意义——信则为真。

（5）组织是政治系统。政治未必是一个贬义词，它实际上是一个中性词。在某种意义上，把组织看成政治系统，恰恰说明了组织是一个个体的联盟，必然"和而不同"。因此，政治就是一种从分歧中产生秩序同时避免独裁统治形式的方法。

（6）组织是心灵监狱。这一比喻帮助我们认识到潜意识的强大影响，以及我们如何被自己的惯性思维所困。有人说，"企业文化就是不是一家人不进一家门，进了这家门，就要信这个道"。但问题是信了道之后，就很可能"不知有汉，无论魏晋"。换言之，你被"体制化"了；对群体而言，则意味着陷入了"集体无意识"。

当你在一家公司待久了之后，很容易在潜移默化中就被社会化了。当你站在一家公司的立场上与外部人士沟通，发现总是聊不到一块，或谈不到一个频道上时，就很有可能说明，你被同化的程度已经很深了。

这对企业家尤其值得警醒。相比之下，职业经理人还能轮换多个公司，但许多创始人一生只经历过一家企业，就是自己创办的这家；又因身居高处，鲜有制衡，更容易"看到自己想看到的，听到自己想听到的"，但"看见事物的方式也是看不见事物的方式"。因此，企业家更需要重视谏言与冲突的价值，反过来多想想，别人的道理究竟在哪里？谨防惯性思维所导致的"企业家封顶"。

（7）组织是变迁和转换。 这一比喻展现的是组织变革的逻辑。组织成长也存在着量变、质变的关系。有时循序渐进，有时则是脉冲式的。而且从20世纪80年代起，学者就开始用复杂性理论来解释组织变迁。只是近些年，随着凯文·凯利《失控》等一系列书籍在中国互联网行业的流行，复杂性理论又盛行起来，亦有学者趁势提出"量子管理"等提法。

实际上，组织变革除了客观形势的要求，主观上离不开一把手的认知突破。组织的日常变化无处不在，就像人的思维活动无时不有。但对于管理者而言，重大的领导力提升必经历一次彻悟。其过程不是渐变，而是突变，是一次"历史性转折"，彻底改变了先前的自我认知，就像是王阳明的龙场悟道，由此脱胎换骨，人生从此不同。从这个意义上，尽管组织能力的成长离不开点滴积累，但重大变革的兴起却完成了一场跃迁。

（8）组织是统治工具。 这一派观点走得更远，它质疑的不是如何组织起来，而是组织本身的合法性。只要存在组织，就难免建立规则，否则就不能称为组织，因此就有了管理者与被管理者之分。但你凭什么有资格管理他人？目前的组织型社会一定合理吗？这尤其被那些秉持自由主义价值观的知识分子所厌恶。当我们使用"组织"这个字眼时，便显得自高自大，刚愎自用。因此每隔一段时间，就会冒出砸掉组织的呼声。

经济学大家凯恩斯有一句名言，"讲求实际的人自以为不受任何理论的影响，其实他们经常是某个已故的经济学家的俘虏"。

组织领域亦复如此。大多数组织实践背后的基本假设，往往就在这八种比喻之中。这些比喻之间，有的彼此对立，有的互为补充，也可以帮助我们检视、拓展，或是修正我们自己内心的假设系统及对所在组织的管理导向。

同时，正如斯廷奇科姆最早观察到的，"一个组织的结构形态总是带着它所诞生的那个时代的印记"，尽管上述八种比喻都有其合理性，但在特定时空背景下，总有一些管理假设更受欢迎。这也意味着，与之相悖的观点就更容易成为被批判的对象，导致其价值被低估。

因此，有必要做出三点评论。尽管按本章节的论调，一切意见皆为偏见；但反过来说也成立，没有偏见便不构成意见；而选择一种观点去相信，则是实践所必需的。

首先，与"全息型组织"相关的管理实践，在未来可预见的一段时间内，仍将备受瞩目，持续流行。

这是由三方面背景或称环境因素所决定的：一是客户需求的多变性（既来自技术进步，也来自消费观念的转变）；二是竞争日趋激烈；三是年轻一代的管理期望。这三方面在互联网行业呈现出三重叠加的显著之势，因此该行业最先拥抱了这类实践。

今日头条创始人张一鸣，在 2017 年 4 月的一次发言中提到他所推崇的管理理念，即"context, not control"（情境管理，而非控制），很具有参考性。⊖

在张一鸣看来，context 是指为每个人提供决策所需的各种信息，包括原则、市场环境、业务优先级等，让他们基于所处情境及上下文自主决策；control 是指通过自上而下的流程、审批等来管理。他打了个比方，前一种是超级计算机，一台计算机处理很多任务；后一种是分布式运算，任务分解，很多机器同时来处理任务。

⊖ 准确地说，这一观点并非张一鸣的原创，而是来自奈飞文化手册中的一句话。但张一鸣进行了个人化的解读。同时，多位管理层在不同场合谈到，张一鸣对如何管理一家大型互联网公司进行了深入思考，在追求信息快速流动和共享方面投入了很多精力。例如，2015 年 11 月，张一鸣在微博上谈到，"develop a company as a product"，后来这句话成为字节跳动内部协同工具"飞书"（原名 Lark）启动页的标语。

"基于这个理念,在我们公司,遇到问题的时候,往往习惯先问 context 是不是足够充分,而不是增加 control。比如说某项进展出了问题,我们首先不考虑让更高阶的人来做,而是反过来想,是不是 context 不够,是不是没有把行业的情况、业务数据、过去的失败案例分享给他。作为管理者,要想想:你做出比他人更好的决策,是因为能力还是你的 context 更充分,是不是存在信息不对称?大家仔细观察会发现,有时管理者甚至利用信息不对称来体现自己的价值。所以,在公司内首先要把建设 context 这个基础工程做好了,然而这并不容易,需要大量的沟通、管理和产品技术工作。"张一鸣如是说。

不过,这则演讲最触动我的地方,倒不在实践举措,而是这位年轻企业家的自省能力,他谈到,"做 CEO 要避免理性的自负,自上而下的宏大战略往往都是灾难"。这种认知显然是可贵的,也是其心智模式的一种体现。

张一鸣最后谈到,"develop a company as a product"(把一家公司当成一款产品)。很像吉姆·柯林斯推崇的理念,好的管理者致力于"造钟",而非"报时",以实现组织能力对个人能力的超越。

今日头条的组织理念与实践,如图 4-3 所示。

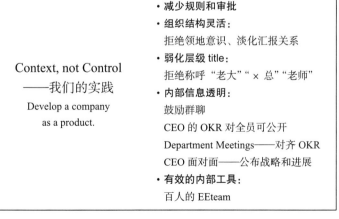

图 4-3　今日头条的组织理念与实践

其次，与"组织机械论"相关的经典理论在未来一段时间仍将饱受批判，但很有可能，这类实践恰恰是许多中国企业所急需的。

在我看来，许多中国企业在管理问题上，必须同时面对两大挑战：第一是工业时代的老问题，第二才是互联网时代的新问题。对于相当数量的中国企业来说，大概率要经由第一阶段，才能进入第二阶段，而不是追求跨越式发展。

现在市面上流行一种论调，就是一切经典管理理论都不再适用了，必须进行组织革新。而像"组织是机器"这样的提法，代表着工业时代、牛顿力学、还原论的老旧价值观，早就该被扔进垃圾堆里了。

但企业家和管理者是否需要一种理论，不应由管理思潮所左右或决定，而仍要回到自身的管理需要，即能否真正解决企业正面临的问题。否则，即便像今日头条这类公司所倡导的管理理念再先进，也终究与你无关。别人的事再大也是别人的事，自己的事再小也是自己的事，更何况我们对许多其他企业的真实情况及实际效果并不了解。

实际上，任何企业的组织状态都处于绝对有序与全然无序之间。规则是束缚人性的，但没有规则的生活恐怕更令人抓狂。计划性令人讨厌，但任何一家企业都必须有起码的计划与预算；KPI让人反感，但企业里总要有自己的考核与控制体系。我甚至认为，那些整天叫嚷着"自组织"理论的专家，等哪天自己创了业，要为员工发工资，并承担经营风险时，就马上会意识到，自己最需要补的课就是如何为企业建立规则。

最后，我们一方面不能低估心智模式对人们从事管理的重要影响，而且必须承认，以往的原生家庭、学校教育、职场经历对人们精神的塑造，常常会伴随一生；但另一方面，也不要低估企业家和管理者的动态调整能力。

有一种常见的说法认为，每个企业和企业家都有自己的DNA，言下之意，其思维惯性与行为惯性之强，很难做出改变。不可否认，这在一定程度上是一种真实存在的现象。但另一方面，做出宿命论式的判断实际上非常简单，而且也很容易武断。太多成功转型的例子一再向我们证明，企业的命运从未掌握在他人手中，仍牢牢地把握在自己手里。

理想的境界当然是，组织模式的客观要求与企业家的主观认定，主客统一、相辅相成。这显然很难实现，况且我们的认知本身就是有限的，每个人也各有局限。但是当我们认清这两者间的差距，以及它可能带来的问题，便可能做出理性的选择和正确的改变。

三、组织运行的应然状态与实然状态

"应然"指的是应该有的样子，"实然"则是实际中的表现。理论家总喜欢思考组织的应然状态，因为那意味着理想的彼岸；但实践者必须面对现实中的问题，因为那里往往矛盾丛生。

组织成长通常是取得了两次胜利：第一次是在企业家的头脑中，他已然勾画出未来该有的大致样子；第二次才是在现实里，它完成了从实然状态向应然状态的转变。

没有企业是完美的

我相信没有任何一家企业是完美的，不光是我没见过，恐怕任何人都没见过。就像也没有哪个人是完人，而由如此众多的普通人构成的组织，就更不可能完美。何况唯物辩证法的基本规律很早便揭示出，矛盾是事物存在的深刻基础，也是事物发展的内在根据。如果没有内外部的矛盾，组织就不可能发展。

1. 组织在空间上是不完美的

组织中至少有三个世界，分别是在董事长办公室、企业中层和业务一线。在董事长办公室里经常听到的故事版本是，尽管道路曲折，但前景光明，目前战略清晰，正稳步推进；但到了企业中层那里，就遇上许多迷茫与彷徨；等下到业务一线，了解员工在日常工作中的实际处境，便常常一戳一个窟窿，脱节之处比比皆是。

国外曾有一档真人秀节目叫《卧底老板》，每集都有一位 CEO 扮作基层员工，穿上工装，拿起劳动工具，重新回到业务一线体验生活。一段时间下来，CEO们感慨良多。

有一位CEO如此说道："In my world there are a lot of policy I put out there, you all have to live with them.（我制造了许多政策放在那里，但你们却必须与之相处。）"

我想，如果让中国老板去卧底一线，恐怕许多也会有类似的感想。

许多企业家都跟我说过类似的话，企业就像他养大的孩子，他最了解这个孩子的脾气。这句话既对也不对。因为许多事，你未必真的了解。就像为人父母者，有一天也会感到，孩子其实并不是"你的"孩子，孩子有他自己的脾气，也有自己的安排。

我还记得有一位常务副总跟我谈到，"董事长在三楼谈愿景，看到的都是人心；我在一楼处理具体事务，看到的都是人性"。每次想起来都令人难忘。

企业大了，组织内部便有了不同的空间，并形成多重空间，每个人分处其中。这使得即便面对同一个问题，大家看到的也是不同的侧面，难免呈现出一幕一幕的罗生门。同时值得提醒的是，许多一把手都会习惯性地高估组织的理性化状态，当他以为战略目标已经说明白、组织结构已经理清楚的时候，实际上人们并没有理解战略何为，合作关系也并没有捋顺，于是一运行起来就麻烦不断。

从这个意义上，企业家身边往往需要一个类似HR总监的角色，帮他聆听到民情、民怨。这对HR总监也是一大挑战，他必须足够正直、冷静，以保持在组织站位中的不偏不倚。他既是高管圈中的一分子，也是员工利益的维护者，他必须扮演好"最佳第六人"的角色——这样的位置，通常也只有职能类高管方可胜任。如果HR总监仅仅被视为老板利益的代言人，那么实际上他已经无法有效开展工作了。无论其表面看起来多么光鲜都没有用，他的个人形象已经在员工的心目中垮掉了。

2. 组织在时间上是不完美的

几乎在任何一个时间节点上，企业中都有一大堆的问题，企业家和管理者只能习惯于与困难同行。

我跟光芒万丈的标杆企业打过交道,也长期跟成长中的中小企业相处,就组织成熟度而言,后者显然远不及前者,但我却格外喜欢与之相处。尽管个中滋味不总是那么令人愉快,我的不少观点也只能在事后得到理解,不过,或许这正是相伴成长的意义所在。

我的一位同学,后来与搭档共同创办了云海肴餐厅的朱海琴,在2016年年底跟我说的一番话,让我印象很深——"企业成长、人生成长,其实都是自己给自己找的麻烦"。她说这番话的背景是,云海肴创业的头三年,只有3家店,但接下来的三年,极速扩张到90多家店。当外界都把云海肴当作创业成功典范的时候,巨大的管理压力让她心力交瘁。但问题是,如果没有快速奔跑的那三年,她连面对这场挑战的机会都没有。

云海肴也从一个侧面说明了,企业成长并不是线性的,就像做任何事情都有窗口期,抓准了才能事半功倍。企业家必须综合考虑各项因素,拿捏好企业成长的节奏感,即什么时候该抓什么、该放什么?什么时候该紧、什么时候该松?在什么事情上必须长驱直入,在什么事情上姑且放任拖延?这种审时度势的艺术,是领导者的看家本领。

不过,做业务和做管理使的是两股劲儿,滋味很不一样。上新品、做营销,如果方向对了,很快便收到成效,但组织能力的发育通常很难一蹴而就。并且,内部管理总是问题无穷,但管理者不能把"组织管理"等同于"问题管理",而必须致力于在真正正确的方向上做文章。组织中大量的问题最终都不是被解决掉的,而是消失掉的。

管理是个慢变量。吉姆·柯林斯在《从优秀到卓越》中打过一个"飞轮效应"的比喻,指的是为了使静止的飞轮转动起来,一开始你必须使很大的力气,拼命地推,每转一圈都很费力,但这些努力都不会白费,飞轮会转动得越来越快。达到某一临界点后,飞轮的重力和冲力会成为推动力的一部分。这时,你无须再费更大的力气,飞轮依旧会快速转动,而且不停地转动。概言之,就长期而言,慢就是快。

3. 没有企业家是完美的

恐怕没有哪位企业家能在经历挫折前，就对组织问题产生真正意义上的理解。人总是活不过自己的人生经历的，而企业也在一步步长大。

不少领导力理论都对企业家的个人特质，提出过不切实际的高要求。这种愿望当然是美好的，但现实中很难找到那样完美的人。尤其当媒体人物成为我的朋友，或我的朋友成为媒体人物之后，我便更加确认这一点。不过，反倒是一个个普通人的成功，更容易令人感动。

镁光灯之外的人生往往苦乐参半，一面是"春风十里不如你"的成功喜悦，另一面是"人生之不如意十之八九"的死扛硬挺。其中有对现实的担忧，有对未来的向往，急迫感与成就感交织，被自我赋予的使命感驱使着前行，但与之相伴而来的，就是最真实的成长。

企业成长需要两种内部力量：企业家精神＋经理人才能。前者擅长处理发散性问题，捕捉机会；后者擅长处理收敛性问题，落地执行。如果企业家精神不足，企业便很难有足够的成长空间；反之，如果经理人才能无法有效地发挥制衡与支撑作用，那便很容易导致战略与组织的脱节。在组织建设一事上，企业家和高管群体更需要相互理解，相互成就。

在某种意义上，陪着老板犯错误是职业经理人的一种责任。尤其在目前的时代背景下，企业家和经理人这两类群体对组织问题的认知，往往是不对等的。许多经理人早年是在世界500强外企中成长起来的，他们对管理体系的成熟度有认识，也有要求，但对民营企业的生境缺乏感同身受的理解。而不少企业家常处于极度自信与极度自卑之间，很难听进去别人的意见，或是"不知道自己不知道"。这使得双方要想建立起真正的信任及有效的沟通，彼此都要付出更多的耐心，企业家也要学会仰视自己的下属。

还要多说一句，许多标杆企业的真实状况，往往并没有案例报道描写的那般美好。案例版本下的企业更像一幅写真照——不够全面，有时也显得不够真实，而作者也选取了他最享受的一个角度。另外，人们常常不自觉地在经营和管理间建立因果关系，但这经常是两码事，许多企业的成功逻辑并非建立在管理之上，其经营上的成功未必有管理上的道理。现实中有不少企业，管理得一塌糊涂，但不妨碍它很赚钱。

增长并不等于发展

近些年，组织能力这一概念被广为接受，人们开始认可，企业持续成功＝战略×组织能力。事实上，管理学界很早就意识到，内部管理未必能马上帮企业赚到钱，但有助于提升企业的健康水平，因此，对管理有效性的检验标准并非盈利能力，而是能否形成"可持续的竞争优势"。

不过，我们必须明确：组织能力建设到底要从何处着手？所有的努力又究竟是为了什么？

1. 组织机能的竞争力

目前，当谈起组织能力问题时，最经常得到的一个回答是：员工的能力、员工的意愿、员工的治理方式，或者说员工会不会、愿不愿，治理方式允不允许，简称"能""愿""许"体系。

我不否认，"杨三角"是一套富有启发性的思维框架。但问题是，其关注点仍然是在人力资源层面，而非组织层面。对组织问题的回答，应诉诸组织层面的概念，例如，组织的流程与结构，而非员工层面的概念。这是有必要做出区分的。尽管组织内所有的活动，最终都要靠人去完成，但我们必须要将员工层面的努力有效地组织起来，以一种整体能力呈现给顾客，或出现在竞争对手的面前。

实际上，当我们从企业在市场端的表现来理解组织能力时，问题的实质就凸显出来。例如，相比其他快递同行，顺丰公司显著的优势就是"快"。它曾以商务件立足，拼的是时效；后来做了冷链，速度还是快。换言之，这种能力在不同的产品事业部之间得到了复用，也证明是具有可持续性的竞争优势。背后除空运因素外，也包括在流程方面颇为贯通，各个单元、不同区域之间的协同性好，导致运营效率高。

因此，本书更多采用"组织机能"的说法，以强调组织能力应建立在一组机制的基础上，形成"有组织的努力"。而对组织机能的检验标准，应落实于市场竞争力，而不仅是完成了内部管理。就像每个人都有一定的运动机能，但机能的强弱只有在竞赛中才体现得最为明显。

这一问题对互联网公司同样重要。尽管许多互联网公司中的价值创造流程较短，不涉及太多的劳动交换，主要采取团队作业模式，但它们仍要面对的问题是：如何将创意精英们的工作有效串联起来？这依然关乎企业的竞争力，例如就单一产品而言，响应市场的速度；对多产品布局而言，如何有效实现对过往经验的调用，都涉及组织问题。

2. 在长处上做文章

组织能力建设的首要之事，便是在长处上做文章。每个企业要想在市场竞争中活下来，都需要有一套自己独特的本领，换言之，长处就是安身立命之本。为此，每个企业都有必要对下述问题做出明确回答。

问题1：你做的究竟是一摊怎样的生意？该生意的本质是什么？
问题2：这门生意的背后，到底是靠什么本事赚到了钱？
问题3：为积累这样的本事，企业必须要开展哪些关键活动？
问题4：为完成关键活动的交付，必须要由哪些部门和人来承担责任？

你会发现，真正经得起检验、扛得住击打的企业本领，通常都是那些被组织化了的能力，背后必是一群人的共同努力和部门间的协同作战。同时，对企业赚钱本领的回答，也不能诉诸"品牌溢价"这类说法。它只是一个结果，而不是原因。就像ZARA必然是有"品牌溢价"的，但其背后凭借的不是某个单一能力，而是一系列的努力。

再举一例。两年前，某著名互联网公司在与我的交流中谈到，企业在发展转型过程中，遇到了文化冲突问题，技术型人才和创意型人才合不来，相互之间也不理解，该怎么办？我建议对方不妨把文化问题看作表象，而从以下一些基本问题入手，做深入思考。

（1）谁是企业价值创造的主体？面向未来，哪类人才更为重要？这类人才需要什么？

（2）在什么样的条件下，才能让价值创造主体自觉地把能力发挥出来？

（3）如何通过价值创造流程将知识分子的工作串联起来？如何沉淀和面向未来？

（4）谁应该获得报酬，才能让组织内的其他人觉得合理？如何倾斜，依据是什么？

（5）付酬的依据是什么？付什么（薪酬类型）？付多少？如何付？付了之后又怎么样？

尽管从解决问题的角度，我们并不能急于"治本"，反倒需要靠"治标"来转移问题，并为最终的"治本"留下空间，但有必要先把根本问题想清楚，即产生问题的原因究竟是什么。

3. 在瓶颈处做改善

其次是在瓶颈处做改善。企业中并不是所有的短板都需要补齐，况且有的弱点是企业做出的选择性让步。但此处所说的瓶颈，特指这样一类问题：它们在企业前期的发展过程中，并不会造成太大影响，甚至是在差异化竞争中被暂时搁置的问题，但是面向行业终局，这类迟迟得不到改善的弱点，却会卡住企业发展的脖子，造成极大的麻烦。

当企业真正确立起了一个长处，该长处通常很容易吸引内部人的持续关注，进而不断自我强化，反倒是那些瓶颈问题，经常乏人问津。尤其当企业发展顺风顺水的时候，更容易被束之高阁。但你千万不要放过这些瓶颈问题，因为它们终究不会放过你。

在某种意义上，企业经营就像一盘下不完的棋，只要没下棋桌，就仍需保持警惕。多少伟大的企业，最终都死于傲慢。企业成功总是成功在自己的长处，但失败往往是败在自己的短处，尤其受困于发展的瓶颈。事后来看，企业是在什么时候错失了改善的良机的？一定不是在出问题的时候，而往往是业务扩张得最一帆风顺的当口。

我们有必要把"业务增长"和"能力发展"分成两个维度来看。实际上，做企业怕的不是亏损，也不是规模上没变化，最怕的还是在关键问题上始终没得到改善——问题悬在头顶，你不知道它什么时候会掉下来——那才是最让组织内成员深感不安的地方。

对组织成长进行管理

组织成长通常不会自然而然地发生，而必须进行有效的管理。但凡涉及改变，哪怕就像减肥这样的"小事"，如果不对日常的行为习惯加以控制，终究也只是愿望而已。

斯坦福大学马奇教授有一个观点，"领导力的基本问题和人生的基本问题没有什么本质性的不同"。事实上也的确如此，对于同一个人，处理好家庭关系与处理好同事关系，看似是两个问题，实际上往往只是同一类问题的不同表现。那些总是在工作中困扰你的问题，实际上也往往困扰着你的生活，本质问题是一致的。

1. 以差距为目标

现在许多企业都喜欢讲"以目标为导向"，这已经快成了商业世界中的口头禅。但更值得追问的是，如何衡量目标的合理性？

如果不对这一问题进行深究，就很容易出现目标的随意性。毕竟，任何目标都可以成为目标。这种随意性指的是，企业继续选择去做那些自己喜欢的顺手之事，而自觉忽略那些困难且重要的改善之事。导致的结果是，即使完成了目标，也只是完成了目标而已，并不能保证企业的竞争取胜或长治久安，也没有产生实质性突破，只是又度过了一年时间。年复一年，但根本问题依然存在。

差距 = 目标 − 现状。目标以差距为基准。厘清差距的过程，往往就是认清目标的过程。怕的是出现这样一种状况：企业把大量的精力花在目标分解上，看似条分缕析、逻辑严密。这中间财务指标是清楚的，考核方案是完备的，但唯独不知道，我们的差距究竟在哪里？

差距的来源通常只有三处：源于顾客，源于竞争，源于自己。

企业必须认真追问：顾客为什么选择我们？顾客为什么没有选择我们？顾客凭什么持续选择我们？顾客凭什么只选择我们？然后下决心创造顾客满意，消除顾客不满。

企业必须认真追问：谁才是我们的竞争对手？谁将是我们的竞争对手？我们要在哪些方面与之竞争？竞争的差距到底有多大，以及造成差距的根本原因是什么？

最后才是，企业与最终理想中的自己差距有多大？与现阶段应有的水平差距有多大？为什么会有这样的差距？为什么这样的差距会持续存在？然后下决心改变自己。

以差距为目标，也有助于在组织内形成一种"仍然不足够"的氛围，克服一种自满的情绪，但缩小差距、消灭差距的过程，注定不会是一个令人舒服的过程，而是一个与以往的自己做对抗的过程，因此才有必要分阶段执行，并切实做好过程管理。遗憾的是，现实中的许多企业只是努力摆出想要改变的样子，但并没有做出真的改变。就跟许多试图冲破旧我的人一样，他们每天都在做同样的事情，却期待有不同的结果，遗憾的是，这从来都不会发生。

2. 在不平衡中求发展

关于促使企业成长的原因，管理学界一直有两派假设，而且道理上也只能如此：一种是更具进攻性的，强调以市场机会为先，先发展起来再说；另一种是更为审慎的，先考虑内部的资源与能力，再量力而行。

但无论企业家内心更偏向哪一种，他总要在机会与能力的不平衡中，完成一种"动""静"之间的转换，即"资源条件化"与"条件资源化"，并在此过程中提升能力，创造价值。

"资源条件化"：指的是当一个企业在市场中生存下来，无论怎样，总会有一定的积累，例如有一批愿意跟企业持续走下去的员工，有对产品和服务还算满意的客户，有对你信任的供应商，这些都是企业的资源。但此时这些资源还是静态的，除非你靠愿景和目标把它们激活，进而将它们编织到新的业务活动中去，使其潜在作用成为显现作用，保有价值成为发挥价值，部分功能融入整体功能，达成各种资源互补相乘的效果，才能成为企业创造价值的条件。否则，只能看着机会从眼前溜走，而未经使用的资源必将不断贬值。

"条件资源化"：但在环境的动态变化下，这些资源的组合与匹配都只是暂时的，企业的战略和目标也会不断调整，只有把不同动态条件下各种资源组合的经验和内在机制提炼出来，形成企业的无形资产（如技术与专利、品牌、市场地位、客户关系、数据、知识与能力、组织向心力等），才构成企业可持续竞争优势的来源，才能使企业在应对新的挑战时更为从容，有更大的可能性把握住新的机会。

3. 管理的有限性

最后想说的是，管理的作用不是万能的，它只能帮企业解决一部分问题，而非全部问题，但管理很可能是企业在应对复杂不确定的外部环境时一种最为可靠的内部力量。

企业在成长过程中常会面临一系列不可解的因素，例如时运，反方面则是风险。在重大突发的风险面前，每个企业都会谋求自救。这是一种本能，几乎用不着强调。但仍会有一些风险超出了可控范围和应对能力，企业终难化解，这也必须要承认。

近些年，管理学界有一些学者提出以"瞬时竞争优势"（transient advantage）替代"可持续的竞争优势"（sustainable competitive advantage），以及二元性组织的概念。言下之意，有些产业的变化过于迅速，难以产生可持续的绩效成果，因此必须建立一种在任何情况下都可以灵活应对的组织机制。的确，这类观点具有理论上无可辩驳的正确性，但在现实中却几乎不可能办到，而且这很可能是在讨论一类不可能被解决的问题。

换言之，尽管我们一直强调，优秀的组织应当兼顾悖论，但另一方面也要注意到，有些悖论就是无法被兼顾的，因此它们才被称为悖论。尽管我们一直强调，要找到并确立起企业能够一直赢下去的根本原因，但事实上，大多数企业是无法一直赢下去的。在这两者之间，存在着组织管理最了不起的用武之地，但反过来，也成为管理有限性的前提。

我们可以把握的是，面对环境的复杂与不确定性，组织的抗风险能力比个人大得多。而在方向正确、风险可控的前提下，组织管理所带来的经济性，包括速度经济（如点、线、面、体的流程效率）、规模经济（如区域事业部制）、范围经济（如产品事业部制）、网络经济（以关系为中心的组织设计），以及组织整体的效率与能力，仍足以成为企业赢下去的理由。这便是组织管理的价值所系。

| 第五章 |
··· CHAPTER 5 ···

秩序之外的创新单元

引言　重大创新总来自边缘

　　企业真正需要的创新往往都来自组织内部，但问题是，这些创新在企业间并不是均匀分布的，而是呈现出较明显的二八法则，或称集聚效应。你会发现，一些企业中总是创新频出，但另一些企业中创新似乎一直很难，它们也很容易被扣上管理僵化的帽子。

　　为什么总有一些企业格外擅长创新，但另一些则与之无缘？擅长创新的企业到底做对了什么？反之，又有哪些行为容易扼杀创新？这是本章所关注的重点问题。

　　创新有许多不同类型，例如技术创新、产品创新、管理创新、营销创新等。我们在这里更关心的是业务层面的创新，尤其重大业务创新。在某种意义上，这类业务创新更接近于内部创业。这种创业行为的发生、创业冲动，既可能来自技术，也可能来自对市场机会的洞察，但毫无疑问，业务创新是一种更为综合的创新，它通常包括其他种类的创新。

这种业务创新，即便是从老业务中孵化出来的，但要想取得真正意义上的成功，必须在适当的时候成为一个新的业务单元，并独立于原有秩序之外。对于重大业务创新的研究，因其成功条件更苛刻、更具代表性，所以更有助于我们理解创新在组织内部是如何发生的。

如何衡量所谓的"重大"业务创新？或可按下述三类标准进行衡量。

第一，新业务在体量上已超过原有业务，或已占到权重比例。这应该是最没有争议的一类标准。例如，德邦以零担业务起家，但到2018年年底，其快递业务的年营收已超过零担板块，即实现了业务转型，此种内部业务创新可称为"重大"。

第二，新业务虽然在营收和利润贡献上，与主营业务还无法相提并论，但在自己所处的细分行业内，已具有了相当大的影响力，甚至是行业的排头兵。例如，阿里巴巴旗下的钉钉。

第三，它是一种在业务属性或气质上与原有业务截然不同的创新，在相当程度上是一种全新的业务形态，乃至不知情的人很难想象，如此不同的两种业务竟出自同一家公司之手。

例如，华为此前一直做运营商业务，但手机等业务的成功帮助企业实现了从 to B 到 to C 的转型，内部涉及商业模式、技术、管理等多方面的创新与转型。再如，九毛九餐饮集团旗下的太二酸菜鱼，相对于老品牌的中规中矩，新品牌的风格古灵精怪，很不像是由同一家公司出品的，消费者也很难完成这样的自然联想，但它们恰恰是兄弟品牌。

但凡涉及公司级的业务创新，其在组织内部的发展路径，总是可以被归纳为两种模式：一种是自上而下，先由公司高层规划，再交给具体的团队落实，体现为一种深思熟虑型战略；另一种则是自下而上，最初在不抱期待、相对独立的情况下成长起来，体现为一种涌现型战略，或称自然而然的战略、即兴战略。

这两种模式并非截然对立。尤其考虑到该创新发生在组织内部，到一定阶段后，其存在的合法性必然要得到管理当局的认可，甚至因此而获得更好的资源配置，以保障其成功。但它们之间又确有不同，尤其体现在初始阶段，即该创新单元之所以存在的第一驱动力，是被有意设计出来的，还是始于一种自觉的破土而出？

有一种现象是常见的：尽管不能否定规划出来的胜利，但重大业务创新往往来自组织边缘，而非中央地带。它给你的感觉是：有心栽花花不开，无心插柳柳成荫。

钉钉的成功便是一例。创始人陈航的故事颇具励志性：他此前负责过一淘，这块业务也曾一度被寄予众望，但没有发展起来；后来又负责来往，这款社交产品想直接对抗的正是腾讯旗下的微信，被视为阿里巴巴内部的"CEO 工程"，要钱给钱、要人给人，斥资 10 亿元，马云还亲自下场拉来自己的企业家和明星朋友助阵，但也失败了。因此，陈航一度被调侃为阿里巴巴最著名的失败者，连头都抬不起来。

后来的故事就为人熟知了。2014 年年初，陈航带着 7 人小队，开始了他的第三次征程。2014 年 12 月，钉钉问世。1075 天后，钉钉用户超 1 亿人。

无独有偶。张小龙在开发微信之前，并非腾讯的总部领导，也不在深圳总部办公，而是负责广州研发部的管理工作，在公司内部属于中层干部。华为的手机业务，更是在 2008 年的时候险些被卖掉……

我想，即便再乐观的人也会承认，一项创新的成功来得殊为不易，而重大业务创新的成功概率则更低，它背后有太多天时、地利、人和的因素，乃至就是运气。因此，试图做任何规律性的总结都是需要自我警惕的，很容易陷入一种"幸存者偏差"，即我们看到的只是最终我们能够看到的，但还有更多看不到的东西。

不过，我们也不能把成功的原因诉诸"偶然"。如何提高创新的成功概率，始终是一个极为重要的问题，毕竟在不同的组织内部，创新成活率总是如此不同。

一、为什么总有一些组织更擅长创新

近年来，有不少专家对创新型组织进行研究，结论落在了组织结构上，诸如金字塔组织、科层制，便成为众矢之的。但实际上真正造成影响的，往往不是结构，而是组织的运行机制。这种机制的运行不仅是由业务流程决定的，也受到组织形态的影响。进一步说，一个组织的状态与活力是由创始人、高管层的心智模式及领导风格所决定的。

比较起来，那些擅长创新的组织与容易扼杀创新的组织，往往在结构层面没有太大差别，但人们在其中的感受却有显著的差异。有不少企业，在组织结构图上是事业部制，但一运行起来就成了直线职能制，领导直接插手，事业部权力虚置；也有的企业整天号召"让听得见炮声的人呼唤炮火"，但实际上没人敢反映实情。两家企业即便设计了同样的业务流程和组织结构，但组织味道却很不一样，运转起来也是两码事。

许多企业的管理僵化，不是由结构本身造成的，只不过最终体现为结构问题。例如，管理者长期身居高位，但求无过，致使资源固化、权力板结，组织内政治形态严重，这是干部管理出了问题，而不是组织模式的问题。

换言之，到底是钢琴不好，还是你弹得不行？

因此，企业不要动不动就调整组织结构，搞组织变革。企业表现出来的组织模式问题，往往是没有把一种模式应有的效率有效地发挥出来导致的，此时换一种模式等于偷换了问题，没准结果更糟。同时，也不要误以为组织模式的创新能够带来业务层面的创新，这两者之间几乎不存在因果关系。

在某种意义上，组织内的活力够不够、氛围好不好，就像一面镜子，直接映现出组织的真实状态和文化风格。提升企业的创新力，通常最需要改变的是企业家和高管层的管理方式、领导水平，至少是调整领导风格。往往是这些，决定着人们对一个组织的热爱程度，以及他们能够在此发挥出多大的能量，并决定他们愿不愿意把创新留在组织之中。

培育创新的土壤

大多数公司所需要的内部企业家精神与创造力，其实早已存在于组织之中，但却被内部压抑的环境所抑制或削弱了。

当你发现，组织内成员只有下了班之后才能放飞自我，便能估量出他们被压抑的程度，以及企业还可以提升的管理空间。当你发现，组织内成员在探讨一种新思路时，普遍的反应不是方案对不对，而是这种方式能否被允许，便会意识到他们已逐渐被"体制化"了，而很有可能，这家企业已经开始走下坡路了。反过来，那些擅长创新的组织总是努力营造出一种平等、透明、坦诚、求真的氛围，并极力捍卫这种文化，例如谷歌、奈飞、皮克斯等。

实际上，"平等"与"秩序"并不矛盾。为实现企业日常的高效运转，组织内必须进行横向与纵向的分工，必须将决策与执行适度分开。我们应尽力维护一种健康的组织氛围，即职位是一种角色上的分工，而不是一种地位上的差别，更绝不意味着人格上的尊卑，同时，谨防超出职责范围的权力滥用。当一个组织更多在关心一项建议是由谁提出的，而不是这项建议本身的合理性时，这个组织就开始出问题了。

市场中的新机会通常都是由行内人先看到的，这也是我们要重视内部创新的原因之一。因此，当错失了一轮机会时，组织内成员的反应往往不是"没看到"，而是"没抓住"。

这与对待创新的方式有关，那些擅长创新的组织似乎总是懂得以下几点。

（1）要将创新类工作与营运类工作区别对待，两者的逻辑是不一样的。后者遵循的是"效率"逻辑，关心的是对现状的改进；前者追求的是"效果"逻辑，关心的是未来的可能性。

（2）不要急着去否定新的想法。在擅长创新的组织中，你总能听到更多的"Yes and"（是的，而且……），大家是在"探索"一件新鲜事；而非"Yes but"（是的，但是……），即你的想法总在等待被"检验"或被"评估"。

实际上,当人们提出一种新想法时,他们是能心无挂碍地表达,在乎的只是表达本身,还是要时刻考虑老板接下来的反应?例如,老板会不会抵触,会不会反感,会不会责罚?这一下子就差了好多。在扼杀创新的组织里,老板似乎很容易表现出一种自我防卫的倾向,把一项"建议"理解为一种"批评",而不是把所有"批评"都视为正常的"意见"。

(3)"越界"是安全的。组织内创新,尤其业务创新,通常都会涉及对现有职责边界的突破,好像是在"多管闲事",但擅长创新的组织总是乐于接纳这类"冒险"行为。

这体现为一种更为清醒的组织理性,即把员工在界限内的胜任力与界限外的尝试分开,鼓励自我突破。反倒是在扼杀创新的组织里,经常把对人的好恶与对业绩的评价混为一谈,导致人们总是缺乏安全感,好像下一秒自己就要被"干掉了"一样。

组织内部有没有创新的土壤是一个关键问题。那些总是与创新擦肩而过的组织,实际上也没什么可抱怨的,是它们自己把创新赶走了,因为它们本身并不鼓励创新。

呵护创新的种子

此处的种子指的不仅是创新项目,更重要的是做创新的人。

管理学界习惯将组织内的创新活力,称为具有"内部企业家精神"(intrapreneurship),就像我们说创业者具有"企业家精神"一样。因此,当面对内部创新,尤其业务创新时,你需要真正把它看成一次机会,就像投行家对待创业项目和创业者一样,此时项目发起人不再是你的下属,他更是一个有梦想的创业者,换言之,他是跟老板一样的人。

"投资就是投人",是许多投资人挂在嘴边的一句话。背后的一个原因是,许多创业项目最初的想法都是不靠谱的,必须经由A计划到B计划的转化,但在此过程中却能识别出靠谱的创业者。初创项目本身就意味着不成熟，非得花一番功夫剥开粗糙的表面，才能发现其内里的质地，也要努力把那些有创业精神的人留在你的组织内部。

反之，在容易扼杀创新的组织里，我们经常发现一个不安的事实：离开的人获得了更好的发展，而且他们是带着怨气离开的。这会产生一种不好的示范效应，并导致恶性循环。

可以确定的是，那些在组织内实现了重大创新之人，通常都是"体制内的坏孩子"。他们的特质与外部创业者没什么本质的不同，给人的感觉都是雄心勃勃、极富主见、享受创造的乐趣，而非固守本业。他们一般不在组织的中心地带，不是现有格局下的既得利益者，并反对被"体制化"。他们的特点导致其经常不招人喜欢，甚至不为整体秩序所容，他们最好有一块自己的领地，或者就去开拓新的疆域。

另外，越是那些有教派般文化的企业，越需要主动搞一些"自我破坏"，例如有计划地引入行业大咖，引入新的思想，保持文化的开放性与包容度，否则很容易陷入逻辑自我循环，难以打破自己以往的思维惯性与行为惯性，甚至提早进入萎缩型组织的行列。

至少，要对"体制内的坏孩子"有所包容，不要以运营效率为标尺把创新的种子卡掉了。创新本身就意味着打破常规、转换思路，需要对历史及现状持一种积极的蔑视态度。创新者可以继承原有文化的内核，但在方法上则不应沿袭。

对失败保持宽容

最后，即使你有了创新的土壤、创新的种子，也不要高估创新的成活率。你必须对失败保持宽容，而失败也总是在所难免的。

以创新著称的硅谷有一种强烈的"善待失败者"的文化，他们懂得"只有试错才能试对"的道理，他们将"又失败了一次"视为"离成功更近一步"。擅长创新的组织里也总是这样。在条件允许的情况下，组织的容错力是一种领导格局的体现，否则，哪有人敢进行什么创新。

组织创新活力的三角模型，如图 5-1 所示。

图 5-1　组织创新活力的三角模型

二、如何提高创新成功的概率

视源股份的故事

先讲一个案例。我在 2014 年下半年曾调研过一家广州的企业，名为视源股份。它当时推行的内部创业创新的做法，至今仍具有启示性，而且放在几年后看，效果也得到了验证。2014 年全年，视源股份的营收是 43 亿元，2018 年已达到近 170 亿元。

视源股份在 2005 年创业时的主营业务是液晶显示主控板卡，这块业务在 2013 年仍占到总营收的约 70%。也就是说，这是一家做 to B 业务的公司，为电视整机厂商提供部件，尽管该业务在细分行业中做到了名列前茅，但其进一步发展的空间却是有限的——连电视机都没人买了，供应商的日子只会更难，倒逼视源股份走上了业务创新与转型之路。

时任 CEO 王毅然向我介绍，"公司的持续发展，第一就是要不停地培养新业务，每一块业务都会经历一个高速成长期，然后再到一个缓慢的阶段，所以公司业绩要成长就要有各种各样不同的新业务"。同时王毅然也提到，早期团队都是做主控板卡出身，对未来电子行业的发展有一些方向性的判断，但在每个赛道中具体该怎么走，实际上并不清楚，这就必须依靠内部人的力量，由此公司启动了自下而上的创新机制。

视源股份的业务创新，完全符合本章引言中提出的三条标准，尤其后来推出的交互智能平板业务，三条标准都达到了：①这块业务的属性与此前迥然不同，它包括两个子品牌——"希沃"将智能交互体验带进中国课堂，"MAXHUB"则是面向企业的高效会议平台；②引领了这一细分行业的发展，在行业中数一数二；③在2014年下半年，销售收入就呈现出超越主控板卡的势头，现在已成为整个公司的第一大收入来源。

视源股份的业务创新包括以下四个步骤。但正像王毅然所强调的，关于业务创新，"一切回到人，给年轻人以机会和平台"。

（1）如果员工提出一个很好的点子，认为这个产品未来应该会有市场，公司就会提供一个标准的调研报告，让他据此调研，借以完成系统思考。他可以调动公司资源来做此事。

（2）公司战略规划部如果认为调研合理，就会为员工和项目先成立一个事业部，确保产品有一年的销售，即先跑起来。

（3）当每个月的盈利都能保障的时候，就会为他成立一个子公司。公司规定，子公司团队要先持20%的股份。

（4）团队如果连续三年保持盈利，团队将占60%的股份，公司只占40%。

当时按照这样的方式孵化出来的子公司就有十余个，还有一些正在孵化中。事后来看，这些项目尽管有成有败，但都共同在内部掀起了创新风潮；从结果层面看，则有效支撑了公司未来几年的发展。

那时视源股份还有一个做法颇令人感动，就是安排专人照顾好员工的父母和孩子，包括带父母去体检或旅游，如果住院也有人专门照顾；甚至还单独成立了自己的幼儿园，希望所有员工的孩子从最开始就接受一流的教育。其人力资源部的理念是"全心全意做好员工服务"。

我记得当时有公司高管跟我谈到，关于绩效管理，首先是严把入门关；其次就是当把员工的积极性调动起来之后，"很难用一个什么标准去衡量这个人效率是高还是低，我们唯一能做的事就是把那些会降低效率的问题消除掉，按道理说，效率自然而然就能高起来。大家当时分析说，以后对个人影响最大的就是父母的身体健康、子女教育这些事情，所以我们从成立公司开始，就慢慢想办法着手解决这些问题"。

按照本书的概念体系，视源股份的这种做法非常重视组织中社会形态的建设，该做法本身是"有价值、不盈利"的，但对组织中的经济形态有反哺作用——对内解放了生产力，留住了人心；对外树立了雇主品牌。实际上，企业里那些最了不起的管理行为，其作用机制往往是"非线性"的，即在 A 处做投入，在 B 处得到回报。

那几年，视源股份对人才的感召力之强是惊人的。2015 年校招，视源股份收到 13 万封简历，录取了 300 余人；2016 年收到 10 万封简历，最终录取 200 余人。

可以说，视源股份内部创业创新的氛围、做法及机制保障，还有对员工的特别关照，令行业中的"金头脑"更乐意留在视源，持续推动公司战略走出一个大模样。

可供参考的经验

第一，对待组织内部创新，尤其业务创新，试错率最小的方式就是按照风险投资的方式进行管理。这意味着：

（1）它必须是一个独立的项目，而非附属型项目；它有自己明确的投入产出逻辑（即便有时需要内部结算），而不是用来打补丁，否则就应该按照运营优化来处理，而不是作为创新单元而存在。如果不这样做的话，责权利就很难说清楚，也很难奢望最终有成果。

（2）它必须是一个独立的团队。即便在从 0 到 0.1 阶段，有一些成员仍处于兼职状态，但在明确立项后，也应尽快完全投入新项目。同时，早期团队的人数宜精不宜多，但仍需保证是一支有完整编制的团队。事实上，项目的成功高度依赖于对研、产、销等问题的综合解决能力，因此在团队构成上也要形成类似的最小作战单元。

以九毛九旗下的太二酸菜鱼为例，尽管该项目是集团创始人管毅宏梅开二度的作品，而非边缘创新，但管毅宏在负责该项目时，已不再操持九毛九品牌的日常运营。换言之，他此时的身份是一个二次创业者，而非身兼二职。同时，该项目的成功还有赖于早期团队中的其他两位核心成员：一位是菜品研发负责人，同时负责产品的标准化；另一位是"90后"的营销负责人，她为太二酸菜鱼赋予了独特的品牌气质。

"检验一流智力的标准，就是头脑中同时存在两种截然相反的想法，但仍能保持行动能力"，这是菲茨杰拉德的一句名言。但一个组织兼顾悖论的能力，不能只靠个人，那样也太容易"精神分裂"了；而是靠成员间的互补，这才体现出团队与组织的价值。

（3）它必须有独立的预算，可按项目制或独立的事业部制进行管理，可纳入费用中心的管理范畴，对投入产出比定期摸盘。同时，按风险与收益对等的原则，项目成员的绝大部分收益应取决于项目的成败，但可保留少量保障性工资，以解除后顾之忧，确保其全情投入。

第二，创新业务独立运作，但公司层面应致力于中后台建设。换言之，公司在对创新业务立项之时，总会评估该业务与原有业务间的关系（多产品事业部之间的关系），或仅作为财务投资来处理（体现为以关系为导向的组织设计）。但反过来，站在创新单元的角度，其负责人当然也要考虑，究竟应留在组织内部，还是干脆独立创业。

目前的资本市场中热钱涌动，好项目从来不缺钱。对于内部创业项目，公司真正需要竞争的是相对于外部投资机构，除了资金上的支持，自己到底还有什么其他价值？

事实上，尽管"投后管理"被喊了很多年，但真正有效的"赋能式投资"仍发生在组织内部。这是对企业既有能力的一种检验。从这个意义上，时下流行的"中台"说法不是一个组织结构维度的概念，而是一个组织能力维度的概念。它研究的是一个老问题，而非新问题，但采用的是新说法。"中台"相当于广义上的"共享中心"，例如共享技术、数据、人才、客户等，重视整个公司层面的经济性与"合的逻辑"。

反之，如果一个创业团队仅靠自己的力量就能搞定一切，它为什么还要留在组织之中？实际上，组织内部创业要想比外部创业具有更高的成功率，很重要的一点是实现资源与经验的共享，让内部团队在更短的时间内做对更多事情。

集团军作战的优势便体现在这里。内部项目的成功常有两个关键时刻：第一个是在组织内赢得重视，地位上从边缘向中心靠拢；第二个是由此获得了更好的资源配置，甚至集整个公司之力务求必成，即关键时刻敢下重注，善用"压强原理"，一把火将水烧开。在竞争日趋激烈的今天，速度就是成功的一种保证，不留可乘之机。

但事物的发展总像硬币的两面。一方面，无论在哪个商业时代，都无法避免头部效应，只不过现在更需要警惕互联网巨头对外部创新的扼杀；另一方面，公司大了就有大的难处，它再也不是当年那个活力四射的小公司了，它一定会错失良机，它不可能不犯错误。

三、如何减少内部创新的阻碍

尽管减少内部阻碍，反过来也有助于提高成功率，但它关心的却是问题的不同侧面。提高概率关心的是"做对什么"，减少阻碍则侧重"不要做什么"。尤其这些阻碍通常是由内部人自己造成的，事后常令人追悔莫及，因为这一切本可以被避免。

想想夫妻吵架后，自我检讨时的情形吧！人生有多少道理是看得透，但忍不过的。内部创新亦复如此。北京大学梁均平教授常讲一句有哲理的话："人需要被提醒，甚于需要被教导。"在我看来，减少内部阻碍最值得提醒的是以下三方面。

警惕没有主人的项目

如果有一个创业项目，发展前景良好，有四位联合创始人，每人的股份都是25%，这样的项目你投不投？

我想，许多人都不敢投。这种项目很容易发生"董事会里的战争"，即终究没有一位"压舱大股东"，能保证在所有人意见相左的时候，敢拍板，敢定夺，有足够的话事权。

然而，内部创新常常要面临的局面更惨。尤其是在得到了总部领导的重视后，从组织边缘来到中心地带，同时要应对多个"婆婆"，谁的话都不敢不听。于是，一个原本好端端的项目，经过了一番努力，终于变成了一个二流货色。它同时要满足的诉求太多，方案不断被折中，具有锋利度的商业模式不断被磨平了棱角，但这在市场上终究是无法取胜的。

这中间最可惜的就是不断被挫伤的企业家精神与团队士气。在某种意义上，创业就是要守住那一团"真气"不散。整个团队围绕着客户需求的变化，与竞争对手展开激烈的市场争夺；反之，如果整天考虑组织内部的各项管理要求，一定会导致动作变形，整个团队的士气也变得意兴阑珊。小米公司在投资其生态链企业时，遵守一条纪律："投资不控股，帮忙不添乱。"这是很值得借鉴的。

不要死在 0.9 阶段

那些创新频出的企业需要警惕的是处于及格边缘的创新过多了，即许多项目都要靠公司层面的支持，才能勉强活下去。那些有创新障碍的企业则要面临另一种烦恼，即许多项目草草收场，离最终的成功总是只差一步之遥。

这一点很难被验证，因为这些项目被永远地停掉了。但你却很容易发现一个事实，即那些后来成功的项目总能在一些大企业中找到原型，它们曾经并未受到足够的重视及认可。当这些项目被停掉时，其负责人总是深感遗憾，到后来更是充满悔恨。

大企业显然有更多的资源和本领去支撑内部项目的成功。它们擅长把事情做大，即从 10 到 100，也懂得从 1 到 10 要经历哪些挑战，实际上，它们还很擅长从 0 到 0.9。你会发现，许多大企业的内部总是充斥着很多想法，各种头脑风暴会，它们也有足够的本钱去试试看，于是做出过许多实验原型，但后来又不了了之，好像总是差了一口气。

检验外部创业项目的最低标准是"活下去"，但在那些有创新障碍的企业里，其内部的最低标准却是"不够好"。这些"不够好"的项目，总是在实验室里就"死"掉了，它们好像总是没有机会在真实的市场中完成淘洗和迭代，因为相对于公司的主营业务和已经取得的成功，这样的尝试显得如此微不足道。

我发现，很可能就是公司层面这种"赢一把大的"的心态，导致自己经常不自觉地掐灭了创新的火种。但在那些擅长创新的组织中，你经常能感受到一种真正的游戏心态，好像它们已经习惯了如此，对成功不抱以更高期待，也更少沮丧，反倒常收获意外之喜。

别让组织政治毁了创新

任何重大业务创新一定会打破现有的利益格局，动了其他人的"奶酪"。面对战略性的大是大非、未来前途之所系，只能靠当家人的决断力，也只有他有能力处理组织政治问题，其他人通常都帮不上忙。

商业史上最著名的转型失败案例之一，就是柯达眼睁睁地错过了整个数码成像时代。它的根本障碍不在于战略洞见，而是如何打破组织惯性，进一步说，整个组织都要从以胶片部门为中心，转变为以数字部门为中心。柯达面临的挑战太大了，整个组织的技术属性、组织结构所依赖的基础要素都要发生改变，但没有谁想做那个坏人。最终，机会从指缝间溜走了。实际上，柯达之败不是一个战略案例，而是一个组织案例。

那些引领企业转型成功的当家人，当年在组织内并不被所有人理解，更不被所有人喜欢，甚至常被冠以各种暴君之称，但却得到了成长性力量的拥护，而最终的结果也说明了一切。实际上，组织中最重要的动量方向，必须始终与未来有关。

领导力大师沃伦·本尼斯提出过一个观点，那些将杰出领导力持续了一生的人，他们身上总有一种"赤子态"（neoteny）。这原本是一个动物学术语，即"成年后仍具有幼年特征"，而本尼斯想强调的是，那些人似乎从来没老，他们在内心深处永葆青春。

保持赤子态，对组织管理来说也同样至关重要。当一个组织正年轻，内部的一切好像都生机勃勃、充满希望，发展之顺，如有神助，但经年累月之后，就显得暮气沉沉、盛年难再。

此时，当家人不妨跳出来问问自己：

如果你是一个了不起的投资人，还愿意投资这个组织吗？

如果你是一个有才华的年轻人，还愿意加入这个组织吗？

你对自己还满意吗？

如果答案是否定的话，那么，请开始你的行动吧！

下篇
··· PART2 ···

实 践 篇

引言　穿梭在理论与实践之间

理论是用来解释生活的，而生活也需要被加以解释，以透过现象看到本质。好的理论总能将复杂问题简单化，而绝非将简单问题复杂化。

学习理论最好的方式，就是将它代入自己的生活，与实践产生对撞，相互激活。然后，理论世界不再是灰色，它开始变得鲜活；实践世界也不再混乱，它开始形成框架，之后实践起来也更加清醒。

归根到底，管理学是一门应用学科、一门实践学科，倘若心中没有一个真切的管理世界，任何对理论的研究与学习都是徒劳的。

我对管理学的学习与理解，始终有两个难忘的瞬间。其一是读研究生时，有一次给一家零售连锁企业做咨询，我问对方负责人，要想管好一家店，最重要的是关注哪几类指标，对方回答：客流量、客单价、转化率、重复购买率。

我愣了好一会儿，然后突然明白了，这位负责人讲的四类指标，其实就是父亲从小教我的那些道理。我生长在一个商人家庭，父母在我八岁时开始做服装生意，自此我在市场上长大。父亲从小教我：要想把生意做好，要琢磨摊位上的货怎么摆，才能让更多的人来看；货该卖多少钱，怎么还价，对方才更容易买；最后能不能活下来，取决于咱家有多少回头客。

但在此之前，我从没有把自家的小本生意跟企业实践联系起来，更不要说把父母与创业者、企业家联系起来。但后来我越来越意识到，尽管生意有大小，管理复杂度有区别，但核心问题却往往是相通的。

自此之后，学管理学便成了一件有趣的事，理论开始照进生活。我有时恍然大悟，那种感觉如同爱默生所说的，"我们长期以来的想法和感受，有一天将会被某个陌生人一语道破"；有时似懂非懂，那就先留一颗疑问的种子在脑袋里；有时也能分辨出，哪些是伪专家杜撰出来的概念、假问题以及胡扯，因为它们在现实中找不到依据。

第二个难忘的瞬间是在 2015 年 6 月，那天我要在和君总裁班讲组织管理。此前，我已经在总裁班讲过三年课了，一直是最受欢迎的老师之一。那时，总裁班学员以年营收几十亿元公司的创始人为主，他们普遍比我年长十岁以上，阅历可比我丰富多了。但我讲课也有自信的地方，尤其自信于擅讲案例，这很容易引起学员的共鸣。

但我没想到，课间几位学员跟我反馈："请老师少讲点案例，多讲点理论。"我很不解。然后他们告诉我，每个企业的实际情况不一样，在一家企业好用的办法放到另一家可能就完全不灵了。他们更想听背后的道理，然后自己获得反思。

这件事对我触动很大。于是我马上调整了授课方案，把更多学术观点搬上课堂，效果出乎意料的好。那时我还负责着总裁班的师资与课程，自此之后，我总要在备课时叮嘱各位老师，哪怕再擅长实践，也要跳出实践看实践，关键在于"借事说理"。

至今我还坚持着这一点。尽管管理中有艺术的成分，它是一门手艺，但首先应当重视管理中的科学性，那才是这门学问最可学、可用的部分。尽管不是每个人都要从事科学研究，但每个人都可以多一些科学精神，掌握一些学术思维方式。

所谓学术思维方式，最简单地说就是函数方式，它关注的不是现象与现象之间的关系，而是变量与变量之间的关系，即哪些是自变量，哪些是因变量，哪些是情境变量，因果关系又是怎样的。正因如此，科学才成为一种排除了价值判断和个人偏见的"确信"。探讨管理问题时，尤其要避免就经验谈经验，经验总是难以模仿的。

从这个意义上，许多实践者的分享都不是干货，而是湿货，它湿漉漉的，并没有去情境化，甚至还夹杂着当事人的情绪或选择性表达，尽管那些历尽艰辛终获成功的故事总是令人感动。站在研究与思考的角度，我们有一颗很热的心，但也要有一双很冷的眼，分清这中间到底做对了什么，做错了什么，哪些可资借鉴，哪些值得商榷。

本书的实践篇包括四章，主要涉及六个案例，它们也如实记录下这些年我对组织管理领域的探索。

其中德胜洋楼、韩都衣舍的案例都曾公开发表过，它们分别写于 2013 年 5 月和 2015 年 3 月，这次做了新的编辑，以让它们获得更好的理论解释。

几年后重新翻看这些案例时，我才意识到，"组织机能论"一直是我理解组织问题的一条清晰的主线。幸好我当时留下了这些文字。同时令人欣慰的是，我当初提出的观点和做出的判断总体上是对的，它们经受住了时间的检验，尽管我现在又有了新的理解。

小米生态链案例取自我 2018 年年初做的一次公开演讲，那时我对小米公司与其生态链企业的关系深感兴趣。如果说德胜洋楼代表的是"以任务为中心的组织设计"，韩都衣舍代表的是"以结果为中心的组织设计"，那么小米生态链展现的则是"以关系为中心的组织设计"。小米公司对其生态链企业没有绝对的控制权，但却深具影响力，体现的是"超组织管理"。

最后一章"管理顾问工作带给我的启示"，记录的是我从 2017 年 3 月至今的生活。这三年来，我主要在六家行业领军企业担任管理顾问，其中包括喜家德、德邦快递、传音控股。它们在很大程度上帮助我深化了对组织问题的理解，也给了我更多信心。我终于把这本书写了出来，以期让更多的企业和管理者从中获得启发。

我是从 2008 年开始做案例研究的，第一个研究对象是海底捞。2012 年加入杂志社后，我一度以案例研究为主业，第一个公开发表的案例是胖东来。我很庆幸自己离开学校后的第一份工作是做记者，那段经历让我充分意识到"还原叙事"的重要性。我希望自己端出来的案例研究更像一道粤菜，读者能品尝到食材本身的味道，而不是满嘴都是调料。

黄仁宇先生在《万历十五年》的自序中谈到他做研究的体会："结论从材料中来。多年以来摸索于材料之中，我对明史中的若干方面形成了自己的初步看法，开始摆脱了人云亦云的束缚。"是的，结论从材料中来。研究态度比研究方法更重要。

管理学大师德鲁克也在年轻时取得过博士学位，但他的第一份工作也是做记者。这让他一生都极为尊重事实本身，而非沉醉于理论世界。

不少人认为理论与实践分处两个世界。但在我看来，它们之间有很多相通之处。尤其对管理学来说，知与行之间的关系，更适用于王阳明先生的观点——"知到极处便是行，行到极处便是知"。

我读过很长时间的书，这让我总是很享受书斋生活，也一直热爱写作。但好像每个人都有属于他自己的"安全毛毯"，就像漫画《花生漫画》中的莱纳斯，每当内心焦虑时就会抓住他的毛毯，那一刻他就获得了镇定，而做基于实践的研究总能让我获得安宁。

我从小在市场上长大，那个环境是我所熟悉的。每当在理论世界中找不到答案时，我内心就总有一种声音在召唤：回到市场中去，回到企业中去，回到管理现场……

| 第六章 |
··· CHAPTER 6 ···

德胜洋楼的组织理性建设

案例背景

德胜洋楼（以下简称"德胜"）是一家从事美制木结构住宅建造的公司，最早在海南做业务，1997年之后把总部落在了苏州工业园区。你可以把它理解成一家建造别墅的企业，主营业务收入常年在5亿~6亿元，有员工1000多人。由于是木结构建筑，德胜的员工主体不仅是有手艺的建筑工人，更准确地说是木匠。这一细分行业总体规模不大，偏冷门，德胜在该行业有较强的竞争力，一度占到细分行业市场份额的70%以上，利润率也较高。

我是在2013年春天第一次调研德胜的，此后几乎每年都至少会去一趟。德胜的组织管理最吸引我的地方在于，它在很大程度上实现了无为而治。创始人聂圣哲依然是整个公司的核心人物，但他在一年中的大多数时间都不在企业，而企业依然运行良好，这跟许多公司的情况差别很大。不少企业是离不开老板的，甚至一天都离不开。

需要强调的是，德胜的"无为而治"首先与行业因素有关，它的行业波动性较小，而且集中于制造环节，靠手艺吃饭，不少从事 B2B 业务的隐形冠军企业都有类似特点。其次才是企业的作为，它下过很大功夫来强化自己的工艺水平和管理能力。公司内部有个"德胜好房子"的说法，指的是在工艺、价钱、设计、建材、交期、服务等多个方面的综合竞争力最强的房子。它的房屋样式并不是最洋气的，但非常舒适，很适合中产阶级。

聂圣哲曾跟我说过，"德胜的成功跟我们的特殊地位有关系。德胜经过 10 多年的脚踏实地、埋头苦干，做成了行业内的全国第一，没有竞争对手，不需要去求人，我们只要专注于自身发展，搞好人才培养和技术创新，就不用担心市场的千变万化或风吹草动。而且，德胜这一行入门的门槛很高，特别需要有品德和有修养的人来做，这就需要时间去一点点积淀，而后加入的公司都很难有这样的能力和耐心"。

德胜的案例并不适用于所有企业，但对处于利基市场的小企业来说，德胜的诸多做法却很适合。这也是为什么直到今天，每年还有相当数量的企业去参访它，学习它。《德胜员工守则》一书主要是公司规章制度、高管讲话、员工文章的汇编，但自出版以来，已重印了 30 次以上，也足见它的被认可程度。

有读者跟我反馈过，德胜的主营业务长年不增长，暗示其管理有问题。这一方面是行业因素决定的，另一方面取决于德胜自己的经营选择，实际上并不能说明其管理局限性。以德胜的管理水平，它完全有能力在业务规模上做得更大。这也可以令我们思考：企业合理的增长速度是多少？在一个细分行业中的合理规模又应该是多大？德胜未来真正的挑战仍来自因应顾客需求变化，如何持续保持自身的业务竞争力。

大多数企业在成长历程中，都需要不断加强组织理性建设，只是方法不同。德胜的做法可以让我们有所启发。

本案例的核心看点在于，德胜的"无为而治"建立在"有为而治"

的前提下，其组织理性建设包括三方面的基础工程：①通过程序中心建立科学理性，不断优化流程，将例外工作变为例常；②通过三权分立建立制度理性，并通过实施细则与监督程序落实到位；③通过价值观管理建立道德理性，尤其看重对员工的敬业精神和君子品德的培养。德胜对程序的诸多要求都被写入制度，制度中包含着管理的善意；反过来，敬业精神和君子品德又成为操作程序得以准确实施、制度要求得以持续遵守的关键保障。这中间的管理逻辑是完整的。⊖

案例正文

恐怕没有哪个企业的当家人比聂圣哲更"不务正业"了——这位老板热衷于文艺创作，先后在《人民文学》《诗刊》等杂志发表剧本、小说、诗歌、评论等逾百篇；独立或参与导演了多部电影、电视剧、舞台剧等，从 2012 年开始，他作为编剧的黄梅戏舞台剧《徽州往事》在全国巡演；他甚至还有时间经常在微信上发布恶搞照片。但与此同时，他的企业经营稳健、现金充裕，一切运转得井然有序，离职率很低，员工满意度很高。

显然，聂圣哲在管理方面比那些每天忙得焦头烂额的企业家轻松太多了。在很大程度上，德胜这家企业现在就像一部机器或一个生物体那样，每天按部就班地运转着、呼吸着甚至进化着，几乎做到了老板在与不在一个样。这是一家步入了管理状态的企业，或者说，这个企业组织具备了组织理性，一切都按照着理性规则运转着。

⊖ 关于德胜的完整报道，详见《中国人力资源开发》2013 年第 10 期，共包括 5 篇文章：《德胜印象》《德胜的组织理性建设——如何做到无为而治？》《德胜语法：假设驱动管理》《德胜的人力资源管理体系——对话德胜洋楼人力资源总经理于苗》《理性狂想者聂圣哲》，分别涉及商业模式、组织管理、企业文化、人力资源、企业家领导力等五方面。再加上两篇案例点评，整组案例报道的篇幅超过 5 万字，是我当时主持案例研究时提倡"完整看企业"理念的一种完整体现，以避免以偏概全或放大某一管理特色，而忽略了整体关联。现在想起来，我们当时真的很幸运有这样的机会与舞台，如此完整地呈现一个大案例，篇幅占到整本杂志的一半以上。此处收录的是这组系列报道中的第二篇，即组织管理部分。

可以说，为了实现德胜今天的"无为而治"，聂圣哲当初可没少下功夫。他并没有幻想着企业可以像自然界那样天然地处于有序的"失控"状态，而是必须让这个组织先"受控"，精心地在各个方面建立起理性规则，然后才能放手。我们在调研期间发现，这家公司起码在三个方面相比于其他公司付出了更多的管理努力，才使得这个组织拥有了今天的管理状态。

其一，一切按程序办事。公司特别设立了一个程序中心，专门研究每一项工作如何能以最科学合理的方式完成，不断优化流程，积累做事的诀窍，以此建立起了组织的科学理性。

其二，一切按制度办事。公司遵照三权分立的思想——设置法规部，负责制定规章制度、操作细则和标准；设置督察部，负责推动执行规章制度和操作细则，发现和纠正工作问题；设置奖罚部门，负责对违反公司价值观或者被指出错误却拒不改正的人进行处罚，对表现优秀者给予奖励。并且在制度运行的过程中，不断思考如何能够确保公平公正，对权力进行制约，以此让制度落在实处，建立起了组织的制度理性。

其三，一切按文化办事。最突出的是持续倡导敬业精神与君子品德。公司提倡的价值观是"诚实、勤劳、有爱心、不走捷径"，公司认为"制度只能对君子有效"，以此建立起了组织的道德理性，而这些又与程序管理和制度管理相互补充，可谓内外合力。

组织理性建设的三角框架，如图6-1所示。

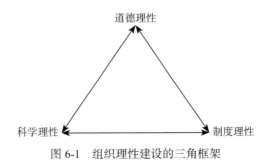

图6-1　组织理性建设的三角框架

相对于许多其他公司的高潮迭起，每天忙得不可开交，德胜显得波澜不惊、单调乏味，几乎没有任何激动人心的事情。它从来不搞精确、量化的绩效考核，不给员工下任务指标，却收获了绩效管理想要的效果；它绝少因为处罚搞得内部怨声载道，员工只要没出大的问题，都能稳稳地获得当月收入；它也从来不进行口号、标语的宣传贯彻工作，却让文化从墙上落到了地上，也进入了人们心里。它几乎把全部精力都放在了不断完善组织的基础工程上，从而使组织幸福地处于健康状态。

一、科学理性建设——一切按程序办事

我们在谈论煎鱼的时候，经常会说"两面煎至金黄色"；而西方人则会说"每面各煎两分钟"。在企业管理这个问题上，我们更应该建立哪种思维体系？控制程序和控制结果哪个更重要？

管理中的许多问题，都是伴随着企业发展的大命题必然出现的，而企业又必须在奔跑中完成姿态调整，在这方面，德胜也不例外。

由于过去几年的跨越式发展，2004年，德胜接连发生了好几起返工事件，公司提出的质量标准得不到始终如一的执行，一些员工的工作不认真，一些干部的管理不到位，工程的施工质量明显下滑。也正是在这一年的夏天，聂圣哲意识到，这些事件并非偶然，其背后暴露的不仅是人员管理的不完善，更是工作管理的不彻底。从根本上解决质量问题，其关键在于程序管理，从而使操作流程处于科学严密的受控状态。

2004年8月22日，聂圣哲在第7次战略发展会议上，首次提出要在公司层面上重视和进行程序化管理，建立专门的程序管理机构——程序中心。聂圣哲谈到，"我们的企业如果不搞程序化运作，只有死路一条。我对很多人有充分的认识，才会这样管理德胜。我们中有很多人不缺乏投机取巧和小聪明，爱走捷径，不按程序做事，蔑视程序，偷工减料，马马虎虎，差不多就行，结果损害了企业的健康经营，伤害了产品

质量，最终只会搞垮企业。我认为我们的程序管理已到了非抓不可的时候。德胜的任何工作都要用程序来约束"。

德胜的程序中心现在只有2个人，但是刚成立的时候，有近10个人都要参与程序中心的工作，这些人都是从各个部门抽调过来的业务能手，对发生在现场的问题能做到心中有数。聂圣哲谈到，"这一群人不做什么，天天就管你是不是按程序做事，因为我们太需要这个了。西方企业管理的成功，就在于大量事情都有程序支撑"。

可以说，德胜的这一管理创新与管理升级在组织发展的过程中至关重要。由于我国缺少西方自古希腊以来的"理性科学"与"数理科学"的传统，我们后来的现代企业管理在处理如何管理员工做事这个问题上，经常诉诸"人治"，而非依靠"理治"和"法治"。所谓"管理"，其实在很大程度上要"先理再管"。而德胜恰恰是通过程序中心完成了对程序、流程的梳理，建立起明确、合理的操作标准，进而完成了从含混不清的"尽心尽力"到科学严谨的"尽职尽责"的转变，建立起组织的科学理性。

聂圣哲谈到，"很多人注重写意性，说白了就是随心所欲。但做企业一定不能随心所欲，要一板一眼，一笔一画。我们的企业如果不搞程序化运作，只有死路一条"。

德胜有很多"认死理儿"的程序与细节规定，比如，每六寸①钉一个钉子，就不可以在六寸半或七寸处钉钉子；洋楼里的一个死角，按程序要花20元的油漆，就不可以偷工减料；接待室规定天晴开哪几盏灯、下雨又加开哪几盏灯，必须严格执行；小区的绿化有虫害，必须弄清楚是食叶类虫害还是食汁类虫害，前者用"敌杀死"，后者用"绿叶通"。在德胜，做事情不允许"基本上理解""大概这么做"。

也正是因为程序中心之后几年的不懈努力，才使得德胜各部门、各岗位的工作逐步走上程序化和规范化，使企业的整体运作趋于健康、高

---

① 1寸≈0.033米。

效。后来,德胜又把一些广泛适用的程序升格为制度写入《员工手册》。例如,将"听证会程序"升格为规章制度,从而使操作规范具有了法律效力,而这也体现了其对程序问题的看重。在德胜,程序问题往往被提高到制度层面来对待——程序问题就是制度问题,任何人都必须像执行制度一样,严格和精确地按程序办事,按程序操作,不按程序做事的人是德胜不能容忍的。

聂圣哲极其推崇程序管理,他提出一个口号:"蔑视程序永远是德胜的敌人,我无比地鄙视和仇恨不遵守程序的人。"聂圣哲甚至要将公司定位为一个执行了程序以后再销售楼房的公司。

德胜的程序管理后来也不仅限于生产过程,还扩展到组织运行的各个方面,可以说,但凡有工作的地方就有程序,就有对作业标准、方法、规则等各方面的要求。例如,我们在调研期间发现:在德胜办任何事、见任何人都要提前预约;我们要跟任何员工交流,他都必须首先知会直接主管和专职接待人员,因为这些都要按程序办事。再比如,我们在与企业文化中心总经理赵雷会谈期间,员工赵静会雷打不动地每隔15分钟敲门进来加一次茶水,因为这些都是程序已经做出的规定。可以说,德胜正是通过这些细节、程序的管理,使组织步入了按部就班的管理状态。聂圣哲曾经对此谈到,"我们现在从行政管理到工程管理,从营销管理到人力资源等,一切都要走程序化管理之路"。

程序管理做什么

归纳起来,按照《德胜管理》作者温德诚的说法,德胜的程序管理包括四大任务。

(1)将比较固定的或天天要做的工作程序化,即首先将工作流程程序化。在生产、行政、后勤、服务、销售、采购、储运岗位工作中,没有流程的要设置流程,有流程的要对流程中的每个工序制定程序规定,使流程操作有标准、有方法、有约束条件。

这其中最关键的就是把每天都在做的、心中有而口中无的东西明示出来，总结经验，提炼加工，并且很细致地、条分缕析地表述出来，所谓"天下大事必作于细"，然后从此按照这套办法多快好省地完成工作，并不断优化。例如，聂圣哲1999年就写过"小区物业管理一日工作程序"，细化到几点起床，什么时候开收音机，什么时候泡一杯茶自己喝，什么时候可以休息一下，都有说明，这样一个人就能把小区物业管起来。

也就是这样的方法，让具体的工作富有规矩，才能摆脱对具体的人的依赖，也使得企业对人员的管理可以有的放矢。许多企业的人力资源管理，之所以经常出现"事后问责"，往往是因为只有岗位职责，而没有职责标准；或者只有技术标准，而没有操作标准。这中间的空间和不确定性，就是造成动作变形和结果失控的原因。

（2）**例行性工作A——周期性工作的程序管理**。有些工作不是天天有，但隔一段时间就要做一次，有相对固定的时间周期。例如德胜木工学校的毕业典礼一年一次，制度学习会半个月一次，管理干部停职、顶岗每月至少一次，这些工作都是周期性工作，也要纳入程序管理的范畴。又如，波特兰小街的吸粪工作也有一定的周期，对此，管家中心年初时就要报给程序中心，程序中心到时就要提醒有关人员照章办事。财务部门到了1月1日该支付哪笔款项了，程序中心也要提醒他们，这是公司的预警系统。

也就是说，对于这些周期性工作的管理，德胜的程序中心要成为公司的一本活着的日历，把公司大量的、有相对固定周期的事情正规化、程序化地管起来。这就避免了因为工作一忙就遗忘了某些事，减少了疏忽，也避免了事到临头而手忙脚乱。

（3）**例行性工作B——经常性工作的程序管理**。有些工作既不是天天有，也没有固定周期，但却经常有。比如接待外来参观访问的客人，有政府的、有企业的、有学校的，他们各自的兴趣点不同，时间也不固定，这就要求根据不同的接待对象总结、编制不同的接待程序，到时按程序操作，就能保证接待工作的质量和效率。还有诸如基金会募捐活动、讲座、研讨会、庆祝活动、工作会议等许多经常性活动，都要程序化、规范化起来。

（4）非例行性工作的程序管理。有些工作和事情是偶然发生的，并不经常有，也难以预料什么时候会发生，如风灾、水灾、工伤、事故的抢救和处理等。德胜对这类事情也要求归入程序化管理。这种偶然发生的事情，每做过一次，就要求及时总结，固化为程序，下次发生同样的事情，就有程序依据。这就把非例行性的工作变为例行工作，把无规律的事情变为有规可循，有法可依。通过这样的方式，公司经历的任何事几乎都没有白经历过。

例如，苏州也曾遭遇过大雪，同在苏州工业园区的其他企业的一些厂房因为应对不足，屋顶被积雪压塌了，但是德胜的员工早在下雪之前就预先用木条等材料支撑屋顶，所以大雪过后安然无恙。然后程序中心仍要总结经验：多厚的雪、多大的压力会损坏屋顶，支撑的材料要多大、要多少、怎么支撑等，把这些内容提炼成雪灾预防程序，以备下次使用。聂圣哲做出要求，程序中心凡第一次做过的事就要进行总结，作为第二次的程序。

可以说，德胜把大量的精力都放在了程序、流程等过程问题上，而非直接放在结果问题上，因为产品和服务的质量最终是由过程质量决定的。而反过来，只有过程是可控的，才能确保结果是可靠的，否则就失掉了管理的抓手。就像聂圣哲在创建程序中心时所谈到的："以前我们提出一定要把一个合格的、质量最好的楼房交给客户，现在我们应该这么说，你给我这笔钱，我一定会把合格的、质量最好的楼房交给你。并且这幢楼是用合格的方法、合格的程序建出来的。我们必须追求过程合格，这甚至比结果合格更重要。"

现在，德胜有关生产流程的程序管理都转入了督察部，这方面的专职人员被称为质量督察官。尽管这个职务名称看起来像质量检查员，但是他们的工作重心早已从质量检验转向了程序维护，因为只有盯住过程才能看住结果。就像质量管理大师戴明所说的，检验解决不了任何质量问题，"停止靠检验来提高质量，第一次就把产品做好"。

德胜规定，"一件事情即使做成功了，但如果没按程序做，也等于没有成功"。也许正是因为这样的态度和坚持，才为公司内部的各种程序赋予了尊严，才使得对程序的维护得以落到实处，也才使得德胜这个组织的科学理性成为人们的共识而最终得以确立。

二、制度理性建设——一切按制度办事

将人们组织起来做事是企业的本意，但是企业又同时必须面对这个问题——如何管理这群人本身？因此除了程序管理和科学理性，组织还必须确立制度理性。

谁都知道"没有规矩不成方圆"，谁也都知道"制度最难的不是制定，而是行之有效地执行"。但如何才能做到？德胜在这方面的管理创新，也为许多其他中国企业提供了一种示范和参考。在德胜，每年因违反制度而受到处罚的人大约在5%～10%，总体来说非常少，而且整个组织时刻都处在制度执行状态。例如，德胜木工学校还有过这样的事情，20多人先后举报同一违规行为，而没有一般公司常见的"事不关己，高高挂起"现象。

德胜是如何做到的？这取决于它三权分立的管理思想、独特的制度结构、组织结构及其机能设置。还有最重要的就是，其制度建设背后的立法精神。

制度理性建设之立法

首先，在立法方面，德胜坚持的是制度宁可少写，也绝不多写。制度设计总体上有两种思路，一种是尽量多写，面面俱到，铺得很开，但到底能不能执行到位，考虑得很少，反正多比少好，说了就等于做了，强调了就等于做到位了；另一种是宁愿少写一点，但写一条就是一条，写一条就能执行一条，以后再逐步完善。德胜选择的是后者。

聂圣哲谈到,"我们德胜要坚决杜绝做出一些不能实施的东西来,包括规章制度。希望大家把规章制度里边不能实施的东西提出来,如果有,我们就把它抽掉,不要叫它丢人现眼。做不到的事情就不要写进去。我们就是要不断使我们的制度精确化"。同时,聂圣哲又在会议上号召大家,如果认为规章制度中有不合理的地方,可以写信给他,也可以往公司邮箱发邮件,这样把话都说出来才利于制度的优化和执行。

德胜在创业之初就有写在活页纸上的制度规定,到2004年的时候,慢慢形成了39页的公司制度。聂圣哲说,这些都是他一点一滴写出来的东西,里面凝聚了很多时间、汗水和做企业的思考。

德胜的《员工手册》目前已经有200多页了,这是德胜制度理性文本建设的集中体现。它主要包括四个部分:①规章制度(72页);②有效教育(17页);③参考美文(158页);④圣哲小语(10页)。这本手册德胜员工人手一册。

其次,制定了制度文本,并不等于完成了制度管理。制度如果不能落地的话,等于一纸空文。但是反过来,制度能不能被执行的关键还是要回到制度本身。许多制度之所以挂在天上,是因为制度要求本身过于笼统,没有把话说透。例如,"严禁公款吃喝",但是到什么程度才叫"公款吃喝",才需要严禁,模棱两可。因此就容易形成灰色地带,这是造成法无定法、法律权威性丧失殆尽的源头问题。德胜的办法是在立法阶段就尽量给出可以衡量的标准,尽量细化、明确化,这样就给执法和司法减少了困难和留足了本钱。

例如,德胜要求员工不得接受客户的礼品和宴请,那么怎么衡量呢?"不得接受20支香烟以上、100克酒以上的礼品,以及20元以上的工作餐,违者属于谋取非法收入,一经查实立即开除。"再比如,德胜不要求员工上班打卡,但要求上班时间必须满负荷工作。那什么才叫满负荷工作呢?"工作中闲聊、哼小曲、吹口哨不行,每次要罚100元;工作时不带笔记本的每次罚20元;对客户的问题不解释、不解答、不落实，对上级布置的任务、同事拜托的事情无回话的，每次罚 50～500 元；有意怠慢工作或工作不努力的解聘；发现隐患不立即上报的，每次罚 50～500 元；应急情况，未交接好手头工作又没向公司报告的，每次罚款 50 元……"

可以说，正是因为有了这些制度细则的存在，才把立法和执法、司法紧密地衔接起来。

制度理性建设之执法

同时，德胜的《员工手册》中还包含大量的执行与司法程序，例如，奖惩条例、权力制约规则、财务报销规则、采购规则、复训制度、反腐公函、听证会制度等。

例如，我们仍以"员工不得接受客户的礼品和宴请"为例，谁来进行监督和检查呢？如何才能保证这则条款能够被落实和执行呢？对采购人员，如何才能限制他偷拿回扣呢，尤其是主动送上门来的行贿？德胜的做法是由人力资源部向所有的约 200 家供应商和合作商寄发反腐公函及反馈表，半年一次，雷打不动，邀请其共同监督和管理德胜员工的行为。再比如，如何才能察觉员工在工作中开小差、不认真负责呢？除了身边同事的眼睛，德胜还安排了巡视员、制度监督员等，使制度要求随时处于可执行状态。

可以说，德胜在设立制度的时候，时刻在思考的是如何才能得到信息反馈，如何才能使违规行为被暴露出来，以及制度如何才能执行和如何进行监督检查。如果说许多公司是把 3 分的力气放在制度要求条款，2 分的力气放在实施执行细则，1 分的力气放在监督检查程序上，那么德胜的做法似乎刚好反过来（见图 6-2）。所谓"结构决定功能"，正是因为这样的"制度结构"，才使制度被拧干了水分，企业得以从"人治"走向"法治"。

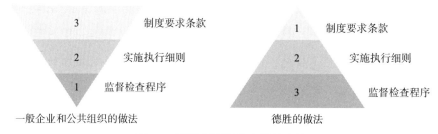

图 6-2 两种制度结构安排的比较

另外,德胜还在组织结构上做出了安排,其在执行部门之下设立了单独的督察部,人员包括公平公正官、神秘访客、巡视员,以及质量督察员和制度督察员。这其中尤为重要的是两类督察员,他们的职责就是维护制度不折不扣地被执行,他们是德胜制度的保护神。德胜每年处理的违规案件,有一半以上是督察官查出的。可以说,很少有违规现象能逃过他们的眼睛。而德胜的督察工作之所以成效显著,主要得益于以下三点。

(1)选用特殊性格的人担任督察官。德胜的督察人员约占员工总人数的1%。在人选问题上,德胜特地挑选那些做事客观,遇事很难有商量余地,没有溜须拍马及欺上瞒下习惯和经历的人担任督察官,他们对质量标准和制度执行的要求近乎苛刻,对自己岗位工作有高度的责任心,认为制度有不容侵犯的神圣感。

(2)保证督察官具有崇高的地位和权力。德胜督察官享有施工总监的待遇和地位,其权力崇高至上,被督察的人必须主动配合,不能有任何消极与抵触情绪。在督察官面前,无论是工人、干部还是老板,没有等级之分,只有遵守和不遵守制度之别。德胜《员工手册》做出规定:在督察人员的心目中永远没有伟人、英雄与凡人之分,而只有遵守与不遵守制度的职工之别。我们在调研期间也注意到,督察官的工牌上特别印有一柄"尚方宝剑",意味着德胜的制度督察官与质量督察官有着崇高、不可侵犯的权力。

(3)对督察官进行特殊保护。由于督察官是个特殊岗位,也是高危岗位，因此，德胜对督察官有一些特殊保护措施，并给予一些特权。如果督察官违反制度，公司不得随意立即开除，应视其错误的严重程度，在其做出书面检查后，给予降低信用等级或调离督察岗位的处罚。在其有悔过表现的前提下，可再次担任。如实践证明其不适合从事督察工作，可调离督察官岗位，让其从事其他岗位工作或解聘。解聘时，要发足2年工资。

德胜在《员工手册》中规定，督察人员还有一项权力，即督察官在履行职责时，有时会与自己的上级甚至公司的最高决策层发生冲突，此时对督察官的权力和利益的保护尤为重要。如果上级违背"质量问题不可商量"的原则，督察官因坚持原则遭到解聘或开除，公司要付足5年的工资，并鼓励其向政府、客户、媒体告发。这在德胜被称为"权力制约规则"，这项规定实际上也是公司领导人做出的承诺和自我约束，因为在制度执行过程中，上级和领导人的例外行为往往是对制度权威和制度尊严的最大伤害。

德胜的组织结构特色，如图6-3所示。

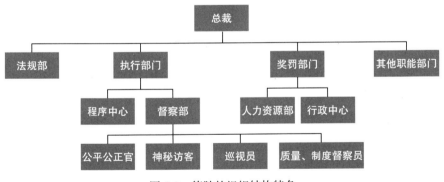

图6-3　德胜的组织结构特色

注：令人奇怪的是，它并没有传统意义上的设计部、采购部、施工部等，而是将这类部门统称为"其他职能部门"。德胜认为，法规部、执行部门和奖罚部门才是公司的核心部门。这一设置完全遵照三权分立的思想，将立法、执法、司法分开。这一结构也不禁引发我们的思考：到底什么才是德胜的产品？

制度理性建设之司法

人力资源部主要承担着德胜的司法职能，之所以做出这样的安排，也是为了将执法与司法严谨地分开，形成一定程度上的权力制衡。

德胜在总体的人员管理上，参照欧美企业较为通用的"1855规则"，即全公司员工按100%计算，10%的员工到年终要进行重奖，80%的员工工作情况予以肯定，5%的员工要受到批评，最后5%的员工要被解聘。这其中两个5%的员工被处罚的依据主要来自日常的违规记录，由人力资源部统一记录在案，年底最终考核。

对于因平时违反制度而年终考核不合格的人，公司允许这些员工外出打工一年，体验外面社会的现实，公司为他们保留一年工职、工龄，到时愿意再接受公司的制度管理了，还可以申请回来，这叫"吃一年苦工程"。在这方面，德胜对自己的管理显示出相当的自信，而确实也有不少员工申请重新入职。

对于要解聘的员工，德胜首先将启动"解聘预警"程序，也就是黄牌警告，提醒员工违反制度的严重后果，同时对认错态度较好的员工，也再给一次机会。解聘预警下发后，如果依然我行我素，拒不悔改的，将被正式解聘，相当于红牌被罚离场。如果被解聘预警和被解聘的员工能不断给公司写信，对以往表现进行深刻反省，认识到并纠正自己的错误与不足，保证日后更努力工作和重新塑造自己，公司会根据这段时间的观察和评价再决定是否延期执行或取消解聘。因此也看得出，德胜的制度执行虽然比别的公司严厉，但只是为了一种"教化过程"，追求的是员工内心的改变，处罚不是公司的真实用意。

德胜做出的所有奖罚事项全部公示，干部员工一视同仁，这被称为"德胜公告"。奖罚文件采用传统的竖排格式，标准文体，每一件都加盖公章。德胜公告不止总部一处能看到，各处、各工地都有，广而告之，消息全流通。这种奖罚公布方式让当事人内心深受震动，足以使其印象深刻。

实际上事后处罚除了彰显制度的威慑力之外，也解决不了太多问题，关键的是事前管理，功夫都下在平常。在这方面，德胜独创性地发明了制度学习会。德胜人每月1日、15日都要组织学习制度，这样一年就是20多次。可以说，德胜对制度学习的重视程度，高于工作。上班可以请假，制度学习一般不能请假。员工不许带病坚持工作，但允许带病参加制度学习。上班不用签到，但制度学习会必须签到。

我们在德胜采访期间，也亲历了4月15日的制度学习会。傍晚6点半开始，时间大约半个小时，学习的内容是《员工手册》中的一部分内容，学习的方式是像击鼓传花那样，每个人读一句话，每逢逗号和句号就轮到下一个人。之所以采取这样的方式，也是不断摸索出来的。一开始是由主持人读，大家听，但是显得枯燥、单调，也有人溜号，而一人读一条的方式使每个人都不敢怠慢，大家都会全神贯注、集中精力，以免轮到自己读时脱节。

这样的制度学习会一般一次读完一个章节，结束后还会有员工主动报名，跟大家分享一些安全、卫生方面的小知识，例如4月15日这天分享的内容就是如何预防禽流感。而在严肃紧张的制度学习会之后，公司还就地安排了团结活泼的物品拍卖会，这样既起到了学习的效果，又能让每次学习活动都能在快乐的氛围中结束，可谓用心良苦。

德胜的物品拍卖会也尤为值得一提。制度规定"员工不得接受客户的礼品和宴请"，但是每年都有一些客户和友人出于感激和欣赏，给德胜及其员工赠送各种礼品，怎么办呢？德胜的办法是，首先把礼品收受情况以简报形式公之于众，然后把礼品拿到公司内部拍卖会上进行拍卖，所得款项全部捐献给长江平民教育基金会。

这样的安排可谓一举多得，既恪守了制度，表达了反腐的决心，杜绝员工的受贿现象；也照顾到了客户的一片心意；员工又能以低于市场价的价位拍得物品，得到实惠；同时，又做了一次慈善，让员工为自己的良知而感到自豪和有社会尊严。这样的设计可谓巧妙！这也能让所有人都充分感受到这是一家"用心"做管理，"用心"做制度的公司！可以说，德胜的制度理性是在充分考虑了人性的基础上建立的，也因为兼顾人性而更加坚实。

三、道德理性建设——一切按文化办事

许多人都问过这样的问题：管理到底是不是一门科学？不论学者的回答是什么，真实的管理世界并不是一个可以独立于人们心灵之外的物理世界，管理世界"真实而客观"的图景是由人们共同的自由意志创造的。一家公司的管理体系，本质上是一套用于指导本企业管理实践的"公理体系"，并不完全合乎科学，也并不会完全符合实证逻辑。因为除了"科学理性"与"制度理性"之外，它还包含着"道德理性"的因素。这种管理实践的有效性，在很大程度上取决于管理者的品格、才干，以及组织成员在道德信仰上的一致性。

聂圣哲说道："每个员工时时刻刻都要明白一个大道理，你选择了德胜，你就应该有一种'嫁鸡随鸡，嫁狗随狗'的精神，就应该对德胜的理念和制度有一种盲从。"换句话说，一个企业的管理体系很难放之四海而皆准，它是具体而特殊的，这其中包含着精神、心灵的元素，其有效性直接跟一个群体的"认定""接受""同意""相信"等密切相关。

许多企业都想到了要重视程序，建立起做事的科学理性，但是忽略了心灵的力量，方式和姿态就会显得太过强硬，不够智慧和柔软。这反倒容易让一些觉得劳资双方天然对立的工人更加逆反，认为这不过是管理者的一厢情愿。这些企业没听过或忽略了戴明的告诫：质量管理必须以人为本，要使员工感到以工作为荣，以技术为荣，感到自己很重要。

许多企业也都想到了要重视制度，但因为没有植入管理者足够多的善意，以及片面想缩短过程，一时间将管理双方的关系搅成了猫鼠游戏。但是一个好的组织必须成为一个共同体社会，否则貌合神离，这场猫鼠游戏永远都完不了。这些企业也许还没体味到，制度是一种约束，也是一种终极的人性关怀；一个坏的制度会让好人之间也相互伤害，而一个好的制度要天然地具有一种道德的感召力，让坏人也心向往之；它是一

种文化，随风潜入夜，润物细无声，进到人们的心里，最终变得自觉自愿，自动自发。

德胜是一家在管理上很有境界的公司，这集中体现在它的道德理性建设，主要可以归纳为两点：敬业精神与君子文化。我们先说敬业精神，再论君子文化。

道德理性建设之敬业精神

德胜的员工主要分为两类，一类是工程人员，即木工、油漆工、泥瓦工和水电工等施工人员；一类是行政人员，包括行政管理人员和行政服务人员。德胜在用人导向方面体现着强烈的内部性，重视自主培养，倡导长期雇用，人数总体稳定。工程人员的来源主要是德胜–鲁班（休宁）木工学校，也就是说，几乎所有的木匠都是由公司自己培养的。行政人员的来源主要是内部推荐和毛遂自荐，但所有人都要在管家中心进行三个月的岗前培训。

德胜–鲁班（休宁）木工学校是聂圣哲和家乡休宁县政府合办的一所"德胜平民学校"，学员大多是农村、贫困家庭的孩子。学员入选条件为：家庭成员一要勤劳，能吃苦；二要厚道、诚实，不能有打牌赌博、偷盗等不良行为。同时，学费远远低于培养费用。

也是农村苦孩子出身的聂圣哲认为，办学的目的就是"让贫困的学生能上学，接受良好的教育"。而在教学方法上，木工学校秉承陶行知"生活即教育"的理念——"先做人，再做事"，一方面重视劳动实践，一方面强调文化品德。校长张晓琳也曾谈到，"所谓平民，就是一个平凡的公民。平民教育就是在心理上灌输平民意识，从小培养劳动意识和敬业的劳动习惯，在传授文化知识的同时培养学生对社会的责任心"。

这所职业学校的学制是3年，前2年在校学习，第3年实习，学生毕业的"论文"是独立、纯手工制作一张八仙桌、两把太师椅。学校的校训是"诚实，勤劳，有爱心，不走捷径"，这也是德胜的价值观。每一个原本从深山沟壑中走出来的孩子，毕业的时候都会参加有多国使领馆官员出席的、隆重而声势浩大的毕业典礼，穿上"匠士服"，领到"匠士毕业证书"——这是聂圣哲与德胜的原创。这所学校的毕业生人人都能背下来这句话："我不认为一个平庸的博士比一个出色、敬业的木匠对社会的贡献更大。"

2005年6月24日对匠士程志文来说是一个终生难忘的日子，这一天他光荣毕业了，他在毕业发言中说道："今天是个无比幸福的日子——我们这群山里的孩子就要从德胜-鲁班（木工）学校荣耀地毕业了。有这么多来宾，还有我们的亲人前来出席我们的毕业典礼，和我们一起分享成功和快乐！最让我们自豪的是，我和我的同学刚刚拿到同济大学德胜住宅研究院院长徐政教授亲手颁发给我们的匠士学位证书，这是多么激动的时刻！可以说，我们创造了两项中国第一：中国第一批获得匠士学位的学子！中国第一批科班出身的木工手艺人！"

可以说，德胜正是通过这样的人才培养，让自己的工程人员很早就感到了"劳动最光荣"，感到了木匠工作的荣耀，并期许自己能够成为鲁班那样的能工巧匠。

而对于每一个行政人员来说，他们在正式上岗之前都要在管家中心度过至少三个月的岗前培训，实际上就是做服务人员，负责室内外清洁、帮厨、园林绿化等工作。别看这些工作简单，但是要把这些简单的工作做好、做到位，并不简单。

例如，德胜对工作标准的要求极高，以室内清洁来说，它要达到五星级标准，甚至还高。没人住的房子，也要清扫得一尘不染。卫生间镜子和水龙头上不能有水迹，要发亮。卫生间里不能有一根头发。

再比如，在德胜每做一件事，教官都要求受训者严格按程序做，就连洗马桶也有程序。清洁马桶有6个步骤：一倒——在马桶内上沿均匀地倒一圈"威猛"洗洁剂；二泡——让洗洁剂浸泡10分钟，此时可先擦卫生间的隔离门、洗手池等；三刷——用毛刷刷干净马桶；四冲——放水把马桶冲干净；五湿擦——用湿布将马桶内外及踏脚处擦一遍，放刷子的底座内的水也要擦干净；六干擦——用干布把马桶外围及桶内水线以上部分的水迹擦干。

可以说，德胜的培训内容并不是工作，而是工作态度，这些培训很可能与未来岗位的技术、技能无关。但是德胜认为，勤劳、敬业的工作态度，远比工作知识、能力重要，而勤劳的最佳状态，就是"认真"二字。德胜并不过分重视工作速度、数量、效率，而是极端重视工作质量，不求快、只求好。可以说，德胜培训的唯一内容就是"认真"，认真＝按程序办事。

聂圣哲谈到，"对于35岁以下的人，无论你什么学历和来历，都必须从打扫卫生开始。通过打扫卫生，就可以知道为什么许多人连玻璃都擦不干净，也就知道把每一个细节都做好、把每一件事情都做到位真不容易"。

而德胜也正是通过这些方式，牢牢把住了人才关。联想公司有"入模子"的说法，海底捞有"造人"的说法，而德胜的木工学校和岗前培训，结合其独特的管理制度，塑出了自己的模子，造出了合格的"德胜人"，也把它对科学理性的追求上升到了道德的高度。

道德理性建设之君子文化

德胜《员工手册》的扉页上写着一则"重要提示"：一个不遵守制度的人是一个不可靠的人！一个不遵守制度的民族是一个不可靠的民族！制度只能对君子有效。对于小人，任何优良制度的威力都将大打折扣，或者是无效的。德胜公司的合格员工应努力使自己变成君子。

德胜非常清楚，制度必须上升为一种文化才能真实有效。企业文化中心总经理赵雷在与我们的会谈中说道："文化是制度的内涵，制度是文化的外显。在这方面，德胜公司的管理有两个特点：第一，制度是文化落地的重要保障，在德胜，制度必须强制执行；第二，企业文化融合在制度中，制度可能会冷酷无情，但同时要体现出关爱。"

德胜认为，其组织管理之所以行之有效，靠的就是完全融合和渗透着企业文化核心理念的制度。德胜认为制度的目的：既是通过制度解决企业存在的实际问题，又是通过制度激励人善良、正义，也遏制人野蛮、作恶，从而推动人类共同文明。在赵雷看来，"制度与文化的平衡所体现出的法律形态、组织形态和运营形态，使德胜的企业管理取得了非常高的成就"。有两个小故事，或者说是管理办法，再好不过地对这方面进行了形象说明。

报销不用上司签字

在德胜，员工的报销过程是这样的。你走到出纳员的办公桌跟前，递上材料，说明需要报销的费用。出纳员微笑而礼貌地接过材料，说"您请坐"，然后立即站起身，认真严肃地宣读《严肃提示——报销前的声明》：

"您现在所报销的凭据必须真实及符合《财务报销规则》，否则将成为您欺诈、违规甚至违法的证据，必将受到严厉的惩罚，并付出相应的代价，这个污点将伴随您一生。

如果因记忆模糊自己不能确认报销凭据的真实性，请再一次认真回忆并确认凭据无误，然后开始报销，这是极其严肃的问题。"

然后，出纳员坐下开始办理报销操作。这时候你坐在出纳员的办公桌前，还会注意到桌上立有一块很精致的牌子，大约32开纸那么大，上面写着与刚才宣读内容一样的文字。

对于几乎任何一家企业来说，财务报销都是一个管理的死角，是令人头疼的问题。为什么德胜的员工报销不用上级签字？为什么它要这样管？实际上别有深意。

德胜认为，报销费用发票是真实还是弄虚作假，纯属个人信用问题。

既是个人问题，理应由个人承担责任。让上级签字，实际上是委托上级来担保下级的个人信用，用上级的权力来承担下级的信用风险。因此，废除上级签字，让个人担保自己的信用、承担违规风险。这样制度的约束力反而更大，个人填报发票时会更加真实、负责。

这种报销制度的背后，也是在展现公司对员工的信任，在激励和培养员工的诚实品德，将每个人内心向善的一面呼唤出来。但又不会因此失控，公司还有一道"个人信用系统"作为底线和保障——所有报销凭证都会输入公司的"个人信用计算机辅助系统"。如果发现异常，就会对该员工的报销凭证进行调查，平时调查部也会对员工报销凭证进行抽样调查——这样就使个人自我约束的主动性与纪律制度约束的被动性有机地结合起来。

德胜通过这样的方式达到了无为而治——近年来报销发票上没有出现过故意欺骗行为，所以你会发现，还真是这样：管理是对人性的利用，也是对人性的挑战。

让农民工享受五星级酒店待遇

从 2002 年开始，德胜每年年底都会在苏州最豪华的五星级酒店——喜来登大酒店、凯宾斯基或世尊酒店举行一年一度的盛大晚会。除了留守人员外，几乎所有建工工人都要在苏州团聚。当德胜第一次举办这一活动时，酒店方曾经非常担心：几百名农民工在这样高档的酒店里狂欢会不会闹出一些尴尬的事情？

然而，实际情况令人大为惊讶，这些农民工的行为之端正超过了酒店所接待过的某些干部。几百人的宴会厅里，一切井然有序，所有的农民工都衣着得体、彬彬有礼、自然大方。酒店的经理也忍不住称赞他们是"民工的面孔，绅士的风度"。

把这么多农民工请到五星级酒店举办年末晚宴，这在企业界可算是一大奇观。但是德胜舍得花这个钱，因为聂圣哲认定，他就是要努力为自己的员工营造一个充满爱的精神家园，就是要让每一个员工在五星级酒店里感到做人的尊严与平等，自豪与荣耀。没有自豪感的人是做不好本职工作的，没有荣耀感的人是没有自信的。

所以你会发现，企业的人性面是管理的核心命题，管理的效力永远都无法摆脱领导人的人性假设而孤立存在。企业的制度和管理，是建立在爱的基础上，还是建立在恨的基础上，这是一个至关重要的命题。企业的社会责任首先体现在对员工的责任上，好的企业要为员工的人生修为提升负责；在没有管理者善意的组织平台上，没有人愿意付出更多。

德胜就是通过这样的方式，完整地将一个组织的科学理性、制度理性、道德理性，点滴渐进、相互重叠地搭建起来。这三者之间相互补充，形成联动；构成闭环，彼此强化，从而使德胜的管理逻辑得以自洽，最终确立起一个企业的组织理性。

德胜组织理性建设的内在逻辑如图 6-4 所示。

图 6-4　德胜组织理性建设的内在逻辑

总结：如何做到无为而治？这需要一个企业家在时间的长河里，倾其心血，为其组织赋予程序、规矩和心灵的力量。亚里士多德在《形而上学》中说过，"所有的事物都是为着一个目的而具有某种秩序"，而德胜的所有管理秩序统一于它的组织理性建设。

| 第七章 |
··· CHAPTER 7 ···

韩都衣舍：小组制背后的组织能力

案例背景

我是在2014年秋天，在上海的一个电商论坛上认识赵迎光的。此前，我只是对韩都衣舍有个模糊的印象，我不属于它的目标客群，也从没买过它的产品。但我至今都记得当时的场面：赵迎光登台时，全场起立，热烈鼓掌，他就像这群创业者的英雄。

赵迎光是1974年生人，那时只有40岁，但头发已经白了大半，看来做电商真的很熬人。那时韩都衣舍已被誉为"互联网快时尚"第一品牌，但赵迎光的气质却很难让人跟"时尚"产生自然联想。他看起来像极了《灌篮高手》中的安西教练，有明显的双下巴，还有点娃娃脸。

随后我得知，赵迎光的确不是做品牌出身的，也不是设计出身，这两方面都不是他的强项。换言之，他不是一个业务能手，而是一个组织高手，更多是以组织为手段来驱动企业成长。那时韩都衣舍已有10余亿元年营收了，是行业中当之无愧的黑马。在晚上的一个小型聚会中，赵迎光的一番话更是让我印象深刻，他特别谈到"老板要有守弱的心态"。

"在很多时候，如果你作为老大，就不能太看重面子。合伙制企业最怕的是，我今天站在这儿，大家都知道韩都衣舍赵迎光，但是我背后的那5个人，大家都不知道他们的名字，看到照片都不认识。你老大已经得了名了，利也一定少不了，那你还要面子干什么？还要权力干什么？我私下里回家自己算了一个账，自己从企业得到了什么，其实背后的感受更重要。你要尽最大的力来体会合伙人心里的感受，包括他们家人的感受。把最大的面子给他们，能给的都给。

"包括开很多会，我也有办公室，和他们的都一样大，这个会议和谁有关，我就会把人拉到谁的办公室里开。开会的时候，我们坐会议桌，惯例是老大坐中间，但是我们有规矩，谁的专题会谁是老大，谁坐中间，我就坐旁边旁听。"

赵迎光认为，韩都衣舍能有今天，他的合伙人团队是排在第一位的要因。反过来我也认为，很可能正是赵迎光的这种心态，能把这么多优秀的合伙人聚在他的身边。

自此之后，我便对韩都衣舍的内部管理产生了浓厚的兴趣。当时几乎所有的报道都专注于韩都衣舍的小组制，甚至认为这是互联网时代的"阿米巴"，但我意识到，小组制是一种明显的"分的逻辑"，但公司还必须有"合的逻辑"。小组制是百花齐放、各显其能，这的确有助于解放生产力，所谓"激活组织"；但如果只有小组制，那无异于一块牌子下的个体户，事实上是以包代管，无法形成管理上的经济性，不利于市场竞争。

因此我认为，"韩都衣舍的小组制，到最后考验的都是集成式管理、职能部门的支撑力"。这篇案例文章发表于2015年5月的《商业评论》。现在看来，这一判断是对的。

那时我还策划了《赵迎光说韩都衣舍》一书，该书较全面地再现了赵迎光在创业不同阶段对企业核心问题的思考。2015年8月，由机械工业出版社在北京召开了新书发布会。⊖后来，韩都衣舍的发展日趋稳健。现在想起来，我们在那段时间刚好见证了它的蓬勃生长。

放到现在，韩都衣舍的成长史依然是一个极好的关于事业部制管理的案例。更准确地说，小组制是一种"不完全事业部制"，它没有做到彻底的"麻雀虽小，五脏俱全"，而是把供应链、IT、仓储、客服等职能抓在公司手里，实现了"统分结合"，属于典型的直线职能制与事业部制之间的过渡形态。随着子品牌的进一步做大，它必然要进行剥离，向更为彻底的"以结果为导向的组织设计"靠拢，否则，各子品牌很难独立赢得市场竞争，很难真正长大。

我们不能否认小组制的成功。事实上，正是小组制让韩都衣舍乘势而起，捕捉到了时代机遇，并及时建立起了相应的组织能力——赵迎光一直对此有清晰的认识，他必须赶在国际大牌完成电商转型前，建立起自己的品牌。但另一方面，每一种组织设计，有一利就有一弊，我们尤其要注意到模式背后的"适用性条件"，否则你认为的激活组织、激活个体，很有可能刚好帮了倒忙。我们在案例结尾处会再次谈到这一点。

案例正文

即便到现在，仍然有许多人没有听说过韩都衣舍，就像半年前的我。这或许刚好折射出互联网时代的某种特点——每个人都在上网，却居住在不同的空间。市场区隔变得越来越明显，你的世界不等于我的世界。但在很多电商人眼里，淘品牌韩都衣舍和它的创始人赵迎光，就像消费

⊖ 在策划《赵迎光说韩都衣舍》的过程中，有一件小事令人难忘。该书收录的是赵迎光自创业以来，在各种不同场合的演讲，然后再加以汇编。为了呈现这中间真实的历史过程，我们甚至有意保留了前后不一致或重复的部分，以展现创始人对自己想法的修正，以及一以贯之的思考。赵迎光也对这一做法表达了充分的理解与支持，中间几乎没有提出过异议。但在全书即将付梓之际，赵迎光只提出了一处改动意见：将全书所有涉及联合创始人的部分，统一改为6人。实际上，除赵迎光以外的5位联合创始人，的确是陆续到齐的，而且其中1人比其他人都还要晚一些。但赵迎光执意如此，以防止产生不必要的误解，由此也可以看出赵迎光对联合创始人的尊重。

电子领域的小米和雷军,都是传奇般的存在。

2008年春天,在济南,赵迎光带着7000块钱开始了韩都衣舍的创业之路。此前,这位电商老兵已经在网购领域摸爬滚打了7年,卖过汽车用品、母婴用品等,但结果却不尽如人意,团队只从1人做到7人。赵迎光后来感慨这段经历时谈到,"太多的事情想不到,想到的事情想不透,想透的事情是错的"。而2007年年中,在与韩国Tricycle快时尚女装公司接触的过程中,赵迎光意识到,做女装才是更合适的方向,于是开始了二次创业。

事情远比想象的顺利。如图7-1所示,2008年年底,韩都衣舍的销售额做到了300万元,2009年1200万元,2010年8700万元……滚雪球似的,2014年年底,该数字已达到15亿元,员工数也从第一年时的40人增至2600人。2014年"双十一",韩都集团的销售额一分钟破了1000万元,六分钟破了2000万元,十分钟破了3000万元……早上5点22分破亿元,早上8点突破去年的销售额1.13亿元。最终收于1.98亿元,领先服装品类第一名优衣库9000万元。截至2015年1月,韩都衣舍在线上正式运营的子品牌已有16个,加上已正式立项的共有22个。

◆ 从数字看韩都衣舍
— 2008年　销售额300万元　员工40人
— 2009年　销售额1200万元　员工200人
— 2010年　销售额8700万元　员工400人
— 2011年　销售额2.8亿元　员工1100人
— 2012年　销售额5.6亿元　员工1200人
— 2013年　销售额10.5亿元　员工2100人
— 2014年　销售额15亿元　员工2600人

图7-1　从数字看韩都衣舍

更为难得的是,韩都衣舍在经营过程中找到了一套适合自身发展的管理模式,这便是在电商圈里被传得赫赫有名的"以小组制为核心的单品全程运营体系",简称"小组制"。这一模式将传统的直线职能制打散、重组,即从设计师部、商品页面团队及对接生产、管理订单的部门这三部中，各抽出1个人，3人组成1个小组，每个小组要对一款衣服的设计、营销、销售承担责任。相应地，小组提成也会根据毛利率、资金周转率计算。

毫无疑问，这种划小核算单元、责权利统一的方式，更有利于激活每个小团队的战斗力，也很吻合韩都衣舍"快时尚"的定位，其收效是显著的：2014年，韩都衣舍内部已有267个小组，在他们的努力下，主打品牌HSTYLE女装推出2万款新品，全公司推出3万款新品。这等于说平均下来，韩都衣舍在每个工作日会推出100多款新品，每个小组每年要贡献100多款新品。相较而言，ZARA每年推出约1.8万款新品——如果仅以速度和款式数量论，韩都衣舍的成绩单甚至比快时尚领域的领导品牌ZARA还要出色。

或许也正因如此，韩都衣舍的小组制吸引了越来越多人的注意，甚至为许多企业的组织变革指明了一条方向。但直到走进韩都衣舍，跟赵迎光先生及其他高管展开对话后我才意识到，韩都衣舍的单品全程运营体系的真正过人之处，不仅在于小组制及为小组制提供服务的公共部门，还在于韩都衣舍形成了过硬的服装品类管理能力。

如果说，小组制更像顺势而为的机制设计，那么，这种管理能力的发育则更像回归本质的内功修炼，它会让企业走得更远。

此外，调研韩都衣舍也让我体会到，这一代电商人，也是第一代网商企业家，由于他们所面对的经营环境、管理环境已不同于以往，有时候甚至是全新的，很难有成型的经验去指导他们，因此必须边打仗，边总结，边证悟。他们的思考带有明显的探索性，可能未必成熟，但在若干年以后，也许会成为互联网时代管理理论中的一部分。

一、欢迎来到电商现场

进入韩都衣舍，最先注意到的是全智贤和安宰贤的人形立牌，他们分别代言女装品牌HSTYLE和男装品牌AMH。2014年4月和10月，韩都衣舍先后签下这两位韩国明星，让淘品牌更有调性，按赵迎光的话说，"要么就请一线的，要么就不请"。

2015年3月20日，韩都衣舍又签下有"亚洲女神"之称的韩国明星朴信惠，在一年之内揽下三位国际明星做代言，从一个侧面显示了韩都衣舍的品牌决心。

韩都衣舍的办公区比我想象的更"热闹"一些，散乱地放着各种各样的衣服，成堆的、成片的。员工普遍非常年轻，彼此间的交流频繁，大多数透明落地玻璃的会议室里都在开着小会。比较有意思的是，这里的会议室都用名山命名，而所有员工都要以《本草纲目》中的药材为花名，接待我们的这位员工的花名是"海龙"，而赵迎光的花名是"百两金"。

许多淘品牌公司都有这种花名文化，几乎都是受到阿里巴巴公司武侠文化的影响，倒也确实容易令公司氛围更为活泼、有趣。

其实每个有历史的企业都是有自己的文化的，只是或明或暗。企业文化看起来很虚，却实实在在地存在着，它就像气味一样，是能够闻得到的。在楼道里的一幅海报上，我"闻"到了韩都衣舍的独特的企业文化。

这幅海报名为"需要志同道合的你，一起创造奇迹"，海报内容是模拟微信对话框的两个卡通人物之间的对话，内容如下。

A：你"造"吗，尼班诗有童装啦？

B：啊～叫啥？

A：honeypig，正在招人呢！怎么样，去试试？

B：转部门，不好吧？

A：有啥不好的，不想当选款师的制作不是好运营！新品牌，多有挑战性～

B：行，去试试～都有什么岗位？

A：我截图给你哈～

A：招聘岗位……

B：怎么联系啊？

A：就在 12 楼 NB 事业部哦，可以联系山葫芦，QQ……

这则招聘海报看似寻常，但实际上折射出了公司内部的管理状态。与 267 个小组每年推出 3 万款新品相对应，团队间的竞争也是激烈的，人人力争上游。因此，与许多公司重视外部劳动力市场不同的是，韩都衣舍非常看重内部劳动力市场，鼓励员工在不同部门、岗位之间相对自由、轻松地流动，这是企业文化的一种体现。

赵迎光谈到过，不少人问他，韩都衣舍小组制是怎么淘汰人的？这些小组中一定有做得好的，也有做得不好的，究竟是怎么淘汰的？但其实公司没有淘汰机制，小组的新陈代谢是自然实现的，即"产品小组更新自动化"。原因在于，公司每天都会公布"每日销售排名"，小组间"比学赶超"的氛围就会很浓，同时公司又在激励上给予倾斜。这样，做得好的小组形成示范效应，同时也会有组员提出要独立出来单干，而做得差的小组中的组员就会跟过去，即小组间形成了自由组合。为了避免"教会徒弟饿死师傅"的状况发生，防止不必要的细胞裂变，韩都衣舍又给出规定，新小组要向原小组贡献培养费，比例是奖金的 10%。韩都衣舍小组制的运作规则，如图 7-2 所示。

◆ 小组的责、权、利
— 责任：确定销售任务指标
　• （销售额、毛利率、库存周转）
— 权利：①确定款式
— ②确定尺码以及库存深度
— ③确定基准销售价格
— ④确定参加哪些活动
— ⑤确定打折节奏和深度
— 利益：业绩提成
—（销售额－费用）× 毛利率 × 提成系数 × 库存周转系数（销售额完成率）
— 产品小组更新自动化
— 每日销售排名
— 新小组向原小组贡献培养费（奖金的 10%）

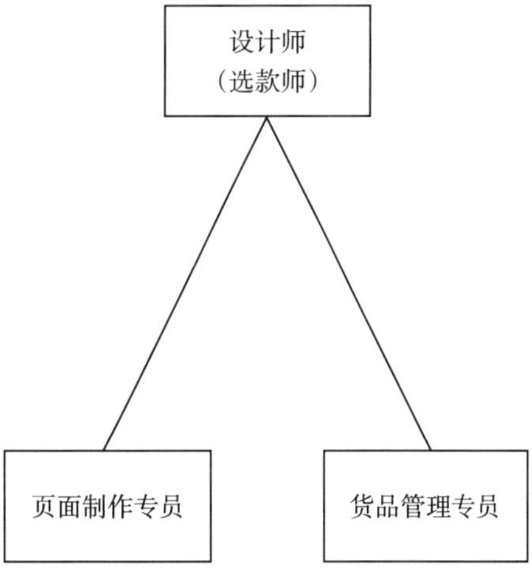

图 7-2　韩都衣舍小组制的运作规则

由此可见，组织机制与企业文化之间是双生互动的。机制设计需要思虑周全，方方面面都要兼顾，在辩证中寻找平衡；而在合理的机制之下，文化就得以快速生长，这种企业文化即是员工在心理上达成的共识。在韩都衣舍，小组制既是机制，也是文化。

类似上述的内部招聘海报我还见到一例，名为"米妮·哈鲁内部招聘！'潮'快乐出发！"。具体文案是这样写的：

可还记得，刚参加工作时的雄心壮志：要得到认可，要实现价值，要成就事业，甚至要拯救世界。

后来……在一个岗位上待了太久，or 工作缺乏激情，渴望挑战自我；or 生活圈子太小，ta 怎么还不跟我表白？

亲，是时候，考虑换个"位置"了，米妮·哈鲁内部招新啦！

工作激情的迸发，职业生涯的定制，专业领域的培养，快去瞧瞧吧！

显然，这是内部抢人，跑得快的部门在向跑得慢的部门抢人。尽管这种内部流动性会在一定程度上伤到和气，但也已成为小组制文化的一个组成部分，反过来又形成了倒逼机制，倒逼每个部门都要想办法好好发展，才能把人留住。从企业成长、人才成长的角度来看，这显然是好事。韩都衣舍在6年时间里，销售额从2008年的300万元增长到2014年的15亿元。业绩成长的背后，无疑也是人的成长。

2014年，韩都衣舍正式对外宣布，公司的愿景在于"成为全球最有影响力的时尚品牌孵化平台"，使命是"成就有梦想的团队"，而战略则要"通过自我孵化和投资并购两种方式，布局各个细分定位的品牌，将'以产品小组为核心的单品全程运营体系'复制到各个品牌，在供应链、IT系统、仓储、客服四大方面提供支持，打造一个覆盖韩风系品牌群、欧美系品牌群、东方系品牌群的基于互联网的时尚品牌孵化平台"。

韩都衣舍的多品牌扩张的战略选择是审慎的，尽管早在创业之初，赵迎光就注册了20多个商标，为日后的多品牌之路早早做起储备，但直到2011年，韩都衣舍的销售额在有盈利的前提下做到近3亿元，小组制也通过不断试错、调整，日趋完善。在这之后的2012年4月，韩都衣舍才正式推出第一个子品牌AMH；当年5月，又从外部收购了设计师品牌素缕；2013年，推出韩风快时尚童装品牌米妮·哈鲁、欧美风快时尚品牌尼班诗等3个品牌；2014年，多品牌战略开始提速，全年推出了10个品牌。而最早推出的男装品牌AMH，2013年已冲到1.8亿元，2014年则做到2.3亿元，设计师品牌素缕在2014年做到将近1亿元。

韩都衣舍的楼道里，印有"成就有梦想的团队"的海报随处可见，彰显出这家电商企业的成长的力量。而在会议室里，我们也见到了高管团队，在许多电商同行眼里，韩都衣舍的联合创始人团队是可遇而不可求的，其中吴振涛、杜廷国是赵迎光的山东大学同学，张虹霞、刘军光分别是当年山东菏泽、泰安的高考状元，毕业于西南政法大学和中国政法大学。尽管学历不能作为能力的绝对依据，但这五人团队的素质之高却是令同行羡慕的。

赵迎光在开了几个会之后，终于有空坐下来交流。他穿了一件很普通的蓝色坎肩，看起来跟时尚毫无关联。他对此倒不介意，同时直言"我不懂时尚，女装、男装我根本就不了解"，一些媒体将他称为"站在门外的时尚掌门人"，这反而成了一大特色。但赵迎光在公司有着很好的人缘，也因体型微胖、擅于带人，员工戏称他"安西教练"㊀。

二、从陆地世界到海洋世界，玩法变了

赵迎光语速很快，总能马上给出你想要的答案，这一方面说明他脑筋转得快，另一方面也是因为许多问题他早已想得很充分了。

赵迎光认为，对企业来说，互联网不是多了一个渠道，事实上，互

㊀ 安西教练是动漫《灌篮高手》里的角色，随和、不容易烦恼、不气馁，是湘北篮球队的定海神针。渡边淳一称呼这种能力为"钝感力"。

联网是一场革命，传统的渠道是"陆地"，互联网则是另外的一个世界，是"海洋"。特别是移动互联网，加速了温室效应，海洋在慢慢地扩大，不断侵蚀陆地，对于大部分行业来说，特别是消费品行业来说，O2O不是 online to offline，而应该是 offline to online。

"很多线下企业，现在还在陆地上，不识水性，但是面对的现实情况是，水在慢慢地上涨，陆地越来越小，海洋越来越大。"赵迎光如是说。

陆地世界是板块区隔的，海洋世界却是水域连通、连成一片的。从陆地世界到海洋世界，因为经营环境变了，市场属性变了，所以我们最先问赵迎光的，是他对水性的理解，因为这直接影响到韩都衣舍的战略选择。

思考一：在互联网世界，到底能不能做品牌？

赵迎光谈到，大约 2008 年的时候，大家都在讨论互联网上可不可以做品牌，因为那时候还没有淘宝商城（后来的天猫），只有淘宝。

"当时大家做淘宝的时候，觉得就是在卖货，认为互联网上是出不了品牌的。有人说，你看人家国外，互联网只是卖得便宜。互联网上的品牌，最终还是会归属于线下品牌互联网化的过程。大家觉得网上出不了自己的品牌，当然，这是 2008 年之前的想法。

"后来出了淘宝商城，大家又开始讨论，淘宝商城和淘宝的差别在哪里？那时就有人说，淘宝类似于集市，而淘宝商城是个商场，商场里就会出现有品质的东西。于是，大家就开始讨论，互联网上要出品牌了。2009年，有了'淘品牌'的概念，出现了第一批淘品牌。这个概念以前是没有的，淘品牌的意思就是互联网上出来的品牌，它和线下没关系，不是居于线下的。"赵迎光说。

2008 年 4 月，淘宝商城成立。当时刚刚二次创业的赵迎光意识到，淘宝未来的战略方向是扶植品牌，于是，韩都衣舍第一批进驻了淘宝商城。可以说，抢占这一先机给韩都衣舍此后的发展带来了太多好处，而这又得益于这位电商老兵对环境变化的敏感。

像赵迎光这样的第一代网商企业家,不仅要考虑在平台上的打法,还要考虑平台本身的变化、互联网本身的特性,这成为他们思维意识中的一种习惯。或者说,想要在互联网世界生存下来的企业家,不仅要有微观思维,更要有基于互联网的宏观思维。因为这是一个流变的世界,变化本身就是加诸流动性之上的。

2012年1月,淘宝商城正式宣布更名为"天猫",淘品牌的说法也日渐被人们接受,但网商们又开始讨论,互联网品牌到底能做到多大?品牌天花板到底有多高?

思考二:互联网品牌的天花板,到底有多高?

赵迎光说,"一个互联网品牌的天花板有多高?刚开始讨论这个话题的时候,有人说线下有很多过百亿元的品牌,那互联网品牌的天花板是不是有可能到百亿元?边讨论边实践,然后我发现互联网上一个品牌做到百亿元的可能性是非常小的,或几乎不可能"。

"你是说服装行业,还是所有行业?"我问。

"就是服装。小米手机做到百亿元肯定是可以的。因为手机是标准化产品,它和非标准化产品很不一样。我们讨论的服装是一种非标准化产品,它有非常多的个性化要求,可以产生非常多不同的定位,比如我们就有日系的、韩系的、欧美系的定位,也有甜美式的、森女式的定位,实际上这种定位可以非常多。"

"互联网上的市场更容易被切分,所以线下品牌的天花板可能要远远高于线上品牌,而当线上品牌的天花板大幅降低之后,这就意味着品牌的数量会大幅增加。因为天花板都低了,就会有很多小的品牌出现。"赵迎光说。

我们了解到,赵迎光从2008年就有了做多品牌的打算,因为有不同的人群,一个品牌不可能占据所有的定位,但他只是不确定什么时候才有能力去做第二个、第三个品牌。到2012年的时候,内部管理体系逐渐成熟了,而赵迎光也意识到,马云开始提出"小而美"的理念,"千人千面"

平台发展方向也频频被提及，是时候做子品牌了。

但直到 2014 年，韩都衣舍的品牌集群战略才开始全线铺开，除了发育组织能力所必需的时间之外，市场增速放缓也是重要原因。韩都衣舍的多品牌战略，如图 7-3 所示。

韩都衣舍集团创立于 2006 年，致力于为都市时尚人群提供高品质的流行服饰。作为中国"互联网快时尚"第一品牌，目前韩都衣舍旗下拥有 16 个子品牌，凭借"款式多，更新快，性价比高"的产品理念深得全国消费者的喜爱和信赖。

HSTYLE	Soneed	AMH	米妮·哈鲁	娜娜日记	范·奎恩	迪葵纳	由鹿诰
韩风快时尚女装	韩风优雅时尚女装	韩风快时尚男装	韩风快时尚童装	韩风甜美少女装	韩风快时尚大码女装	韩风时尚妈妈装	世界风设计师女装

尼班诗	樱桃小镇	劳拉的誓约	暗码	honeypig	素缕	自古	果芽
欧美风快时尚女装	欧美浪漫田园风女装	欧美风轻奢女装	欧美街头轻潮男装	欧美风快时尚童装	东方复古设计师女装	东方禅意设计师男装	东方简约设计师童装

图 7-3　韩都衣舍的多品牌战略

思考三：从增量市场到存量市场，该怎么办？

赵迎光接着谈到，"在 2014 年的时候，整个互联网市场已经由一个增量市场逐渐变成一个存量市场，即增速明显放缓了。我们说品牌的天花板和市场的成熟度是直接关联的，一个市场越成熟，它越能验证这个品牌的天花板。去年我们服装行业里面做得最好的几个品牌，普遍都感受到了这个天花板。品牌将来肯定会有增长，但增幅会越来越慢。比如，韩都衣舍的女装做到 10 亿元，明年可能是 11 亿元、12 亿元，它不会再像以前那样翻倍增长了，那就意味着天花板开始出现了"。

"男装的天花板也是这样吗？"我问。

"相对来讲，男装和女装还是有差异的，男装的品牌接受度更高。我觉得，互联网男装的单一品牌体量一定会比女装大，因为它是把线下的整个生态结构复制到线上来，只是市场细分更碎了而已，但不会有本质区别，"赵迎光回答，"线下就是女装多、男装少，比如线下有 100 个女装品牌，对应 10 个男装品牌，线上肯定也是一样的，线上可能要有 500 个女装品牌，对应 50 个男装品牌。因此，男装单一品牌的天花板会高一点，比如线下男装可能做到 200 亿元，线上就变成 20 亿元。反正就是比例问题，道理是一样的。就像童装的天花板会更低，因为它整个市场体量小，单一品牌体量会更小。"

对市场属性的认识体现了赵迎光的市场观。这些观点未必正确，因为对同样的信息可以有不同的解读，就像日本学者石井淳藏所说的，市场是一种观念，而非事实。但这些观念可用来指导战略和开展经营活动，就像著名的通用汽车前总裁斯隆所认为的，"竞争是一种信仰的较量，是一种进步的途径，是一种生活方式"，简言之，战略是基于假设的。

三、时尚孵化平台，做中平台式的企业

2014 年，韩都衣舍正式宣布致力于做互联网时尚品牌孵化平台。这既是顺势而为，同时在某种程度上，又像事后总结出的战略。在已上线的 16 个品牌中，2 个是外部得来的，其他都是内部孵化的，包括在 2011 年收购的设计师品牌素缕，旗下又诞生了自古、果芽两个品牌，风格与素缕一致，只是分别指向男装和童装。

赵迎光谈到，韩都衣舍在 2014 年下半年做出的重要策略调整是从"抓大放小"转为"抓小放大"，因在全公司 15 亿元的营收中，女装 HSTYLE 和男装 AMH 占到了 12 亿多元，其他品牌仍然相对较小。"2015 年，几个合伙人的重点就是要抓小放大，更多的精力是放在培养和孵化新品牌上。因为它们更需要关注。就像带孩子一样，孩子大了就不用管了，但孩子小的时候要多多照顾。"

2015 年 2 月 14 日，韩都衣舍在年会上为 AMH 举办了"成人礼"。寓意很直接，就像 18 岁代表了成年一样，当子品牌首次达到年度经营指标后，公司就为其举办仪式。相应地，以前该团队的薪酬主要是基本工资加提成，提成和毛利润的达成情况相关，但在"成人"之后，会加上

第三块收入,即净利润和收入挂钩,以加强独立核算。

赵迎光认为,公司要有出有进,一是要让小的、有明确定位的外部团队进来,二是内部团队只要成熟了,就让它出去。

很有象征意味的是,此后AMH搬到别处办公,用赵迎光的话说,"离母体远一些"。

"成人"之后,子品牌跟韩都衣舍的关系更像"不完全事业部制",因为还要征用总部的公共资源,例如客服、物流、IT、供应链等,它们按照标准进行收费,每个子品牌的负责人每个月都会收到财务报表、收费明细,如有疑问可再确认。也就是说,集团跟子品牌之间本来就存在着某种"内部公司制",但独立后要对净利润负责。

这体现了小组制的组织优势,可以做到将大的共性与小的个性结合:所有非标准化的环节、需体现创意的环节,如产品的选款、页面制作、打折促销,全部由小组来做;所有标准化的环节、可获得规模经济的环节,如客服、市场推广、物流、摄影等,统称公共部门,由公司来做;再加上人资、财务、行政部门等,就完成了韩都衣舍组织架构的二级管理。简言之,所有非标准化的都由小组来做,所有标准化的都由企业来做。而让成熟品牌自立门户,给予更多权限,是这一逻辑下的一种自然延伸。

赵迎光解释说:"因为我们想在2020年达到销售额100亿元,员工数1万人,那就要去思考,完成100亿元需要多少个品牌来支撑。一般来说,在互联网上做品牌有两种思路。第一种是'麻雀虽小,五脏俱全',每个品牌是独立的,彼此之间的关联度非常低,但是如果你想做30个、50个品牌,这种方式就很难了,所以我们采取的是第二种思路,底层的都是公用部门,每个品牌都是有限的独立性,只在产品端和营销端体现独立性。归根到底,还是一个出发点的问题,即线上100亿元应该由多少个品牌构成,有人说五六个就够了,有人说不行,得有50个,两种不同的判断导致两种不同的商业模式。"

和成人礼同样体现"抓小放大"策略的是,韩都衣舍对"掌门大会"

的重视。

2014年年底,韩都衣舍成立了以小品牌负责人为成员的"掌门大会",成熟品牌只作为观察员参加。掌门大会每月至少召开一次,关注小品牌成长中所需的帮助。各位掌门也可以在会上提出各种诉求,平日有问题也可向担任大会秘书长的总经办主任随时反映。

迪葵纳品牌负责人李涛对此谈到,"将所有子品牌的负责人组成一个团队,集思广益,由于大家都在同一个体量上,经常遇到相似的问题,讨论出来的解决方案很具体,能够帮到大家,这种转变非常大"。

此外,韩都衣舍每周的经理会也优先让小品牌先发言,限制大品牌的发言时间。

值得注意的是,在2015年的年会上,除了举办品牌成人礼,韩都衣舍格外强调品牌创始人的核心作用,给每位创始人制作了单独的海报。在赵迎光看来,韩都衣舍的核心是经营人,而不是经营事,如果要做50个品牌,那就是要成就50个品牌运营团队。

"选品牌就是选灵魂人物,只要有那个能代表这个品牌的灵魂的人存在,这个品牌就能做起来。每个品牌都有定位,其实定位就意味着一个品牌原则上只能服务一类人,服务于这类人的喜好,而灵魂人物指的就是他有能力让这一类人变成粉丝,线下品牌不太强调这一点,但我们管它叫'人格化营销',线上品牌未来的发展趋势是越来越重视品牌人格化,粉丝即顾客。未来的竞争态势就是,谁有能力在自己的系统上培养出更多的能够凝聚粉丝的人格化品牌的掌舵人,那这个企业的竞争力就比同行强很多。"赵迎光说。

在这次采访中,我们见到了素缕品牌的创始人刘婷,她就是赵迎光所说的灵魂人物之一。刘婷穿着一袭长衫进来,面容姣好,言语温婉,我们很快就捕捉到,她自己就是其创建的东方复古风格女装的最佳代言人,气质与产品高度统一。

于我而言,所有的美都是相通的。时尚无法脱离文学、艺术、音乐、生活而单独存在，否则再好看的衣也只是一具躯壳。天地有大美而不言，日复一日地浸润滋养才会赋予其真实存在的生命，新鲜的面貌，明澈的觉知。与清风共吟唱，与日月共消长。

但始终，素缕应该是"慢"的，这种"神"，应该是聚在一起的。但在团队还不够成熟的情况下，会不经意地伤害到她。有时她会变乱，"神"也在散，你可能觉得，素缕怎么越来越不是你喜欢的样子了，你会怀疑素缕是否还记得初心……但是亲爱的姑娘们，你们可以原谅和包容么，请给我们时间，素缕的成长需要依靠团队而不是个人的力量，而团队的成长需要时间。

——摘自刘婷·《素缕的"前世今生"》

当我们问起刘婷，为什么会在素缕之外，再分别做自古、果芽这两个男装、童装品牌时，刘婷的回答很简单："我觉得喜欢素缕这个品牌风格衣服的人，她平常喜欢穿的鞋、拿的包，或者是用的杯子，喝茶的摆件，等等，大致都有类似的风格。所以我们在精力允许的情况下，可以多做几种东西。当时想，那就先把童装和男装做起来吧，因为都是衣服，相对来说没有供应链方面的问题。而且有一个好处，因为是一家人，素缕的顾客可以给她老公买，可以给她孩子买，然后我们就做了。"

但韩都衣舍真正富有想象空间的战略主张，还是赵迎光提出的"云时尚平台"计划（见图7-4）：搭建一个让所有人都可以设计制作衣服的低成本创业平台，而不仅限于设计师。在赵迎光的设计中，这个平台能够提供打版、生产、拍照、营销、客服等各个环节的服务，利用该平台的人只需要进行设计，其余均可付费获取。

尽管有些人一开始进来纯属玩儿票，但做着做着一些优秀的人或团队就会冒出来。通过平台，韩都衣舍能够拿到后台数据，发现好的机会就可以进行投资，与设计者一起将品牌运作起来。

相对于淘宝、天猫的"大平台"，韩都衣舍正在试图搭建的是一个"中平台"。赵迎光谈到，"无论是靠自己孵化子品牌，还是靠从外部引进，效率还是比较低，但通过开放这个平台让大家玩，就可以通过数据发现好的增量。这件事淘宝、天猫不能投，它们不能既当裁判员又当运动员，但我们可以。因为我们本身就是运动员，我们还是教练，教练可以投运动员，培养出好的运动员去参加比赛，但裁判只能做裁判的事"。

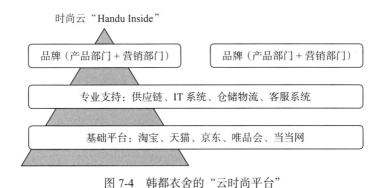

图 7-4　韩都衣舍的"云时尚平台"

此事重要而不紧急，但现已提上日程，韩都衣舍的 IT 部门和供应链部门已经在为此做准备，赵迎光希望这套系统在 2017 年左右能够上线。

四、仅靠机制是不够的，关键是能力

现在摆在韩都衣舍面前每天都要解决的问题是，如何管理和协调 22 个子品牌（含已立项的品牌）和 267 个小组的日常运营，推动这些品牌持续成长。

从大的管理架构上来说，韩都衣舍每三个人标配组成一个小组，三到五个小组是一个大组，三到五个大组组成一个部，部之上则是品牌。由于各个品牌的规模不同，旗下的架构也不一样，例如，HSTYLE 女装品牌有四个大部，但 AMH 只有一个大部。在横向协同方面，小组之上还有主管、经理，负责协调组与组的关系。

由于小组之间的关系是竞合的，既有合作，又要竞争，因为每天都有排名，同时，公共平台的力量总是有限的，资源是有限的，这就存在一个给多给少、优先次序的问题，需要主管和经理进行协调。而赵迎光格外看重这种"倒逼"机制：首先对于小组来说，充分感受到市场的压力，倘若业绩不好，一是影响收入，二是影响排名，排名涉及荣誉感，三是影响小组的稳定性，即如果你做得不好，组员可能就会跳到别的小组；其次是对于公共部门，小组整天都在和公共部门、后台部门互动，比如摄影部、人资部等，这样就把压力传导到了公司内部，使内部机制始终处于被激活的状态；最后是对于主管和经理，在面对统筹协调问题时，必须给出合理的缘由，由此逐渐形成管人的意愿与能力。具体如图7-5所示。

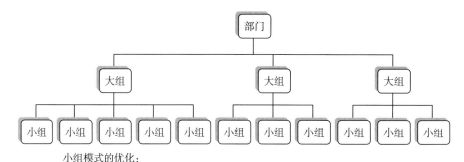

小组模式的优化：
（1）每3～5个小组，构成一个大组，每3～5个大组，构成一个产品部
（2）每个小组相对专业化（品类包）
（3）每个部门覆盖全品类
（4）部门内部的竞争和合作
（5）大组主管和部门经理的绩效考核

图7-5　韩都衣舍小组制的组织层次

赵迎光认为，从部门制切换到小组制，效率曲线是一个由高到低，再由低到高的过程。因为在部门制下，部长做决策，员工做执行，在专一业务上，其效率一定是比小组制高的，而拆开之后，每个小组的头都是一个部长，都要操心经营的问题，要去试错，肯定需要一段时间过渡，而等整套系统的能力具备了之后，效率又会高上去。

但仅有"倒逼"机制是不够的，还要形成很强的中央能力。赵迎光喜欢将主管、经理的管理行为称为"服务型管理"，而根据我们的多方调研，公司层面对各个子品牌、小组给予的支持与服务，才是多品牌持续扩张的更关键的原因，它可分为以下三条线。

其一，按照规模和成长性划分，集团总经办下设两个组，品牌规划组与运营管理组。品牌规划组的定位在于帮助品牌走完"从无到有"的过程，包括前期的市场调研、商标注册、知识产权保护等，销售额处于0～1000万元这个阶段的品牌都由该组来协助解决各种各样的事情。运营管理组的功能则在于"从小到大"，品牌销售额超过了1000万元以后，主要由该组提供支持。

这种机构设置与公司"抓小放大"的策略是一致的：当品牌小的时候，由品牌规划组和运营管理组提供帮助，总经办也会定期为小品牌的负责人召开掌门大会；当品牌大到一定规模之后，就为其举办成人礼，令其独立出去，不再占用总部职能。

其二，按照功能和合伙人的注意力划分，分成产品系和营销系，产品系由刘军光负责，营销系由赵迎光负责。赵迎光谈到，"其实我们每个子品牌也是由这两个部门组成的，每个子品牌的标配是15人，10个人做产品，5个人做营销，即产品团队加营销团队。光有产品是没有用的，对于子品牌的孵化，营销能力很关键，你怎么提炼卖点，怎么做产品规划的企划，这是需要一套能力的。而在子品牌的分工方面，也主要是由我们两个负责，他分几个我分几个，其他合伙人不直接管理子品牌"。

赵迎光说的其他几位合伙人，张虹霞主要负责财务中心与客服中心，吴振涛主要负责人事中心，而杜廷国主管生产中心。赵迎光曾在一次小规模分享中聊起，韩都衣舍走到今天最重要的就是合伙人制，他比较认同"企业创始人最核心的任务就是找人"的说法。他说，"我找人有一个原则，就是只找比我能的人，原则上他不应该和我合作的人"。

在另外的场合，赵迎光曾谈道："我真的不觉得自己厉害，但我最厉害的就是知道自己不厉害。合伙人都比我优秀，名利上我会尽可能给他们尊重（四位合伙人的股份加起来约有39%），我只在乎能不能做成事儿。"

其三，由企划部提供专业支持。韩都衣舍的企划部有将近100个人，相对其2600人的员工总数，这一比例是惊人的。企划部负责制定详细的企划案，以此把握品牌和品类的产品结构和销售节奏，为品牌规划组和运营管理组提供专业建议。

总经办主任贾鹏向我们介绍，"商品是有生命周期的，在韩都衣舍，产品设计必须符合企划周期，你在什么时间段要上什么产品，你要什么时间来下单，都要根据周期来。还有就是商品比率，你不可以太偏，不可以因为设计师的个人偏好导致某个类目太大。这相当于给出一些框位，比如给你100个上衣的框位，50个裤子的框位，那么当你想设计上衣，设计完100个就行了，你只想设计10个裤子，那不行，你得向50个靠，也就是说，要把销售曲线做对，把商品比率做对"。

"这实际上就是要按规律来办事，从无规划到有规划，它是一个系统工程。企划部其实是一个大数据分析团队，其经验来自我们对女装的调校，因为它已经走过两三个生命周期了，逐渐懂行了。当然，企划案只是一个参考，等于是说这样做会比较好，然后设计师再根据自己的想法往里面填，但不可以跑得太偏。"贾鹏说。

迪葵纳的创始团队是在2014年2月并入韩都衣舍体系的，此前该团队已在中老年女装市场耕耘了7年，品牌名是"艾茉"，店铺等级为五皇冠，加入韩都衣舍后更名"迪葵纳"。自2014年4月上线后，该团队用了不到1年时间做到了1600万元的销售额，负责人李涛对此表示满意。

我问他对于企划部的看法，李涛谈到，"产品规划实际上就是对整个市场的预判，对品牌增速的控制，它考验的是你这个团队的产品能力、销售能力和综合管理能力。以前我们不懂这个，造成的结果就是卖得好卖得坏都不知道，货压下来了就得清仓。事实证明这是有益的。对于子品牌来讲，产品规划一是加快了它的成长速度，二是提升了成长质量"。

也就是说，韩都衣舍的小组制有两套并行不悖的逻辑，一是自下而上的人人创新，二是自上而下的总部管控。某种意义上，企划部便是韩都衣舍的数据中心，根据历史数据，参考年度的波峰波谷节奏，制定目标，然后分解到小组。每个小组在月度、季度、年度，都有细分的考核指标。可以说，企划部的有效控制对整个供应链的协调工作是极为重要的，否则每年由小组制策动的数万款产品下单，没有节奏控制是不行的。

就像华为公司经常提及的"企业没有成功，只有成长"，对于韩都衣舍也是同样如此。就我们的调研感受而言，韩都衣舍的管理团队仍保持着旺盛的创业精神。就像赵迎光说的，O2O 不是 online to offline，而是 offline to online，等最终有一天跟传统企业在网上较量的时候，希望韩都衣舍不落下风。

这也许就是我们所面对的"环境的进化"：电商领域的创业、创新、创富，在度过最初的兴奋期之后，已逐渐进入实质阶段，真正的较量可能才刚刚开始。人们越来越能够理解：重要的不是互联网，而是通过互联网进一步回归商业的本质，最终留下来的终将是那些更懂这门生意的本质的企业，而非更懂互联网的企业。

韩都衣舍已经不再是一家互联网企业，从能力上看，它就是一家服装企业，这可以看作我们这个"互联网+"时代万众创新之下的一种保守，只不过，它在用新的方法论指导实践，这就是我们这个时代的创新。

案例后记

上述案例在 2015 年 5 月正式发表过，原汁原味地保留了我当时的判断。我们今天再来看韩都衣舍当时的实践，或许会更为清醒。

后来我在授课中，每次讲到韩都衣舍小组制时，经常有学员提问：各小组会不会选择单飞，脱离韩都衣舍？

至少有两方面原因，导致小组制是离不开韩都体系的：一是品牌的流量资源，二是供应链的统一管理。前者是因为小组制聚焦于产品环节，但力量并没有真正延伸到市场端，各子品牌依然需要集团的导流。换言之，集团品牌是子品牌的入口，甚至可以说，集团的存在是子品牌存在的前提。后者是因为，必须有足够的产量才能确保价格的竞争力。即便可以实现生产柔性化，也可以做到小规模定制、私人订制，但那就很难兼顾经济性了。

每一种组织设计都要考虑情境因素。正如我们在理论部分谈到过的"组织协同模型"，其中包括六个因素：①环境；②战略与目标；③工作/技术；④正式组织；⑤非正式组织；⑥人员。尤其值得注意的是三个前提因素：商业环境、战略选择和技术属性。

因此，如果你所在的组织想要借鉴小组制，我有以下三点提醒。

第一，是否符合经营上的要求，即商业环境与战略环境。

例如，当时线下品牌还没完全实现线上化，但消费热情已经兴起，年轻人需要新的品牌，小组制灵活机动的打法，有利于尽快完成抢滩，抢占市场先机。同时，赵迎光也谈到了他的市场观，即"互联网上的市场更容易被切分"，线上品牌的天花板更低，因此需要给消费者更多的品牌选择，反过来也支撑起企业的壮大。

第二，是否符合管理上的特点，符合技术属性的客观要求。

首先是品牌属性，韩都衣舍所选择的"互联网快时尚"这一赛道，本身就具有低单价、高频度、强关系的属性，如果换作珠宝行业就完全不一样了，高单价、低频度，消费者也不热衷于即时反馈，很难支撑起"低成本快速试错"的模式。

其次是工作属性，小组制中的核心人员是设计师、选款师，这类工作不涉及过多的劳动交换、互依性较弱，是比较典型的单人工作模式，甚至你无妨把小组制理解成，围绕设计师配置了营销专员、运营专员两位帮手。而服装行业本身就有买手制的传统。只不过韩都衣舍在互联网产销一体化的环境下，将其模式压缩得更为极致。

第三，看到小组制的完整性，结构间的相互配合。

小前端、大后台、富生态，功夫是在后台。任何一个健康的企业中必须同时有两种力量，一是自上而下的控制，二是自下而上的创新，任何只偏重单一方向的管理模式，长期都是走不通的。就像韩都衣舍所体会到的，"如果没有企划部的有效控制、供应链的管理协调，每年由小组制策动数万款产品下单，那么韩都衣舍纯粹是在找死"。

第八章
CHAPTER 8

小米生态链的多样性与统一性

案例背景

我是在 2018 年 2 月和君集团的新春年会上,首次谈及小米生态链案例的。当时关于平台战略、生态组织的讨论,已经度过最初几年对新趋势的追捧,又经历了 2017 年乐视模式的破产,正处于众说纷纭,但又混乱不堪的阶段。

这可能是移动互联网时代的一个麻烦,制造一个概念太容易了,表达一个观点太容易了,但真实情况到底是怎样的,却很少有人去探究。因此,2017 年 5 月我在长春的一次学术论坛上提出倡议,学界真的要"放下理论,先去理解","少谈概念,多讲事实",后来这些观点发表在《管理学报》杂志上,题目是《做面向真实世界的管理学研究》。

关于对小米生态链模式的研究,我当时是想选取一家生态链企业作为切入口,管中窥豹,先弄清楚事实层面到底是怎样的。例如,小米与其生态链企业究竟是如何合作的？然后再结合其他案例形成对照，最后才是对其模式的探索及评论。

那段时间，和君咨询正在给开润股份提供服务，而开润旗下的润米科技就是一家小米生态链企业，润米的主力产品90分旅行箱在2017年火速蹿红，取得了当年"双十一"天猫箱包类目第一名的成绩，排在第二的是新秀丽。而我在2017年下半年MiNi创业营的授课中结识了润米的高管团队。于是，2018年年初我走访了润米和开润。本案例的第一部分在很大程度上就是对当时走访情况的简要复盘。

现在90分旅行箱已然是大众熟知的品牌了，开润和润米在取得优异增长的同时，也越来越走出一条独立创新之路。时隔两年多后，尽管当时的数据已不再具有眼下的参考意义，但那时的观点却更能准确反映出：小米到底在哪些方面对生态链企业进行了赋能？

截至2017年年底，小米生态链年销售额突破200亿元，生态链旗下的公司也达到了99家。小米集团自身2017年的营收是1146亿元，2019年更是达到了2058亿元。但本案例的目的不在于研究小米、开润及润米的商业模式，而是对"以关系为中心的组织设计"做出回应，聚焦于小米与其生态链企业，以及生态链企业之间的关系研究，对该模式进行分析，并最终给出我的建议。

案例正文

一、从90分旅行箱看小米生态链模式

90分品牌的重要事件及时点

2014年，当移动互联网的第一波红利开始显现，小米启动生态链布局之时，开润股份的创始人范劲松意识到了，这是一次与小米进行合作、推动企业转型的契机。

开润股份成立于2005年，此前一直做to B业务，为惠普、华硕、联

想、戴尔、迪卡侬、新秀丽等大客户制造箱包类产品,但并不直接面对终端消费者。

2014年年底,范劲松经顺为资本合伙人程天的引荐,在小米联合创始人刘德的办公室里与其讨论成立合资公司的可能性。当时,程天也正想找一家定位于优质出行的公司合作。而此前,刘德已看过20多家公司了。

交流异常顺利。刚好谈了90分钟,刘德就决定投了,他具有最终决策权。为纪念这次高效、愉快的90分钟谈判,范劲松后来将"90分"作为合资公司出行类产品的品牌名,这便是90分旅行箱名称的由来。

范劲松后来谈到,小米方面之所以能快速敲定合作,原因有三:"第一,德哥认可我们这些IT高素质的创业者在最苦的传统行业所积累的10年经验,太难得了;第二,他认为我们的团队有互联网基因,和小米调性一致;第三,他觉得我们特别专注于产品,是有产品情怀的人。"

2015年2月,润米科技获得小米、顺为资本的天使轮投资,在上海注册成立,由开润高管张溯出任CEO。此后的2016年4月,润米科技又获得京东金融众创基金的pre-A轮融资,成为京东众创生态圈企业。

2015年9月,润米推出第一款90分PC材质旅行箱,售价299元,以惊人的性价比一战成名。雷军于9月底在个人微博上推介了这款产品,谈到"小米高管每个人都收到了十一的礼物:90分旅行箱"。90分旅行箱在小米商城销售。

2016年年初,刘志欣、刘苗等人相继加入润米,整个公司的高管团队日趋完整。刘志欣此前曾在迪卡侬中国负责过供应链工作,加入润米后担任副总,负责供应链和产品开发;刘苗此前担任过阿芙精油的首席运营官,她在营销方面有专长,在润米先担任运营副总,之后于2017年7月,接任张溯,担任CEO,开始负责全盘工作。

2016年9月,润米推出90分全铝镁合金旅行箱,附加蓝牙解锁功能版本的最高售价为1999元。这款产品在2017年3月获得了德国iF设计大奖,不少消费者对90分品牌的认知就是从这款金属旅行箱开始的。

2016年12月21日,开润股份在深圳创业板上市。开润2016年全年营收 7.76 亿元，同比增长 57%。毋庸讳言，这个节奏感把握得相当好，由于润米科技的存在，整个公司的估值空间也从此不同。三年后，开润股份 2019 年营业收入达到 26.97 亿元。

2017 年 11 月，90 分旅行箱在天猫"双十一"活动中荣获箱包类目第一名。

总结来看，2015 年年初，范劲松和张溯等人成立润米科技，9 月推出第一款产品；2016 年是第一个完整的财年，营收突破 2 亿元；2017 年营收超过 5 亿元，但团队只有 120 余人，人效惊人。业务领域主要是旅行箱，同时也扩展到背包、T 恤、跑鞋等出行类产品。

以上就是要先向各位读者交代的，我在 2018 年年初跟润米科技高管团队交流之前的相关背景。本章第一节重点关注小米对其生态链企业的帮助，而在第二节中，再站在小米的角度审视其生态链模式的打法。以下是对当时交流内容的复盘。

小米对 90 分品牌的帮助

关于小米对生态链企业的投资，润米团队谈到，小米的投资比例一般都是 20%～40%，以确保创始团队的积极性，润米也不例外。小米的投资理念是，"投资不控股，帮忙不添乱"，而且每个领域先只投一家，资源上给予支持，尽量确保其具有"出发时的垄断优势"。

交流下来，小米对润米的帮助主要体现在以下三方面。

第一是渠道借力。润米团队认为，除了投资，在业务层面，小米是当时性价比最高的互联网销售渠道，也帮助开润这类代工企业，从此走上内销之路。

问："现在的销售收入中有多大比例是通过小米渠道来的？"

答："目前 60% 是在小米网站，加上线下的小米之家，大概 7～8 成。

"但这中间的合作也不都是一帆风顺的，也有波折。比如，90 分旅行箱最初在小米有品上的众筹就不太成功。后来，范总又跟罗辑思维谈合作，结果成为非图书类的首秀产品，没承想卖得很好。"

问:"为什么品牌名称上没用小米?尽管许多消费者都管产品叫小米90分?"

答:"小米对生态链企业画了三个圈:第一个圈是手机周边;第二个圈是科技类产品、智能硬件,这两类允许使用小米品牌;第三个圈是生活类产品,不能用小米名称。"

小米生态链投资的三大圈层,如图8-1所示。

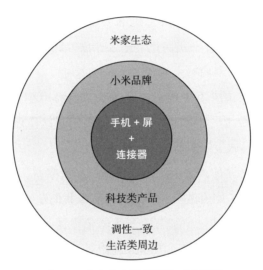

图 8-1 小米生态链投资的三大圈层

"雷军等人担心品牌被透支,小米的愿景是'让每个人都能享受科技的乐趣',因此,不能透支科技化的属性。但误打误撞,90分做成了自有品牌,反倒令其他生态链企业羡慕。"

问:"你们的发展速度很快,其他小米生态链企业怎么样?"

答:"我们不算大的。像紫米(充电宝)、智米(空气净化器)、华米(智能手环、手表等),它们都做到20亿~30亿元的规模了。我们也是在快速奔跑中解决问题,一边打仗一边布人。在2016年3月,把公司的发展前景确立在'优质出行',提供一种运动生活方式。"

第二是共享产品方法论。小米对不同企业的帮助力度不一样,对科技类产品的扶植力度更大。但总体上,都是要把控产品标准和关键节点,从产品立项就开始。"

问:"团队之前没做过旅行箱,怎么能推出90分这样的爆款?"

答:"尽管之前没做过设计,但开润做过箱包代工,不陌生,而且团队中也有人管过迪卡侬的箱包供应链,只是没做过设计。

"润米的创始CEO张溯是学微电子的博士,在这个行业中算很高的学历了,一流的脑子,他觉得微电子比箱包复杂多了,所以我们肯定能做得出来。但话虽这么说,实际上也下了很多功夫,张溯当时就提出'战略上藐视,战术上重视',我们找了很多专家、顾问来做会谈、开头脑风暴会,争取在最短时间内补上短板。"

润米团队跟我讲了不少他们在设计细节上的用心之处,比如,金属旅行箱用的铝镁合金,非常非常轻,此前多用于航空航天,这是头一次用于旅行箱,他们做了定向研发。

整体给我的感觉是,这个团队一谈起产品就兴奋,反复跟我说,"不计成本地做开发","此前做箱包的人都没有像我们这么认真过"。

润米团队特别提到一个细节,令我印象很深,说做产品做到最沮丧的时候,大家把在香港买的某国际大牌旅行箱,拿来做反向工程,用自家的生产线跑了一遍,发现成本与售价之间竟然有十倍的价差,于是,又强化了团队的信心,继续打磨产品。

问:"你们如何定义好的产品?"

答:"好看、好用、价格合适。满足80%的用户的80%需求。"

润米团队回答得非常干脆,后半句话正是小米最核心的产品方法论之一。另外,"其实找到优质的供应链可以解决掉大多数问题,优质的供应链极为稀缺,但在中国基本上都能找到,就看你有没有经验,对行业熟不熟悉。"

事实上,诸多小米生态链企业的成功也说明了,在新的时代背景下,真是所有的生意都值得重新做一遍。

第三是生态链企业之间的守望相助。小米的生态链企业就像一个小米商帮，彼此价值观类似，是同伴，也是榜样，私下里的往来非常多，大家相互合作。

润米团队向我介绍，他们刚刚推出一款黑科技跨界产品，名为 90FUN Puppy1，是全球第一款双轮驱动自平衡智能跟随旅行箱，内置 Segway 定制跟随芯片，不必用手，它可以自动跟着人走，只要地面平整，走到哪儿跟到哪儿。这款产品已亮相 2018 年的 CES（国际消费类电子产品展览会）。放在以前，这对做箱包的传统企业来说是不可想象的。

这就跟小米生态链密不可分。其中涉及的核心技术其实是一种成熟技术，只是此前做箱子的人都不知道，也没想过科技可以这样改变生活。但生态链中有企业对这一技术很在行，大家就可以相互帮忙。

"普通的同学会，大家因为没有事业上的交集，走着走着就淡了，但小米生态链企业志同道合，可以共享各种资源，共同获利，越走越近。"润米团队如是说。

"但小米生态链企业也有不安感，大家都是创业者，比如希望尽快实现自有品牌，有更强的自主性，但每次看到小米已经 1000 多亿元了，就觉得要戒骄戒躁，跟着小米走下去。"

最后，如何评价已取得的成功？

润米团队认为，最重要的是自己踩对了趋势，随着近几年代工外迁，国内生产企业出现剩余产能，而新的消费窗口又在打开；同时，一批外企中高管碰到了职业天花板，要么在外企养老，要么投身民企，二次创业；再加上小米对生态链企业的帮忙，共享资本，共享移动互联网的红利。多重因素叠加在一起，导致了现在的成功。

不过，看到机会的人总是很多，抓住机会的人总是太少。润米团队唯独没更多地谈到自己。这让我对润米团队又多了几分欣赏与敬意。

二、关于小米生态链的十问十答

直至今日，无论对企业界，还是学界，"生态战略"依然是一个很具有吸引力的提法。但这一战略到底指的是什么？其概念的内涵与外延并不清晰，而且也很难再建立起统一的认识。目前的情况就是如此，跟曾经的"互联网思维"一样，尽管人们相互之间的理解不同，但并不妨碍这一概念的持续流行，每个人都在谈论它。

就像胡适先生所说的，"少谈些主义，多研究些问题"。关于企业如何开展生态战略，目前最实际的方式可能就是看看那些宣称采用生态战略并取得成功的企业，到底做对了什么，背后是如何思考的，以及与之类似的企业又失败在何处，然后对比自身，形成参照。

现在仍有不少企业想启动生态战略，跃跃欲试，但未必考虑得足够全面。小米在这方面走过弯路，也完成过系统思考。通过对现有资料的梳理，我们用"十问十答"的方式将这中间的逻辑展现出来，或许对不少企业，更具有参考价值。

问题一：小米为什么要做生态链？

早在2013年年初，"生态链"一词还没出现的时候，雷军就对互联网的发展阶段做出了预判：第一阶段是互联网，第二阶段是移动互联网，第三阶段是物联网（IoT）。每个阶段都有成就万亿元级大公司的机会。

但如果都是小米自己做，人员和精力上不太可能。因此，雷军认为，"小米必须要专注，否则效率会降低。最好是找更专业、更优秀的人来做"。换言之，用"投资+孵化"的方式，弄一堆兄弟公司，形成联盟，大家一起来"打群架"。

这是一重思考逻辑。小米在2013年年底，即赶在热潮来临之前，启动了IoT生态链计划。

但还有另外一重基于现实的考虑。因为小米是一家科技公司，其最大的经营风险就是对抗不确定性，很少有科技类公司能够穿越两个技术周期，始终站在科技的制高点。而当一家科技公司拥有大量生活耗材类产品时，就能对技术发展的不确定性起到巨大的对冲作用。这就解释了小米生态链中对生活类产品的布局，诸如毛巾、牙刷、旅行箱。

后来的事实也证明了，小米的这重考虑在风险时期帮公司托住了底。

刘德认为，2016年上半年，小米手机业务确实遇到很大的挑战，如果没有"跑"出来一条小米生态链，小米与其他手机厂商相比就不存在明显差异化，孤立的手机业务因为业务单一，反而风险更大。

小米生态链中的上百个优质产品与小米互为犄角，相互拉动，这使得小米手机在竞争中还有一圈保护层。

作为小米的投资人，晨兴创投合伙人刘芹非常看好小米生态链："小米连接的节点数量越多，护城河就越稳固，平台价值就越大。"

因此，就小米本身而言，从小米手机诞生的第一天起，小米就是以"软件+硬件+服务"的铁人三项的这种复合模式，参与到移动互联网时代的竞争格局之中的。

就小米与生态链企业的关系而言，小米是先做互联网手机，用手机的先锋性产生的势能建立起生态链；再通过复制小米模式，让更专业的团队做出更多高品质的硬件产品；与手机业务形成联动，辅以生活周边，增加小米的安全系数。

事实上，企业家的一项核心能力就是在短期、长期之间做取舍，基于长期做投入。最妥当的安排便是，短期见利见效，长期富有意义，即在发展现有业务的同时，夯实基础，深化结构，蹚出未来战略的大模样。

现在一提起"生态战略"，许多人就会想起贾跃亭与乐视模式。管理的假象，常常会强化错误的管理逻辑。实际上，雷军比贾跃亭更早提出了"互联网硬件生态闭环"的构想，即所谓的"生态战略"。但贾跃亭似乎没有雷军想得那么长远，不能为了生态而生态。

问题二：小米生态链先做什么？不做什么？背后的思考逻辑是什么？

在节奏感上，小米的思路很明确：离手机近的先打下来。

小米内部将其称为"烤红薯效应"，好比烤红薯时的余热，就能把周边别的东西也烤熟。时机与火候至关重要。

其实早在2011年，小米就尝试过做移动电源，但效果一般。不过到

2013年重新进入该市场时，情势就明显不一样了，此时小米已有1.5亿的活跃用户群，品牌效应也不可同日而语。此时再推进生态链模式，时机就到了，即"如果能打造出像小米手机一样质高价优的手机周边产品，这些产品就一定能够享受到手机销售的红利"。

刘德认为："我们有一套整齐的用户群，2.8亿人，17～35岁理工男，这些用户特征很明显，懂技术，懂互联网，接受新事物。"

用户群整齐，教育成本低。因此而形成的投资顺序是："离手机近的早点儿干，离手机远的晚点儿干；离用户群近的早点儿干，离用户群远的晚点儿干。"

问题三：划定投资圈层后，投什么样的项目成功率更高？

很重要的一点是：在"蚂蚁市场"中找机会。

小米的空气净化器和移动电源之所以能在短时间内做到市场份额第一，除了它们自身是好赛手外，也因为选了一个好市场、好赛道。

所谓"蚂蚁市场"，指的是在整个市场中没有领军品牌，或市场中第一名的企业所占份额不足百分之十；并且这个市场的产品呈现两极分化的特点，即质优者则价格高，价低者则质量劣。这就给主打性价比模式的企业，留下了足够的市场空间。

曾经的空气净化器市场就是这样。洋品牌动辄要三四千块钱、四五千块钱，国产的也要两三千块钱，价格虚高。还有一些就是特别不知名的小厂商做的空气净化器，虽然价格低廉，就几百块钱，但基本上不能用，起不到净化目的，或性能较差。在此背景下，小米空气净化器在打法上精准切入，动作迅速，短时间内就做大了规模。

小米认为，自己的核心竞争力就建立在速度和规模的基础之上：用速度拉开距离；用规模降低成本、稳定供应链；用海量的销售和口碑，获得品牌认可度。

例如，由青米科技出品的小米插线板，一年卖出几百万个，单一SKU的销量在该领域更是史无前例。如此快速扩大规模，创业公司就像飞机冲上了"平流层",从此更加平稳,拉开了与"蚂蚁们"的距离。

问题四:什么样的人做投资成功率更高?倾向于投谁?

小米摸索出,投资工程师背景的人,成功率更高。这也成为小米在硬件领域抢项目、抢人的优势之一。

投资人看重:团队、数字、回报。

但除此之外,工程师更看重:产品、技术、趋势。

谈战略更容易让人走火入魔,而且不同人的理解不同,不可强求。但好产品更实际,更容易建立共识。好产品自己会说话,其他的随之而来。

小米做投资,很看重能力领域和人与人之间的关系,有一个投资理念是"不熟不投",即"不是熟悉的人不投,不是熟悉的领域不投"。

就像 Yeelight 创始人兼 CEO 姜兆宁谈到的,"如果不是兄弟公司,很难实现这样的合作。因为要去开发一些软件,一起调试,一起适配,这对于跨公司间的合作来说是很难做到的"。传统的商业企业之间很难达成这样的合作,只有兄弟公司之间,相互信任并且有着共同的目标,才能让产品联动起来,即"投资"与"合作"相辅相成。

问题五:投资比例及介入程度,如何进行安排?

首先是"占股不控股"的投资理念。小米在最初就确立了投资纪律,或称红线:对于生态链公司,小米只有建议权,没有决策权,从不谋求控制。后来,小米对其生态链企业的投资理念,"投资不控股,帮忙不添乱",更是为业界所称道。

背后是对激励机制的重视。小米相信"小站练兵"的逻辑,即当拓展一个新的领域时,与其改造旧部,倒不如在体系外组建一个全新的团队,从零开始承担开创新业务的责任。也就是说,与其把创新业务放在小米体系里做,激励力度降低,不如采用生态链模式,每支队伍都是独立的公司,打自己的天下。这样才能激发团队斗志,野蛮生长。

还有一重原因是基于投资速度的考虑。为了抢项目,尤其早期项目,小米通常不做详细的估值。一般都是问创业者："未来一年你们在量产之前还需要多少钱？这个钱我们出，给我们 15% ～ 20% 的股份。"决策速度很快。

更何况本质上，小米生态链做的是孵化，而不是投资。当这些被投企业做大之后，原始估值就没多大意义了。

问题六：小米在哪些方面对生态链企业进行赋能？

概括起来，主要体现在三个方面：产品技术赋能、人才赋能、品牌与渠道赋能，其中产品方面包括产品定义、工业设计和品质把控。

产品定义：几乎每一款计划上小米平台的产品都要与小米生态链的团队一同开会，这类会议有时一开就是几个小时，群策群力，生态链团队集体拍板。

工业设计：到目前为止，生态链企业 70% 的产品出自小米生态链的 ID 部门。早期几乎完全由小米生态链的 ID 部门负责，后来各家公司才逐渐补齐各自的设计部门，但小米生态链的 ID 部门依然保有一票否决权，这样才让所有产品有了一脉相承的风格。

品质把控：每一款要登录小米平台的产品，都必须通过严苛的内测。任何未通过内测的产品，即使投入再多也不能以小米或米家的品牌面世。

输出人才：生态链模式建立之初，由小米的一位产品经理对生态链企业全权负责，但有时候小米的利益和生态链企业的利益并不完全一致。为达到平衡，自 2016 年开始，小米分配给每家生态链公司两个人：一个叫公司负责人（也即企业经理），一个叫产品经理，两人共同负责一家公司。公司负责人考虑问题的出发点是生态链企业的利益，对被孵化的公司负责；而产品经理考虑的则是小米的长远利益，对小米负责。这种角色定位会让他们时常产生意见分歧，那就直接 PK，看谁能说服谁，道理总是越辩越明。

品牌赋能：对科技类、极客类相关的产品开放"小米"品牌；对以智能家居、消费类硬件为主和以做"生活中的艺术品"为方向的产品开放

"米家"品牌。

渠道赋能：对获准使用"小米"和"米家"品牌的产品，开放四大渠道，即小米商城、小米有品、米家，以及线下的小米之家等。

如上所述，小米对生态链企业的赋能策略，如表8-1所示。

表8-1 小米对生态链企业的赋能策略

产品端赋能	产品设计	从形成产品概念起，群策群力，定准方向
	工业设计	对外输出设计能力，确保产品风格一致，有一票否决权
	品质把控	凡是无法通过内测的产品，便无权使用品牌
人才端赋能	企业经理	对被孵化的企业负责，负责协调关系与资源
	产品经理	对小米负责，确保小米的长期利益不被侵害
市场端赋能	品牌使用	科技类产品开放"小米"品牌，生活类产品开放"米家"品牌
	渠道借力	小米商城、小米有品、米家、线下小米之家等

除此，还包括帮忙对接商业资源。比如，初创公司常因自身规模原因难以找到稳定的供应链合作伙伴，议价能力也较弱。小米帮忙打通供应链资源，为生态链企业提供相应背书。

现在回头看，小米生态链模式最初设定的三个目标——保持小米品牌的热度，提供销售流水的支撑，加大小米的想象空间，自2015年后，其效果逐渐显现出来。

问题七：如果被投企业/项目没做起来，怎么办？

首先是对于被投企业，小米承诺在2～3年内，不投资做同品类的企业，这是对生态链企业的"保护期"。就像润米团队所提到的，确保"出发时的垄断优势"。

但另一方面，决不保护落后。如果小米认为，某产品的上市时机更重要，但先前的企业没能做出足够好的产品，小米又不想失去先机，就会让另一家企业先"补位"，把产品做出来，在市场上抢位，等先前的企业能力完善了，再把这条业务线交回给它。

还有一种情况就是，先前的产品做得不够好，没能击穿这个市场，小米也会再投一家来拿下这个市场。比如，最初的智能摄像头产品是交给小蚁公司来做的，但是它始终打不穿基本盘，很长时间内都是不温不火。于是，小米生态链就又投资了创米来做。创米推出的小白摄像头一下子就打破了市场的平静，用户反馈非常好。

问题八：为什么小米有时会投那些没有所投行业经验的人？

在小米生态链中，"抢银行模式"的团队非常流行，这种团队有两个核心特征：一是高手云集，降维攻击；二是跨界合作，梦幻组合。

比如，小米耳机的成功就是典型一例。操盘人谢冠宏之前在富士康时，参与过苹果 iPod、亚马逊 Kindle 等项目的开发，后来做手机，看似"大材小用"，实际上小米是在以消费电子类的最高标准来做家庭硬件产品。再如，用做手机的标准去做家电。这个思想帮助小米生态链企业在很多产品的细节上实现了突破。

为什么没有经验，反倒成了成功要素？谢冠宏给出了三个理由：①因为没有经验，人往往会变得更谦逊，能放下架子，没有负担；②没有经验，对很多事不懂，就会有战战兢兢的心态；③没有经验，就没有"天花板"，只要你想做，像阿甘一样，反而能做成。

问题九：为什么生态战略，乐视没做成，小米却走通了？

关键要在真正意义上看透本质，不要盲目自嗨。一件事情如果逻辑上都走不通，现实中就更走不通。

比如，小米很早就意识到，仅从产品角度而言，智能家居在当下这个时点是一个伪命题，不实际、不成立。以纯米科技 CEO 杨华最初想做的"菜煲"为例。

最初的构想是，这是一款智能电饭煲，"玩性"十足，可以与人交互，还能衍生出很多其他应用——电饭煲有一个传感器，当有人接近的时候，屏幕会亮起来，闪过几条小广告，如果用户不喜欢可以轻点一下关掉广告；用户在手机或 Pad 上下载一个 App，不会做的菜可以按照提示一步一步完成；菜品出锅后，你可以瞬间把劳动成果晒到网上，接受别人的点赞，当然，也可以看看别人都做了什么菜，明天也"复制"一份。

这款菜煲的背后是互联网云家电系统。系统会知道你做了什么菜，在跟哪些人互动，你住在什么区域，以及你的饮食偏好。

这是我们在"万物互联"时代经常听到的一类故事，就像乐视的"生态化反"，感觉很酷炫，又似乎不靠谱，关键是离老百姓眼下的日常生活、行为习惯差得太远。

这类逻辑在小米这里是走不通的。小米认为，物联网分为两个阶段：第一个阶段就是连接，所有设备互联互通，都可以用手机来控制；第二个阶段才是智能化，现在尚未到来。

真正的物联网，要先从一个节点到一个节点做起，连接到一定的数量级，在大数据的基础上，人工智能才能随之而来。

现在每个家庭里都有十几种，甚至几十种不同品牌的电子产品、家用电器，这些产品的标准都是不统一的，无法连接。如果这些产品之间不能"通话"，就无法实现真正的智能。

因此在当下这个阶段，智能硬件的浪潮根本就没有到来。"硬件免费"是错误的，不可能实现，仍要坚持做出好产品，达到最好的性价比。

杨华后来自己也体会到，智能家居是个伪命题。智能是未来，但当下只需要给用户提供一口好锅。纯米科技后来推出的"米家"压力IH电饭煲，名称中也没用"智能"二字。

对比乐视和小米的生态战略，你会发现，乐视的逻辑是围绕着生态中的"化反"而走的，成则一通百通，败则火烧连营。小米的逻辑则要保守得多，虽然说是"生态"，但具体的打法却是先见树木，再见森林。它首先谋求的是个体的成功，每款产品都有价值，甚至各自都具有盈利性，然后形成整体时更具有力量。

问题十：如何看待生态链企业对小米的长远意义？

小米认为，生态链模式是"用竹林理论做一个泛集团公司"，只有"小米+小米生态链公司"才是一个完整的小米生态系统。

值得一提的是,"竹林理论"是当小米生态链已孵化出77家公司之后,刘德等高管才提出的概念。换言之,这不是一个概念先行的战略远景,而是结果达成的事后总结。而且,"泛集团公司"这一界定是相对准确的,它并不是集团公司,而更像一个战略联盟。

在整个体系中,小米与其生态链企业利益一致,互为价值放大器,具体体现在:①初期孵化阶段,生态链企业分享小米的红利,小米对外输出资金、方法论、品牌,乃至人才;②中期阶段,相互依赖,相互增值;③未来还可以创造新的价值,具有想象空间。

拥有即是被拥有。由于对生态链企业的一系列帮扶和品质把控,反过来,生态链企业也愈加成就了小米,让小米网成为可以让用户闭着眼睛做选择的品牌电商。

这是小米一直希望达到的理想状态:用户可以绝对信任小米、米家的品牌,只要是小米、米家的,就一定是好用的、有品质的、性价比高的。

这种信任并不是一两年就可以形成的,那只是短期行为,更重要的是长期维系。因此,小米也极其看重在生态链企业间共享价值观。

正如龙旗杜军红所言,"米家的品牌是靠一个个高品质产品换来的,需要所有生态链企业共同去加分,而不能每家都去透支、减分"。

姜兆宁说得更直接:"生态链模式,最怕的就是猪一样的队友。"

小结:

如此来看,小米的生态链模式之所以能走得通,除了踩准时机之外,还有其他四个边界条件值得引以为鉴的。

第一,小米的生态战略,面向的是一群企业,而不是一个企业;更多是面向企业外部,而不是面向企业自身。

第二,小米与生态链企业是投资关系,而且小米是参股不控股,承担的是投资风险,而不是经营风险,因此它们既不是事业部制,也不是集团管控,而是战略联盟,或称商帮。

第三，尽管只是投资关系，但小米却做了相当多的管理之事，而非不管不问，至少确保了品牌调性的一致和产品品质的过硬。

第四，尽管不涉及经营风险，小米却很谨慎于不对品牌进行透支，对品牌使用进行了圈层划分，事实上为自身及整个生态都设置了防火墙。

常有人将生态战略的好处，诉诸文学化的表达，认为处于生态系统中的企业能够自我繁衍、彼此协同、相互共生……但事实上，这一切都是背后付出大量努力的结果，而从没有简单得来的成功。

三、生态战略的外在多样性与内在统一性

对企业来说，追求成长是一种近乎本能的需求。任何一个企业在发展过程中都存在着"经营多样化"的内在倾向。正因这种内在张力的存在，对于一个上了规模的大企业来说，大多都呈现出经营多样化的状态，如前向或后向一体化、水平一体化、同心多角化等。

但在移动互联网背景下，这一轮的多样化经营，其规模、范围与程度，恐怕已经很难用相关多元化或非相关多元化这样的语汇予以形容了。于是阴差阳错地，生态战略流行起来。这两年大公司的战略会议，已经很难回避"生态战略"这一提法了。

但生态战略因其多样性，往往又很容易让企业难辨主次，继而陷入战略空心化的危机。小米在这方面也走过弯路，所幸很快便调整出来，有着清醒的自我纠错能力。

用雷军的话说，小米只做手机、电视、路由器，尤其手机，"要用手机的先锋性产生的势能建立生态链"。如果用华为任正非的话说就是，"创新需聚焦在主航道上"。

小米生态战略的过人之处，首先在于它最初的思考就有着清晰的事业导向，而非利润导向，利润的考虑始终是后置的，更不是为了扩张而扩张，为了生态而生态。在此基础上，小米对其产业生态链布局的经营领域和能力范畴做出了妥当的安排，即明确主辅关系，分清轻重缓急，

寻求内在联系，进而以自身的组织能力为生态链企业提供给养。

无论对于事业部制、母子公司，还是产业联盟，只有本着统一而明确的事业导向，并切实执行，才有可能在各项业务间建立起内在的一致性，以结构性的力量统合起来，谋求有组织的"节约"与"集约"上的好处。进而，避免资源分散与精力耗散；避免在散乱状态下，过量使用或占用资源；避免组织功能在低层次上的重复与浪费。否则，无论用多么生动的语言来形容各项业务间的伙伴关系，也掩盖不了集而不团、多而不精、大而不强的实质。

事实上，小米生态链案例恰恰说明了，越是开展生态战略，越要重视内在的统一性，越要贯彻"有所为有所不为"的纪律性，否则势必杂乱无章，最终毁掉自己。

换言之，经营多样化是一种外在表现，任何违反内在统一性的多样化，在整体上都注定是低效的，也注定是难以持久的。同样是生态战略，相较于乐视之败，小米的高明之处体现在它很小心地把握着内在统一性的边界，具体体现在：

（1）统一于技术，输出方法论，并把控标准，提供人员、资源支持。

（2）统一于市场，共享品牌与渠道，同时划分圈层，不透支科技属性。

（3）统一于文化，目标与原则的一致性、相似的价值观真正支撑起小米生态链。这种文化层面的一致性是彼此间长期合作的前提条件，反过来，业务和事业的发展也有利于这种文化一致性的确立。

我们不能只看表象，而不问机理。小米生态链多样性的背后，正得益于它把握住了内在的统一性，才使其在整体上多而不乱、杂而有序、和而不同，但又相得益彰。

| 第九章 |
··· CHAPTER 9 ···

管理顾问工作带给我的启示

案例背景

德邦快递、传音控股、喜家德这三家企业，对我来说更像结伴同行的老友，而不是案例研究的对象。

过去三年多，我很重要的一部分工作是为它们担任常年管理顾问，参与它们的发展与变革。一方面，这几家企业的成长速度很快，每年都是一个新的阶段，许多事情都在变化之中；但另一方面，它们的核心理念及管理方式却很少，也不易发生变化。它们无一例外都是各自细分行业的领军企业，但放在整个大行业来看，也都在经历着或大或小的挑战。

对企业成长而言，历史就是过渡，只有演化才是真实的。

德邦在较长一段时间内，都是物流业公认的"零担之王"，但随着商业环境的变化，尤其随着电商崛起，德邦也在主动求变。2013年11月，德邦正式启动了快递业务，到五年后的2018年年底，快递业务的年营收已超过零担板块，赢得了转型之战的阶段性胜利。[注]2018年7月，"德邦物流"更名为"德邦快递"，表明了德邦的决心。

但德邦的挑战依然巨大，物流业现已进入混战模式，快递与零担间的边界正在被打破；而顾客的要求也越来越高，既要高速度，也要低价格，同时还要确保品质与服务。因此，只有综合竞争能力最强的选手才能最终活下来。但只要能活下来，就必定成为世界级的物流巨头。如何能够在与顺丰、"三通一达"、京东，以及安能、百世等友商的竞争中不落下风、脱颖而出，德邦还走在求索与奋进的路上。

传音就是另一个版本的中国故事了。多重巨大的反差，让传音显得极富传奇色彩。你很难想象，早在2006年，一群中国人跑到遥远的非洲大陆做手机，开始了艰辛的创业之路，后来成为业界的"非洲之王"。与它在非洲市场巨大的品牌影响力及业务规模形成鲜明对比的是，至少在2018年之前，传音在国内少有人知，也不做国内市场，行事风格颇为低调，而那时它已有200多亿元的年营收了。创始人竺兆江曾任波导手机的常务副总，尽管波导与传音没有资本或业务上的承接关系，但这听上去仍然像一个"老兵新传"的励志故事……

如果不是因为传音，我可能此生都不会走进非洲，至少不会去那么多次，也更无从了解这一代中国企业品牌出海背后的人的故事。

传音在非洲的成功，堪称"区域集中化战略"的经典之作，也将"think globally，act locally"（全球化思维，本地化经营）的打法演绎得颇为精彩。但随着传音走出非洲，品牌升维，其他手机厂商走出中国，全球布局，以及整个行业向5G时代发展，传音也开始经受更多维度的挑战。

与德邦和传音相比，喜家德仍处于平稳的模式扩张期。除了行业因素外，这也与其一贯的稳扎稳打的作风密切相关。如果从数据来看，某

[注] "零担"与"快递"，主要是按公斤（千克）段进行划分，零担一般指运输重量介于30千克到一整车之间的物品，快递一般指运送30千克以下的物品。按重量划分，依次是快递业务、零担业务、整车业务。

种意义上，喜家德就是中国最好的餐饮连锁企业。无论营业收入、利润率、总体增速，还是单店同比、人员稳定性……都几乎挑不出什么毛病，只是它的增长速度并没有这个时代所预期的那种疯狂。但是，它极为稳健。

作为一家水饺连锁企业，喜家德于 2002 年创立于黑龙江鹤岗，2012 年将总部迁至大连，最近三年，它正在走出东北及山东市场：2017 年立足北京，2018 年南下深圳，2019 年挺进上海。截至 2019 年年底，喜家德的门店数已超过 550 家，未来三年如无意外，它一定会从区域性品牌成长为全国性品牌，为众人所皆知。

事实上，在 2016 年下半年，我就跟创始人高德福谈到，喜家德的管理内功足以支撑它扩张到 1000 家店，到那时它才会面对新的挑战。他也表示认同。当时高德福的另一番话令我记忆犹新，他谈到了喜家德的梦想，语言很朴素，但却让我感受到了这家稳增长型企业背后的志气。

"喜家德的愿景是'传承百年，遍布世界'，我相信，随着中国强大了，总要输出点什么，餐饮中最有希望的可能就是饺子。"老高如是说。

本章所涉及的内容几乎全部发生在 2018 年之前，很少有 2019 年后的故事。这些企业的故事仍在继续，因此我无意披露它们最新的动向，而是聚焦于它们的成功经验中，或许最可资借鉴的那个部分。这也使得，读者不可能从我的介绍中，获知它们的全部信息或秘诀，而且，我也无意赘述许多媒体已报道过很多遍的故事。当读者对案例企业有所了解后，我所阐释的部分将令你对它们的管理缘由理解得更加完整。

它们各自的经验更适合被写成一本书，而不是一篇文章。不过作为我的第一本专著，如果少了它们的故事，无论如何都是有缺憾的。

我很感谢能有机会与德邦快递、传音控股、喜家德等企业相伴成长，它们分别从不同维度大大丰富了我对组织管理中实际问题的理解，也让我有机会经常来往于理论世界与实践世界。

同时，常年作为一名顾问，我必须尽到自己的义务——好的管理总在体系内发生，但好的顾问必须在体系外进行整体思考。这常常不令人喜欢，当大家都感到一切运转良好时，我仍要识别出其中的问题，发出"仍然不足够"的提醒。以此来看，顾问工作似乎很容易让人变得吹毛求疵，并助长骄傲心态。我必须警惕于自己的轻慢，同时也要站稳中立的立场。

对喜家德、德邦、传音控股的组织管理分析，主要聚焦于以下三方面。

第一，创始人对组织的影响，尤其是创始人的内心剧场是如何影响一家企业的气质的。

第二，组织机制问题，即组织中的各项能力是如何被关联起来的。

第三，组织形态问题，更关注从个人视角来看，你在这一组织中的真实感受如何，以及它为什么会长成现在这个样子。

另外，需要多说一句，以上三方面在逻辑上并不互斥，而是呈现出一种"你中有我，我中有你"的关系，它们相互交织，才共同构成了一个企业中真实存在的组织机能。

一、喜家德：产品主义与以人为本的胜利

这三家企业中，喜家德是我第一个接触的，也是最早向我发出邀请的，只是我当时还在忙其他的事情。后来跟德邦合作后不久，我也开始为喜家德担任顾问。

现在想起来，2016年夏天到2019年夏天，刚好是喜家德从推出"I平台制"，到各平台自主运行渐入正轨的三年。截至2019年夏天，喜家德已有近10 000名员工，但始终没有常规意义上的人力资源部、市场部、财务部等职能部门，其功能由各平台代为实现。但有所不同的是，各平台的台长和台员并非专职，而是由业务端的合伙人兼任。因此，喜家德总部的人员很少，约占总人数的1%，这是喜家德的管理特色之一。

创始人对组织的影响

我是在2016年夏天第一次跟喜家德创始人高德福（以下简称"老

高")见面的。他是 1972 年生人，看起来干净利索，整个人的精神状态更显年轻。所以，当他跟我说，这是他干餐饮的第 27 个年头时，把我吓了一跳。

老高很早就步入了社会，18 岁入餐饮行学手艺，19 岁开始开餐馆，是创业路上的老兵。他之前一直做正餐，经历过不少业态，如火锅、海鲜酒楼、高端会所……并很快小有所成，在老家鹤岗的餐饮圈里很有名气。2002 年，他创办了喜家德水饺。

我在跟做 to C 业务的企业家见面前，总有一个习惯：仔细研究该企业的产品，或体验其服务，有门店的就到门店去好好消费一把。这其实就是换位思考：如果让我做这摊业务，拼死做，我有没有可能比他做得更好？

当时喜家德已有 420 多家店，主要分布在东三省及山东，北京只有 4 家店，我跟团队成员一起去了一家北京的店。结果我发现，在家常水饺的定位下，喜家德卖水饺配小菜，客单价 35 元左右，现包现煮，你能想到的办法，喜家德几乎全想到了。每道菜都不错，并且有想法。我尤其注意到一个细节，它家的饺子皮也很好吃，而且即使放凉了，也绝不会粘在一起；把两个饺子分开时，皮儿不会被撕破，这其中一定是下过功夫的。

后来跟老高正式见面，第一天我们就谈了很久。次日一早跟老高反馈，我对他有两点最深刻的印象：第一是时间感好，第二是常识感好。到现在我还坚持当初的判断。

1. 关于时间感

我发现在我跟老高的交谈中，他大多数的表述都跟时间有关。比如，他的名言是"一生做好一件事"，这也成了喜家德的企业文化。他在企业内部提出并推行"目标工作法"（见图 9-1），其核心包括四个步骤：①找到自身优势；②解决主要问题；③设定阶段性目标，使命必达；④累加阶段性成功。这是老高的成功秘诀之一，他也希望员工能养成这样的工作习惯，即把大目标分解成小目标，不断累积阶段性成功。再如，老高特别强调企业扩张中的"根据地"战略，然后开遍全国、遍布世界，为此形成一急一缓的节奏感，拓店面、夯运营、强品牌有序展开。最后，他希望企业能传承百年，这也是他最大的心愿。

一生做好一件事

图 9-1　喜家德的目标工作法

实际上，审时度势的艺术是领导者的看家本领。好的企业家总能听到企业成长的脚步声。在这方面，老高很敏锐，感觉也很准。

常识感方面，主要体现在对产品的理解、对用人的把握上。我常说，做企业不一定需要知识，比如非得读个 MBA，但必须有常识（common sense）。许多企业家没读过大学，但对事物的本质有惊人的洞察力。就像以前家中的老太太，管着一大家子人，她也没念过书，但持家可持得好着呢！

2. 常识感之于产品

在对产品的理解上，有一次我跟老高一起面试大厨的情景，令我十分难忘。那时，喜家德想找一位主攻凉菜的研发师傅，该面试师傅张罗了一大桌子菜，我印象中有菜花蚕头、夫妻肺片、花椒虾仁、姜汁拌肚、豆腐丝等。菜品一道一道地上，我们一道一道地品，在座的还有喜家德自己的两位师傅。老高一直没怎么说话，中间就问了问自家师傅："你们觉得全中国凉菜拌得最好的是哪里？"回答是，论摆盘精致在江浙，论北方口味数鲁菜。

等最后，该面试师傅也一起上桌了，老高才开始点评，大概是这么说的:"这位师傅把中国该走的地方都走了,这桌菜各菜系差不多都有。摆盘也漂亮,见功夫。但咱家更讲究口味,就想研究北方菜。喜家德一直没进华东,因为饺子馆是高频消费,必须研究透江浙人的口味。"⊖

然后老高谈到他对产品的理解,我总结下来,核心有三点:①尊重食材本身的味道,找最好的食材,本味为先;②找最佳搭档,把食材本身的味道激发出来,用老百姓的话说就是食材与食材之间要"搭";③要有记忆点,味道要"浓重",但不是咸,而是指食材本身的味道要浓郁。

老高说他不喜欢复杂的味道,比如川菜,有时调味成主要了,食材反倒次要。"火锅店老板凡是弄明白怎样把食材本身的味道激发出来的,都活下来了。"老高如是说。

那天面试师傅跟我说,跟老高试了一回菜,就跟上了一次课一样,他也提升了认识。

不过某种意义上,方法论仍然是次要的,关键在于对方法论的理解,即关键仍在于人。我跟老高经常一起试菜,他总能抓到点子上。不光是因为他舌头好,关键还是他经验太多了,而且总能站在一名普通顾客的角度来想问题,一下子切中要害。我跟国内不少餐饮头部企业的创始人都打过交道,到目前为止,我仍然认为老高是我心目中的两个顶级产品经理之一。

3. 常识感之于用人

在识人用人上,老高一直秉持的是找到每个人的擅长点,然后用人所长。在我跟喜家德密切交往的三年多时间里,老高很少跟我谈到某人在哪方面不行。他总是习惯去想:这个人的长处是什么?如何进行人员搭配?而"找长处、搭班子、补短板"也是喜家德文化中的重要组成部分,许多资深伙伴都耳熟能详。

这跟老高早年的经历有关。2000年,老高有二次创业的想法时,也曾尝试过房地产、煤矿等领域,后来还是选择了餐饮。老高跟我讲,他

⊖ 此事发生在2018年年初,当时喜家德在上海还没有门店。2019年5月,喜家德在上海同时开了3家门店,正式进入华东市场。

在餐饮业中也涉足过很多业态，"最后凡是自己喜欢的都死了，凡是自己擅长的都活了"，于是他更加坚信，要想把一件事真正做好，就必须在自己最擅长的领域里打拼，他将其称为"坚持击打自己的擅长点"。

喜家德文化中有一条叫"利他沟通"，这一点我体会得更深刻。老高每过一段时间就要跟我聊，在与喜家德的合作中，我能得到什么，我未来怎样可以发展得更好。几乎每一次都是他主动提起，每年有两三次，他很操心我的前途，而这当然会让我觉得很温暖。

在相当长一段时间内，喜家德的企业使命就是两句话：提供放心美味，帮助伙伴发展。毋庸讳言，这跟老高的个人追求密不可分。

其他方面，老高还是个特别爱学习的人。我在他的办公室见过一本被翻烂了的《新华字典》，他说遇到搞不清楚的概念时，就会去查字典。说实话，我很少在一个企业家的办公室里看到过字典，而当它被翻烂时，你就会感到这绝不是一件摆设，他是在玩真的。

老高第一次听我讲课，是关于企业文化的内容，结果我下一次就看到，他办公室的白板上整整齐齐地誊写着我的课程讲义，后来这些内容就出现在店长的双月会上。这种学习转化能力之强、速度之快，挺让我震惊的，以至于后来我每次跟老高见面时，都会去看看他办公室里的白板，那上面写的便是最近他正在学习和思考的内容，每次都不一样。

老高的大女儿跟我讲，她的父亲没有学历，但不等于没有学问。这点我是认同的。喜家德也设有自己的企业大学，其中最重要的课程就名为"水饺学问"。

实际上，餐饮是个外人看起来很简单，但实际做好了很不易的行业。看起来就是一个小小的饺子馆，但喜家德就是有那种"螺蛳壳里做道场"的劲头儿。有时企业和企业之间，气质和追求就差了那么一点点，最后就差出去好多。

最近这半年多来，我都在忙其他的事情，不常跟老高见面了。但他在我的印象中，始终是一个特别精神利索的人。比如，他的头发好像永远都一样长，我也从没见过他有一丁点儿胡子茬，他每次都穿着白衬衫，捯饬得整整齐齐，也要求员工的工装必须一天一换。喜家德特别讲究"好吃干净"，老高首先做到了。

某种意义上，创始人的做派就是企业风格的表率，他为企业中的"何为正确"树立了一种鲜活的标准。这点在喜家德体现得特别明显。

组织机制问题

华莱士快餐连锁店[一]曾将自己的成功之道总结为"一本万利"，指的是一个基本点、一万家店，我认为这是一个很有解释力的提法。餐饮连锁企业的持续成长，最重要的就是解决好两个问题：首先是模式，尤其产品力的问题，其次才是模式的有效复制。

1. 关于产品力

有许多对喜家德组织管理的研究，都很容易忽视"一本"，就是它的产品力之强。这是因为喜家德在产品端的表现并不张扬，没有很强的进攻性，更没有网红属性。它做的都是大众口味，通常只卖五种馅，卖得最好的是虾三鲜和猪肉芹菜，偶有应季新品，面向的主要是 35 岁以上的成熟客群，以及家庭消费，而不以 18～35 岁的年轻人消费为主。

目前有许多餐饮企业，都希望在自己的产品和调性中注入时尚元素，显得又美又潮，这当然很容易吸引媒体的注意，甚至会让品牌自带流量。但喜家德对这些并不感冒，就像俗话说的"花无百日红"。喜家德在意的是做老百姓的生意，它很少做营销推广，这也的确不是它的强项，它进入一个新的城市，常常习惯于"冷启动"，更相信细水长流。

顾客通常都是因为喜欢喜家德的产品而成为回头客的，评价也非常简单，就是"好吃"二字。喜家德的饺子和菜品，用料绝不出奇，但胜在每个环节都细致考究、干净卫生，最后就是让你吃完之后留有念想，过不了多久还想再吃一次。餐饮业是一门众口难调的生意，但喜家德的

[一] 华莱士是我国本土最大的西式快餐企业，2000 年成立于福州，主做炸鸡汉堡，以极致性价比著称，目前已有 10 000 多家加盟店，在业内同样颇具影响力。

产品却少有差评，你可以批评它的种类少，但很难说它不好吃。

这也是喜家德用力最深之处。喜家德内部会评选出专门的"好吃专员"，这不仅是一种能力的体现，更是职责所系，他们中许多人对口味的把握，有时比老高还要准。日常化地，在喜家德的500多家门店，每位店长每天至少要吃6个饺子，对每种饺子今天的出品标准做到心中有数。我估计，老高应该是全中国，乃至全世界吃饺子最多的人，因为他每天都做到标准之上，日日如此、经年累月，精于此道、以此为生。

当把问题反过来想时，道理就显得更清楚了。如果你想做一家饺子连锁店，每天都是新鲜馅料，每家店都坚持现包现煮，而且有500多家店，都要求供应链稳定、生意稳健、常年如此，你也就只能这么做了，即把最简单的小事做到极致。可以说，如果没有产品力的有效支撑，喜家德的生意经或称经济循环是注定转不起来的。

老高曾不止一次地跟我讲，"喜家德前些年，什么都不知道，什么也不想，就知道一门心思包饺子"。但这恰恰抓住了饺子连锁生意的根与本，看似不聪明，实际上是大智若愚。

这种企业往往更容易活得长久。

2. 关于模式复制

其次才是模式复制的问题。这就不得不提到喜家德独创的"358合伙人机制"。这套机制从2005年被提出，一直支撑喜家德发展到今天。尽管该机制经历过修修补补、不断完善，但核心逻辑却从没变过。

在我看来，这套机制最大的价值：一是明确了责任归属，店长是门店的主人，合伙人是企业的主人，自己管理自己最有效；二是构建了动力机制，或称向上发展通道，其逻辑是，能力越强，开店越多，股份越多，三者正向循环，以此自己督促自己成长。

举例说明。简单来说，针对门店管理组（包括店长、储备店长等），实行双月绩效考核，考核达标之后，比如对储备店长张北，在开新店的时候，可以享受新店3%的干股奖金。此时，张北的薪酬结构从之前的拿工资，转为靠分红。

张北的门店如果继续通过双月考核，那再开新店时，可以拿新店 5% 的股份，老店仍然是 3%。新店的 5% 属于资金入股，张北成为真正意义上的门店股东。如果开到 5 家店以上，张北就拥有每家店 8% 的股份。随着能力提升，门店数越来越多，张北的股份也越来越多。其实 358 机制的核心是围绕着股份增益的一套内部激励机制、成长机制。

2019 年 2 月之后，喜家德的合伙人机制，最多可以让合伙人分到门店 40% 的股份，跟西贝莜面村的创业分部⊖相当，这一激励力度是相当大的。

喜家德的 358 合伙人机制，如图 9-2 所示。

认可喜家德经营哲学，愿意不断奋斗获得成长的人

图 9-2　喜家德的 358 合伙人机制

⊖ "创业分部"是西贝莜面村的管理特色之一。创业分部与西贝总部是利益共同体，创业分部占 40% 股份，总部占 60% 股份。创业分部下设创业支部，分部老大、支部经理和分部骨干都持有公司股份。每个创业分部的决策权很大。创始人贾国龙对这种总分关系的定位是，老板和大家一起设定方向，总部赋能，分部各自创造，老板兜底。

张北凭什么获得开新店的资格？这主要看双月考核，核心是营业额增长率，据此排出 ABC。然后按照已累计的 ABC 积分，发放开店牌照。老高对此想得很清楚，毕竟公司投入的资金比例更大。通过内部赛马，考核店长能力，可以做到对店长和公司双向负责。

反过来，张北也可能被撤除开店资格，比如总部稽查团队判定他触碰了公司的红线。这方面喜家德的规矩很多，类似麦当劳的 QSC 体系，但更具喜家德特色。

这样逻辑就清楚了：①店长的收入从靠工资转为靠分红，因为这是你的店；②内部赛马是加分项，拿牌照，合伙人获得拓店资格；③内部稽查是减分项，总部享有撤店权力；④由此，开启升级打怪模式，能力越强，开店越多，股份越多，合伙人与公司相互成就。正因如此，喜家德店长的离职率比同行业低得多。

实际上，喜家德是在不经意之间，摸索出了一套真正"以人为本"的管理办法。这里的"以人为本"指的不只是重视人才，或展现出足够的管理善意，而是相对于"以资为本"而言。它是把人才本身当成一种投入，那么理所当然地，人才就应当享有剩余价值的索取权。这样就从根本意义上消弭了劳资对抗，主要管理层皆为股东，而非雇员。

老高是从 2003 年开始琢磨这套合伙人机制的打法的。他自己是开餐馆出身的，就更想让其他人也成为店老板，而且一定要帮大家赚到钱。公司早期吸引到的合伙人也多是小本生意的从业者，比如服装店老板。这种"老板文化"在喜家德根深蒂固，作风朴素而务实。

喜家德从一开始就没有走麦当劳式的职业经理人路线，以至于后期再想转变的时候也极为困难。事实上，对许多公司管理问题的理解，必须回到它的历史逻辑中去。

随着这套机制的发展，喜家德的内部逐渐变成"N 个家族的家族企业"，这也是老高的一个心愿。逻辑是容易理解的，当合伙人管的店越来越多，乃至股份比例达到 40%，他不可能仍然是每家店的店长，而是区域负责人，在他之下是股份比例更少的店长。从这个角度看，358 机制就

像俄罗斯套娃，也是一套合伙人分级管理体系。○

因此，喜家德的动力机制是内生的，它始终导向自我发展，自己管理自己，然后不断进行细胞裂变，推动整个组织的成长。

但这可不意味着整个企业就可以"自组织"了，总部层面就不需要做管理了。实际上，激励模式是一回事，能力建设是另一回事。尤其近两年，老高想得最多的一个问题就是："当开到1000家店的时候，能不能跟现在500家店的管理水平一个样？"

这个问题最终还是要回到合伙人及各级员工的能力建设上。在这方面，喜家德是一家有极强的方法论偏好的公司。内部常用的方法论包括：目标工作法、擅长点工作法、流程清单工作法、赛道PK工作法、榜样工作法、民主投票工作法、试点工作法、复盘工作法……老高常说，"我们是靠总结经验吃饭的"。

3. 关于文化建设

老高平时找我聊得最多的，就是关于企业文化建设问题。其实，这方面真的不是喜家德的弱项，反倒是它的强项。喜家德很早就推出过《小红本》，是企业内部的文化读本，每位店长人手一册，每次双月会很重要的内容就是学习文化。只是老高觉得"仍然不足够"，他还希望能做得更好。

后来老高听我说，"文化是共同习得和默认的假设""衡量一家企业有没有文化，要看它内部有没有一些惯用的口头禅"，他很快便心领神会，跟合伙人一起总结出了《喜家德大白话》，贴在公司总部和水饺大学的楼道里。

老高还想到了一句更通俗的解释："什么是企业文化？大家都这么想，都这么说，都这么干，这就是企业文化。"

现在我们常说要激活组织、激活个体，实际上，组织模式设计只是

○ 海底捞有一种类似的办法，即通过师徒制培养人才，师父店长除享有自己门店的业绩提成外，还可以享有徒弟店、徒孙店的业绩提成，由此形成关联机制。创始人张勇将海底捞的管理特色称为"连住利益，锁住管理"，这便是一种体现。相比之下，喜家德分享的不是利润，而是真正意义上的股权。

第一步。从喜家德的经验来看，它是把更多的精力都放在了武装队伍上，从想法到方法，上下贯通，长此以往，最终才取得了成效，整个企业形成了组织起来的力量。

不得不说，老高是个很全面的人。一个餐饮创业者的成长，通常要经历懂产品、通经营、会管理、做组织、建文化等五个阶段，所谓"过手如登山，一步一重天"，少了哪一个阶段，都很难推动企业的进一步成长，这是对领导力持续突破的莫大考验。

组织形态问题

组织形态更关注人们在企业里的实际感受如何。就像每个组织的内部，都或多或少地设有层级安排、高中基层，这些画到组织结构图上没什么两样，但实际上，上下级之间的关系究竟是偏向管控，还是偏向赋能，甚至会有天壤之别。这种差别有时不易被内部人识别，所谓"只缘身在此山中"，但却很容易被外人察觉。

1. 员工的工作风格

第一次跟老高在大连总部正式会面后，次日司机杨师傅去接我。一路上我跟杨哥聊天，中间说了一句："你们喜家德做得很好，可能会成为下一个海底捞。"其实在很多场景下，这都会被当成客套话，但没想到杨哥回复我："我们一定会比海底捞做得更好，我是吃过喜家德的饺子后，才加入这家公司的，我们高总有那个劲儿。"

这让我十分感慨，当天就发了个朋友圈，我说："某种程度上，一家公司的前途就活在员工的嘴里。"

喜家德有种长期以来的员工文化，都成了内部的顺口溜，叫"以勤为本""结果导向"。这跟"餐饮业是个勤行"的行业属性有关，跟合伙人体制、内部赛马的管理机制有关，同时也是企业工作作风的体现。

喜家德总部的门口，始终有两块小白板，分别写着：

上班提醒：今天工作要**解决的问题**，请努力实现，才有价值。

下班提醒：明天工作要**解决什么问题？**今天下班时，请想好。

另外，公司的前厅陈列有企业用人标准：①我们要用能找到主要问题的人；②我们要用能解决问题的人；③我们只按解决问题多少与创造价值多少来给予升职发展空间。如果你不符合以上三点，请重新择业。

2. 干部的工作风格

在上下级关系上，喜家德内部习惯将上级称为"领导"，比如，他们很少将创始人高德福称为"高总"，而是称"领导"。"领导"在喜家德有专门的解释——"领着干，当导师！"

这在喜家德内部有真切的体现。比如，王建青是负责运营的高管、老高的得力搭档。我跟建青一起巡过太多次店了。但每一次，建青都会基于门店表现，当场给出改进意见。她的理由很简单："每次巡店，总要留下点什么，否则就白来了。"

建青长期是企业大学的负责人，巡店也是喜家德的特色之一，即"以练代考"，其实就是把培训工作做到前面，做到位，绩效自然会好起来。

老高也是这样。有一次，我们和诸多合伙人一起到日本考察餐饮业态，大家每天都要开会到半夜，然后分头写学习心得，通常要忙到凌晨三四点。但次日早上六点钟不到，老高就在微信群里批改前一晚的作业了，七点半大家再集体学习，持续一周。

老高的大女儿跟我讲，她的父亲常年如此，在生活中是个很无趣的人。但我却挺喜欢这样的企业家，年轻时把该玩的都玩了，人到中年，一门心思拼事业。在我们密切合作的几年里，我从没听老高说起过任何休闲娱乐活动，一次也没有，他好像把自己有趣的那一面都放在工作与学习上了。

3. 关于员工群体

从员工群体来看，喜家德有一个很少见的现象，就是二代比例很高。"喜二代"一方面指的是年纪，指的是近几年大批进入公司的"95后"员工；还有一重意思，指的就是血亲。

老高是成名偏早的。喜家德早期的合伙人，许多都比他年长。后来他们的子女在20多岁的年纪也加入了喜家德，其比例之高在民营企业中是极为罕见的。他们普遍比父母辈受过更好的教育；从小吃着喜家德的饺子长大，对公司有非一般的感情；在工作中也更有想法。老高不止一次地跟我说，他在"喜二代"的身上，看到了公司的希望。

其实这反过来也能印证很多问题，父母愿意把自己的孩子送到公司，这自然说明了从职业发展、待遇、公司文化、内部管理等方面衡量，这一选择至少是相对更优的，这是理性层面的考虑；感性层面，或多或少包含着对公司的爱。

我还记得有一次在年会上，有一位资深合伙人很动感情地跟我谈起，喜家德对于她不仅是一份"事业"，更是一份"家业"，她的孩子也在公司工作，要把"家业"传承下去。

曾有一段时间，我担心过二代问题会不会引起裙带关系，但由于喜家德有强烈的"结果导向"文化，内部赛马的规则一视同仁，数据全程透明，并没有影响到内部公平，大家在发展机会上是均等的。反倒是因为第一代合伙人在公司或多或少地完成过财富积累，他们的子女在心态上显得更为开放，在同一个城市或区域也更愿意互帮互助。

自2016年夏天，老高也把自己的大女儿放在公司，从基层做起，现在也独立带店了。老高有两个女儿，他的二女儿很清楚，自己未来也会走跟姐姐一样的路。

4. 关于干部群体

从干部群体来看，喜家德不设职能部门，没有部门长官，取而代之的是Ⅰ平台制，诸如开发选址平台、菜品精进平台、营销平台、管理干部选拔机制平台等，台长由合伙人兼任，台员也多是业务口径的合伙人，因此不存在许多公司常见的总部与一线的对抗，反倒是总部的专业人员为台长提供支持，每个专业平台为所有店长服务。由于台长及台员自己都有门店，拿出的专业方案可以自行先做试点，然后再在公司层面过会，我将其总结为"小试大推"，这也成为Ⅰ平台的工作方法之一。

I平台制中的"I"指的就是专业化,"I"从字形上强调的是纵深到底,它相对的是人才的"T"字形发展。"I"更强调与其广博,不如专精。这跟喜家德长期倡导的"一生做好一件事""匠人精神"是一致的。喜家德内部有大师岗,比如面案大师;注重好吃,就设有"好吃专员"。事实上,倘若"专业化"能成为组织内部的一种主要追求,往往能帮企业规避许多政治性的烦恼。

有对喜家德I平台制的研究认为,这是一种难得的组织创新。但我并不认同。我们必须把组织形式与组织功能分开来看。就像许多公司没有人力资源部,但不意味着它没有这项功能,人事工作也完全可以交给业务部来兼任,只是这一选择通常并不经济。以此观之,I平台制不是理论意义上的最优模式,它只是一种可被接受的现实方案。从更长远看,它是一种过渡模式。在这一点上,我既认同老高基于当下的权衡与选择,也坚持我的专业判断。

5. 关于决策问题

在决策方面,喜家德一直坚持非常典型的民主集中制。在大会小会上,它都喜欢用投票来做表决;也经常展开辩论,然后互换立场;或是用便笺纸来收集不同意见。

我还记得,有一次老高在店长双月会上提出一个想法,我突然生出不同意见,本打算先跟老高交换看法,但他建议我直接上台去讲,无须商量。没想到最后投票结果是,大家压倒性地赞同我的方案,搞得我都有些不好意思了。后来老高在台上还调侃了一句,"看来有时还是得听老师的,而不是听老板的"。

这种场景在许多公司是很难想象的,但却是喜家德的组织日常。尽管谁都清楚,最终把握方向的人一定是老高,但在喜家德内部,却更容易听到不同意见。这很可能导致它的决策趋于折中与保守,但也极少在关键问题上犯大的错误。

喜家德是一家非常朴素的公司,它很尊重常识。我常常觉得,的确是朴素的道理造就了卓越的企业。老高不是那种绝顶聪明的企业家,他的智慧来自长时间的思考与实践。

第一次见面时，老高就跟我说，他在琢磨喜家德的经营哲学，因为他意识到了，"不是企业在经营哲学，而是哲学在经营企业"。

两年后，老高又跟我补了一句："常识推到极致就是哲学。"

二、德邦快递：从管理制胜到战略驱动

德邦的管理复杂度⊖，比喜家德大得多，这是由以下几方面原因共同决定的。

其一是管理规模。截至 2018 年年底，德邦的年营收已达到 230 亿元，采用直营模式，员工总数超过 14 万人。尽管这类规模性指标，不是衡量管理复杂度的绝对因素，但依然是重要的参考因素，而且在多数情况下具有正相关性。德邦有 13 个地区部，不少地区部一年的营收超过 20 亿元，相当于一家中型企业的体量。

其二是业务属性，这点更为重要。德邦做的是物流，它的产品是一种交付型产品，或者说，产品即交付。打个比方，客户从 A 地发货，经 B 地中转，最终送达 C 地。因此，整个公司的业务形态是围绕着一张网络而展开的，它是一家全网型公司。

这决定了德邦各区域之间的相互依赖性，比超市连锁、餐饮连锁类企业大得多。像对海底捞火锅来说，它是单点型公司，每家门店都可以作为一个相对独立的考核单元而存在，其对顾客需求的响应是一站式交付的，各门店做到"独善其身"就足够了。但这点放在物流行业就很难，因此，我们在分析组织问题时，必须考虑业务属性的影响。

不同行业间的差别经常很大，很难有绝对意义上的最佳管理实践。

⊖ 此处之所以要对"复杂度"进行说明，是想呈现出不同行业、不同企业中组织问题的客观差异，而避免使用"难度"的概念。对难度的评判更容易夹杂主观色彩，所谓"难者不会，会者不难"；但对复杂度的评估，主要涉及的是对一种局面评估，即把解决问题的能力与所要处理的局面分成两类问题看待。

模式的适用性要依情境而定。至于新近的管理思潮，更多的价值在于思维上的启发，而很难用于解决具体实际问题。

其三是战略转型，从零担到快递。德邦在很长一段时间里都是零担行业的王者，收入规模大于同行业前 5 名之和。但随着商业环境的变化，尤其随着电商崛起，为谋求更大的发展，德邦就必须从零担赛道切换到快递赛道。

这对于全网型公司的挑战是巨大的。因为这必然是一个系统性问题，而这张网最初并不是为快递业务所准备的。

2018 年年初，德邦 A 股上市，成为国内第一家 IPO 快递股。而在此前的一年半时间内，"三通一达"、顺丰、百世等公司悉数上市，整个行业的竞争进一步加剧。德邦必须兼顾老业务和新业务，同时打赢两场战争。

目前，这场转型仍在进行之中。

创始人对组织的影响

德邦快递创始人崔维星（以下简称"老崔"），1970 年出生于山东诸城，是家中三兄弟的长子，1988 年考取了厦门大学会计系，这在当年绝对算得上高学历了。参加工作后，老崔又一次性通过了注册会计师的所有考试科目，获得注册会计师证。这些都是创业前的故事，但足见他在年轻时就一直追求上进。

后来在德邦的发展历程中，老崔格外重视人才发展。他本人极爱学习，眼光也很高，我认为这与他早年的经历不无关系。

1. 长跑精神与大局观

我跟老崔是在 2017 年 3 月的一次企业家私董会上认识的，当时我讲了一些对组织管理的看法，没承想引起了老崔的注意，他邀请我到公司做客。结果我们第一次见面就聊起了运动的话题，那时我才知道他是一个长跑健将，高中时就是学校 5000 米跑冠军，后来又夺得厦大万米跑第一名。年轻时，他的万米跑成绩是 39 分 20 秒，而直到 48 岁了，老崔仍然可以一口气做 13 个引体向上。他很强健，作风硬朗。

"我喜欢长跑，因为它不只拼实力，更要有耐力支撑和合理分配体力的长远策略。做企业和长跑一样，要有清晰明确的目标、坚持不懈的毅力和长远发展的眼光。"老崔如是说。

我们很难将企业家喜好与他做出的经营选择之间，建立起明确的因果关系。但这种影响又往往无处不在。老崔在各类讲话中很喜欢谈"长远"，例如，"做人做事要有长远的志向"；"从长远的角度讲，人才是最长远的"；"成本是要节约，但影响公司长远发展的事不应该做"。管理层谈起老崔对大家的影响时总会说，"老板是有长期思想的人"。

德邦很喜欢将自己形容为"长跑型选手"。2007 年德邦就出台过《长青法则》，2014 年又将新的文化纲领升级为《长青之道》。2019 年 9 月，当德邦庆祝自己 23 岁生日时，公司在全国各地举行了规模盛大的万人长跑。"长跑"也的确是德邦的一种文化。

我很难讲，德邦的每件事都做得足够长远，但这至少是其创始人及管理团队的一种心愿。反过来说，如果一个公司连想都想不到，就更没可能做到了。

老崔的大局观和方向感是很准的，尤其体现在德邦历史上的几次战略选择及产品创新上，包括：1999 年，推出空运合大票模式，那时德邦主做空运业务；2001 年试水汽运，2003 年又坚定了这一战略选择；2004 年推出"卡车航班"业务，后于 2009 年更名为"精准卡航"，这算得上德邦在零担时代最成功的产品创新；2013 年 11 月启动向快递转型；等等。

2. 对细节的关注与对管理的追求

不过，老崔也是个细节控，他经常对一些细节问题观察入微。

我还记得 2018 年 3 月的德邦年会，德邦历史上第一次给五星级快递员发金砖——给 82 位快递员，每人发了价值 10 万元的金砖。彼时，公司刚上市不久，士气高涨。中场休息的间歇，我就想听听老崔的感受，但没想到他在观察快递员身上的荣誉着装，跟我提到料子还不够好，纽扣的质量也不行，德邦人做事还是不够用心等。

还有一个场景令我难忘。中午吃饭时，老崔执意要跟快递员一起用餐，拉着我一起去，吃饭中间嘘寒问暖，结束时搂着每一位快递员的肩膀拍照，感谢他们对公司做出的贡献。他那天中午的笑容，我至今难忘，那是一种完全发自心底的欢喜。

快递行业和客户对德邦有一个普遍的评价，就是服务好。很可能，这与老崔对细节的关注不无关系。德邦有许多这方面的理念，老员工再熟悉不过了，诸如，"像搬运自家电视机一样，搬运客户货物""丢货等于丢饭碗""细节决定成败""成功并不需要什么诀窍，就是比别人多锄一锄头"……

德邦人在分析问题时，很喜欢用"精准""做深做透""研究要深刻""逻辑理顺""执行到位"等语汇。许多源头都在老崔这里。

第一年跟德邦接触时，我经常感慨，这家企业管理得真好、真细致，想得真周全。德邦方方面面的管理皆成体系，方法论相当完整，至于工作标准及流程建设更不必说。坦诚地说，对于许多企业的成功，管理既非充分也非必要条件，但管理能力对物流企业的成功是一个先决条件。物流行业的管理水平比许多行业都高出一大截。

我曾经做过一个假设，企业成功很重要的一个原因，就是创始人的特质与行业某一阶段的成功要素刚好匹配。这在许多公司都能找到例证。反过来，企业能否取得进一步的突破，也取决于创始人对自身的超越。

3. 向最优秀者学习

老崔也极爱学习。许多创始人都是"野孩子"出身，从小就是街上的孩子王，他们更习惯从谈话中学习，不喜欢看书。老崔不尽然，他既爱听课，也爱读书。有的创始人，连听明白其他公司成功经验的耐心都没有，但老崔很喜欢对标学习。老崔并不是一个有理论偏好的企业家，他更喜欢听我讲企业见闻，他对业界的先进经验总是充满好奇。

老崔的爱学习，集中体现在学华为，以及与咨询公司的合作上。

德邦在业界是有名的"学华为标兵"。早在1999年，那时德邦刚成立三年，老崔就接触到了《华为基本法》，认为它写得非常好。受其启发，老崔用三年时间编出了《德邦基本法》。可见，学华为是那时就埋下的种子。后来在 2015 年，德邦高管又集体学习了《以奋斗者为本》一书，并成立了专门的部门，研究华为、学习华为。等到 2018 年，时任华为轮值董事长的胡厚崑来访德邦时，他也没想到德邦对华为的学习已如此之深。

德邦在跟咨询公司合作方面，很舍得投入。以 2017 年为例，德邦的咨询预算超过 1 亿元。德邦的眼界也很高，许多项目挑选的都是顶级公司的顶级团队，大多数国际一流咨询公司都跟德邦合作过，包括麦肯锡、IBM、BCG、美世、埃森哲等。这些第三方机构为德邦的发展帮过很多忙。但在合作过程中，德邦也走过弯路。难得的是，它把这些经验和教训总结为《借力咨询》一书。我个人认为这本书很可贵，尤其是它从甲方看乙方的视角很独特。老崔评价，"对有一定规模和想做到一定规模的企业，这是一本有价值的书"。

4. 乐观主义与直面不足

还有一点不得不提的是老崔的乐观。我在跟德邦合作的几年间，也见证过德邦的起伏和艰难时刻，但老崔好像总有一股革命乐观主义的劲头儿。

老崔并不是抵触问题的那种人，相反，他很乐意直面公司的不足，也希望我给德邦多提意见。而且，任何人跟他谈事情，但凡遇到没听明白的地方，他都会直说，"我没搞懂，请你再说一遍"。当其他人对公司发展感到焦虑时，他常会说，"相比以往，现在是德邦历史上的最好时期"。老崔是个很真实的人，在这方面从不玩虚的。

这的确更容易让团队感到心安。德邦曾邀请过金一南将军来公司演讲，借用金将军的话说，这称得上"心胜"，即"战胜对手有两次，第一次在内心里，第二次在现实中"。"心胜"并不意味着胜利，但却是迈向胜利的第一步。

组织机制问题

许多老板都跟我说过，自己做的这门生意最难。我相信这也是真心话，但很可能是因为缺乏比较。

这对企业家群体来说，不构成什么太大问题。况且，许多企业家一生只创过一次业，做好自己的事业已经足够。但对研究者而言，就很有必要搞清楚不同的业务属性、模式定位、企业发展阶段所面临的挑战，以及它们究竟是怎样对管理问题产生影响的。

对德邦而言，它所面对的组织难题，至少要从总部与一线的关系、一线与一线的关系、总部与总部的关系等三个维度来进行拆解。同时，由于涉及正在进行中的战略转型，以下更多的只是呈现一组分析框架。

1. 总部与一线的关系

首先是总部与一线的关系。德邦做的是物流，经营的是一张网，网络覆盖率是衡量竞争力的一个重要维度。原因很简单，网络的广度不够，该接的货接不了，该发的货也发不了，客户自然不会选择你。因此在很长一段时间内，德邦的规模化扩张，靠的都是开网点。尤其德邦在零担时代，做的主要是 B 端业务，即企业级客户，门店的作用就更加重要，所谓"把网点开到客户楼下"。到 2017 年时，德邦已有 1 万余家门店。

这跟餐饮行业的逻辑很不一样。餐饮企业在规模化扩张时，可以选择全国"摘蘑菇"，即各地都先开几家店，快速收割品牌红利，铺开市场；也可以选择区域"滚雪球"，即根据地战略，比如先做稳华南，夯实区域竞争力，然后再挺进华东、华北。

但物流行业不是这么回事，它是一荣俱荣、一损俱损的逻辑。我们或可将其形容为，物流业的规模经济首先是以范围经济为前提的。

因此，物流企业的总部一定要足够强。因为，但凡牵涉网络协同的问题，靠单个区域都解决不了，必须要靠总部的力量才能统合起来。这也导致了物流业的终局之战，必是巨头之争，这与互联网企业有类似的地方，都具有赢者通吃的属性。

但与互联网行业不一样的是，要把物流这张网运转起来，可是需要巨大的成本的。人、车、运输、中转……哪一样都要钱。因此，物流行业的一个独特之处在于，货少了不高兴，货多了也不高兴，它天然地要追求配载均衡。它不像餐饮行业那样，翻台率越高，固定成本摊得越薄。物流业做的就是物的"流动"，也很难进行存货管理。

况且，物流业有明显的淡旺季。以"双十一"为例，如果其他配套环节跟不上，很可能货越多赔得越多，比如爆仓。因此，物流企业的运营不能完全遵循市场经济，它必须有相当程度的计划经济的属性，这也导致了总部与一线关系的复杂性。

以德邦2017年的组织结构（见图9-3）为例。当时直接跟老崔汇报的主要是五位高管，其中三位是高级副总裁、轮值CEO，其他两位副总分别负责人力资源、风险管理。三位轮值CEO，一位负责快运事业群（其组织结构见图9-4），相当于总部在业务端的指挥部，统管产品策略；一位负责营运事业群，统管一线，执掌"兵权"，包括地区事业部及枢纽；还有一位负责职能事业群，包括了除人力资源、风险管理之外的所有总部职能，以及战略部、投资部、新孵化业务等。

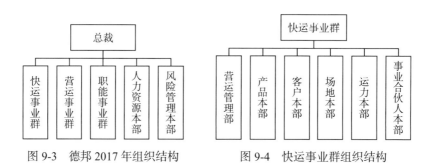

图9-3　德邦2017年组织结构　　图9-4　快运事业群组织结构

三位轮值CEO，相互平衡，共同担责，每人主政半年，但谁也离不开谁。这套办法陪伴德邦走过两年。某种意义上，这是一种非常巧妙的组织结构设计。在此期间，快递业务的营收超过了零担业务，称得上战略转型在公司内部告一成功。

2. 一线与一线的关系

其次是一线与一线的关系。德邦在一线层面是分成两套体系的，一套经营体系，一套运营体系。简单来说，经营体系是以门店为单元构建起来的，主要对收入负责，自下而上包括营业部、营业区、经营大区、地区事业部。运营体系在德邦指的是外场相关，主要对成本及效率负责，包括枢纽中心、转运中心及相关配套支持。营运事业群的组织结构，如图 9-5 所示。

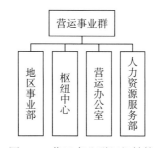

图 9-5 营运事业群组织结构

这跟餐饮业的逻辑又不一样了。餐饮业在各区域基本上就是门店体系，外加中央厨房。如果靠门店完成加工，那提供支持的主要就是供应链体系，就像麦当劳与夏晖㊀之间的关系。但对德邦这类物流公司来说，它的经营和运作体系是很难独立划责的，责任切不干净，没法像海底捞那样，能单独成立一家蜀海供应链公司。

对于物流企业，它的产品形态是交付型产品，产品即交付。只有走完收、转、运、派的全流程，这单业务才算是做完了。德邦的经营体系主要负责货源，中转、运输、派送等环节则要靠运营体系完成，因此经营与运营其实是合二为一的。但麻烦的是，对于同一单货而言，前端揽收与后端转运经常不发生在同一区域，因此站在整个公司的立场上，经营与运营是一盘棋；但对某个区域而言，这两套体系又具有相对的独立性。

那么，就一个区域而言，两套体系是交给一个地区部老大统管，还是分开管？这就是个问题。结果常常是，分开有分开的好处，合并有合并的理由，不同阶段有不同阶段的诉求，德邦人已经习惯了这种对立统一的关系，将其称为"合久必分，分久必合"。

但这终究是一个要经常面对的问题，也是全网型公司在管理上要面对的挑战。

㊀ 美国夏晖集团（HAVI Group），1974 年于美国芝加哥，为满足麦当劳的需求而创立，是一家拥有世界领先的多温度食品分发技术的物流公司。其业务遍及全球，为麦当劳的全球餐厅提供优质的分发服务，是麦当劳食品供应链体系的重要企业成员之一。

实际上，组织结构设计，乃至绩效管理，最重要的原则就是尽量落实"完全责任主体"，即责任人对一件完整的事负全责，责权利高度统一，这个人才能被彻底激活，对他的考核就变成了以结果为中心的考核，其他的管理问题也随之变得简单。反之，一旦无法落实"完全责任主体"，就对内部管理的合法性，提出不小的挑战。

德邦至今也没有找到两全的方案，而且恐怕永远都很难，但折中的办法包括：一线层面，大的区域把地区部与枢纽中心分开，小的区域将外场纳入地区部统管；总部层面，分别对地区部、枢纽进行管理；地区部负责人与枢纽中心负责人绩效绑定，责任共担。

3. 总部与总部的关系

最后是总部与总部的关系。实际上，对德邦这类全网型公司来说，区域要面对的问题，总部往往也要面对，而且还要兼顾个性与共性。尤其我国的国民经济在各地区的发展并不均衡，属性也有差异，而物流是重要的生产性服务业，德邦在各区域的情况也不一致。因此，总部天然地要面对统分难题，以及权力的收放问题。

但对总部来说，最重要的是解决战略问题，对公司的长远发展负责，而非应对日常管理。因此，必须对矛盾的主次、选择的先后、操作的缓急等问题，做出明确的回答。

我常年跟不同的企业打交道，对总部的管理而言，很怕遇到的一个状况就是，平行的业务部门太多，平行的副总裁太多。这时候指望部门之间实现自组织、自协同，是不可能的，必须要在战略层面做出取舍，明确优先级，进而做出轻重缓急的安排。

德邦很早就识别出，物流业有五个竞争维度：网络、成本、时效、品质、服务。

在零担时代，德邦在这五方面形成过具有综合优势的排列组合，总部也有相应的部门作为功能承载，部门间的配合也较为默契。但现在形势不同了，德邦必须兼顾存量，扩展增量，并为赢得未来积攒本钱。

战略转型的挑战是巨大的。公允地说，快递时代的德邦，时效拼不过顺丰，成本比不了"三通一达"。顺丰在空运业务上的优势依然很大。而相较于"三通一达"，德邦并不是快递出身，整个网络最初不是为电商件而准备的；商流与物流未能合一，德邦必须自己解决货源问题；再加上德邦采取的是直营模式等，这些都是待解决的现实问题。

显然，上述五种能力不可能同时得到改善，只能拾级而上，但它们彼此间又环环相套，这就需要企业家非凡的战略头脑，首先对企业命运做出回答，进而对组织能力进行重构，即方向取决于战略，能力取决于组织。

按照本书提出的"组织机能论"观点，所谓"机能"，指的是一组被有机关联起来的功能，或称能力。"有机关联"是其中的重点，这通常首先取决于总部部门间的关系编排。换言之，总部与一线、一线与一线的关系，更多影响的是组织能力的空间布局；但总部与总部的关系，却能在更长的时间维度上发挥作用，因为它决定着组织能力被积蓄的路径。

自2018年下半年起，德邦系统地学习了华为集团制定战略的方式，此事很可能继续对德邦产生深远的影响，帮助德邦从管理制胜，走向战略驱动。华为人很喜欢谈"流程决定组织"，这也是有意义的，因为无论组织结构怎样设计，业务都是通过走完流程而被交付的。实际上，组织中的各个单元，也是通过流程与机制而被关联起来的。

尽管仍要面临种种困难，日常工作中也要正视差距，但德邦还是在磕磕绊绊中实现了从零担业务向快递业务的转型，殊为不易，这也是德邦人作为一个集体，颇具战斗力的地方。

组织形态问题

1. 鲜明的子弟兵文化

谈到人的问题，媒体一直喜欢把德邦称为"物流界的黄埔军校"。

这一方面是因为，德邦长期坚持自主培养人才。德邦早在2005年就启动了校园招聘，是整个行业中第一个做校招、第一个重视管培生计划的企业。目前德邦的副总、高级总监级人才，绝大多数是跨出校门就进了德邦，在公司一路从娃娃兵干起来的。

另一方面，许多物流公司的高管早年都曾任职于德邦，包括顺丰、京东、申通等，说德邦为整个行业培养了人才，实不为过。这也从一个侧面，反映出物流业人才竞争之惨烈。

我在 2017 年春，第一次到德邦调研时，就对三个数字印象很深：①农家子弟占比 85%；②绕赤道 79 圈，才出一起事故；③零担行业第一，与行业第二丢货率的对比是 1∶84。

那时我就发现，德邦的历史上，在招人方面形成过一些不成文的规则：只招毕业时间在一年以内的毕业生；性格要求外向或偏外向；大学跨省求学的优先考虑；在校期间有学生会或班干部经历的优先考虑；县城长大，跟父母做过生意，从小就会算账的优先考虑；军人家庭背景的优先考虑；等等。

这很像华为任正非曾讲的，"欢迎胸怀大志，一贫如洗的年轻人"。3G 资本⊖也提倡过 PSD 人才观，指的是 poor、smart、desire。实际上，其逻辑就是从人才特质来看，不同企业需要不同心理品质的年轻人，更进一步，什么样的家庭环境及人生经历，才更有可能塑造出这样的心理品质，那么就尽量多招这样的人。

后来我了解到，德邦最初做校招的时候，也是沿着东南沿海的著名高校做招聘，结果被同学们调侃，"从小不读书，长大跑运输"。后来德邦才意识到，与其在一流高校招二流的本科生，不如到合适的学校招合适的人，这些学校集中在大西北、大西南、大东北，而事实证明，那些更能吃苦的孩子更容易在德邦留下来，成才率也更高。⊜

德邦还有一个传统：让大学生下门店，从基层员工干起，而且要在

⊖ 3G 资本是一家了不起的投资机构，由三位巴西人创办。尽管该公司不为人熟知，但却称得上是业界巨头。3G 资本是百威英博、汉堡王、亨氏、卡夫等世界级公司背后的大股东。

⊜ 上述用人理念在过去帮到过德邦，为德邦造就过大量的人才。但是近些年，德邦也在加强高端人才、海外人才的引入。例如，德邦 2020 届校园招聘就推出了"海豚计划"，即面向顶尖高校招聘管培生。

毕业前实习的时候就放下去，这也是一次双向筛选，适应不了就尽快调整，彼此都不耽误。

我听说这个传统后，在与德邦正式合作之前，也主动申请下一线，这正是了解企业的好机会。之后我在德邦工作了一周，第一天在营业部，第二天接送货，第三天跟区长拜访客户，然后在外场……其实也帮不上什么忙，但有助于掌握一手信息。这让我对真实的工作场景有了切身的体感，结束后写了一篇调研报告。这期间，德邦同事拍过一张我身穿工装的照片，我一度被调侃为"德邦历史上学历最高的快递小哥"。

我后来在苏州大学帮德邦做校招时，放过这张照片，并附了一段有些煽情的文字——"在德邦，我们始终相信，未来仍属于我们当中那些仍然愿意弄脏双手的少数分子"，也是鼓励年轻学子，脚踏实地、别怕吃苦。

2. 自家长成的经理人

德邦在人才培养方面下了很多功夫，这也形成了公司的文化。比如，储备干部培训及选拔，直接服务于人才梯队建设，相当于板凳计划，谁通过了选拔，就意味着待晋升；"之"字形人才培养，指的是人才要在经营部门、运营部门、职能部门之间轮岗，所谓"人才是折腾出来的"，尤其德邦的总部高管，基本上都是身经百战的多面手，这也保证了足够的管理权威。此外，因为德邦的干部队伍是子弟兵体系，没见过外面的世界，视野有限，于是公司想到了借力咨询，并总结出了一套办法。比如"2∶1共建团队"，指的是如果咨询方有5人，德邦就要安排10个人，共组项目组。结项时，也不用咨询公司做汇报，德邦人自己来做。目的不言而喻，咨询公司离场之后，德邦人被培养出来了，能继续留在公司。

你可以想见，这样选人、用人、培养人的办法，在德邦高速发展，即复合增长率达30%以上的那些年，能铸就一支怎样风清气正、斗志昂扬的队伍啊！麦肯锡团队最初跟德邦合作时都曾感慨："从没见过这么好的一家公司，上了市一定要买德邦的股票！"

3. 纪律严明的军队文化

德邦人很年轻，平均年龄28岁，体格健壮的小伙子居多，着深蓝色的工装,看上去精神又硬朗。在组织风格上,德邦一直兼容着两种味道,一种是纪律严明的军队文化,一种是家庭般的温暖感,这两者看似不搭,但在德邦却被调和在一起。

纪律严明也是业务属性的一种要求。以前有公司强调执行力的时候,就给员工推荐《把信送给加西亚》,但对于物流企业,这就是工作本身,那真叫"使命必达"。尤其老崔带出的这支高管团队,更是眼睛里揉不得沙子。我还记得有次开会,我不经意间提起朋友最近使用德邦的一种不好的感受,在场的两位轮值 CEO 马上有巨大的紧张感,赶紧追问事情原委,要想办法解决,那种近乎本能的反应令我至今难忘。

军队文化有一些衍生形式,有的还形成了相对应的口头禅。例如,"叼人"文化,指的是上级对下级的批评,所谓"工作干不好,注定要挨叼"。再如,指标严肃性,在德邦有着非凡的意义,直接关乎绩效与奖金,内部人经常讲"不修改目标,只修改手段"。同时,你也容易观察到,德邦人见到管理层,统一都喊"领导",暗示组织中的权力距离较大……但上述种种,某种意义上也是上行下效、军队文化的一种体现。

4. 家庭般的温暖感

家庭般的温暖感,与子弟兵体系一致。年轻的同事不仅在德邦工作,他们也在这里度过人生。德邦在这方面舍得投入,很早就推出过许多叫人暖心的员工福利。比如,自 2006 年起的集体婚礼,一直办了这么多年,见证了数千对新人的幸福瞬间。其地点和规格也越来越高,从早期在上海、北京举行,后来是云南丽江,现已安排到巴厘岛、马尔代夫。对达到要求的员工费用全免。再比如,倡导孝道,员工每月给家里寄一笔工资,公司再多一份。还有中秋寄情、集体出国游、全程无忧计划,等等。

我还记得 2018 年 5 月,老崔带一众高管到剑桥大学学领导力,高管平均在 35 岁左右,家中的孩子大多四五岁。老崔很有心地在中间做了一个安排,邀请多位专家为大家介绍英国的中小学教育,鼓励高管要目光长远,有全球视野。那时正值春天,我们在剑河上撑船,顺流而下,简直跟徐志摩笔下的"撑一支长篙,向青草更青处漫溯"一模一样。我任何时候想起那个场景，都是波光潋滟、绿草如茵，阳光洒在身上的感觉。

由于大多数员工的第一份工作都是从德邦开始的，恰同学少年，德邦人对公司有非一般的感情。德邦人自己未必体会得那么明显，但我作为"参与的旁观者"却能分明感受到，德邦的抗击打能力之强，即便遭遇组织挫折，也总能展现出一种惊人的修复力。

5. 德邦人的正气

还有一点是德邦的正气。名字即是例证。"德邦"一名来自2000年4月的内部征名活动，是办公室文员蔡耀基起的。那时许多物流公司取名必含"通""达""发"，但老崔认为，公司应该对客户讲诚信，对员工讲诚信，我们要做一帮有品德的人，叫"德邦"最好不过。

"人品出问题，一切都是多余的"是德邦人经常挂在嘴边的一句话。德邦每年都要举行干部誓师大会、高管自律宣言。对于触碰红线的人与事，德邦一向冷酷无情。

德邦骨子里是想做成一家基业长青的公司的，有一处具体的体现是对公司历史的尊重。我从一进入德邦，就拿到了《德邦小传》一书，它记录了公司一路走来的故事。德邦从2012年开始举行高管早餐会，一直持续到今天，每周至少两次，有时每个工作日都有。2018年时，德邦把许多年的录音及文字资料都交给了我，那一刻我真是感到背上的责任沉甸甸的，后来我也给德邦编写了《德邦早餐会》一书，算是为德邦沉淀下了一份历史文档。

6. 我与德邦这些年

陪伴德邦多年，我在这里更充分地感受到了作为独立顾问的乐趣与成就感。

一个人的缺点往往是其优点的过度放大，企业亦复如此。从最初跟德邦接触的前几个月，我就意识到，这是一家优点极其突出，因此缺点也同样明显的好企业。

从正式合作的那一天起，我便认为德邦的既有优势、正向循环终究是会自我强化的，但要想取得实质性的突破，就必须走向自己的反面。

因此，我需要经常扮演"讨厌鬼"的角色，做出管理提醒，这也是尽一个独立顾问的本分，直到德邦有一天请我离开。

所幸的是，三年多走下来，除了具体的观点，我也有一些观念被大家记住了，最常被提及的可能是以下四句：①做企业的心法到了，手法弱一点也没关系，怕的是反过来；②企业的持续成长需要从"一招鲜"过渡到"均好性"；③避免精致的平庸；④警惕管理的幻觉。

在相伴成长的过程中，我愈加体会到，转型是很难一蹴而就的，而企业是在曲折中学习成长的。就像老崔说的，"一年干不成什么事，十年可以干成任何事"。

做企业从来不会有一劳永逸的成功，对企业成长而言，过程本身就是意义。如《士兵突击》中所言，"光荣在于平淡，艰巨在于漫长"。

三、传音控股：中国品牌出海的非洲样本

每次想起传音，我都会想起在尼日利亚住过的那个院子，每栋楼下都种着一些小花，篮球场的旁边是一个清澈的泳池。大家每天早上一起用餐，然后上面包车，在两位当地警察的护送下赶往公司，晚上再按原路返回。周末大家一起购物，若是没什么特别的事情，就待在院子里，看书、聊天、打牌、发呆……怎样都可以。

当地的治安环境不比国内。气候异常湿热，好像永远都有一层汗黏在你的皮肤上，闷得叫人发慌。汽车驶过时很容易卷起尘土，空气中混杂着浓烈的尾气味……而每当你回到院子，便马上拥抱了一处清凉，祥和得如同港湾，这里就是传音海外员工之家。

等到了市场上就是另一番模样了。传音的伙伴们尽管年轻，但生龙活虎、战斗力十足，一如传音在当地手机市场上的表现。曾有媒体记者在考察东非市场时写道："我看到了铺天盖地、从近到远、密密麻麻、让我永远不会忘记的TECNO。每个店面的海报、公告牌，每块玻璃，每个店门都是TECNO的广告。"传音有TECNO、itel、Infinix三个手机品

牌，2018 年全品类手机在非洲的市场占有率高达 48.71%，整个公司营收 226.46 亿元。^㊀

但记者可能不知道的是，传音在非洲的海外员工，许多都是"90 后""95 后"，乃至刚毕业的大学生，他们看起来稚气未脱，但已经开始"带兵打仗"。工作和生活的双重压力，催促他们更快成熟起来。市场上的"战士"和院子里的男孩女孩，分明也是同一群人。

不过，这不是独属于传音人的经历。许多出海型企业都有类似的记忆，"一带一路"的背后，终归是由人的故事所铸就的。我在科特迪瓦时，传音的院子与华为的院子仅有一街之隔，可隔窗相望。你只有到过海外艰苦地区，才会发现世界那么大，全球化指的可不是只有欧美和日韩，还有东南亚、中东、拉美，当然也包括非洲。站在海外员工的立场上，"吃得好，不想家"，真是一句再朴实不过的家常话了！

就是在这样的院子里，大家工作与生活一体，守望相助，自成一片天地。但也就是在这样的院子里，伸展出这一代中国企业海外征程的梦想。这是"院子里的中国梦"。

2018 年 2 月传音年会，有员工演唱《异乡人》，中间播放了一段传音家属的短片，遥寄相思，他们的亲人还奋战在海外，今年过年不回家……随后亮出一行字幕：

"传音是一家始终行走在路上的企业。到目前为止，公司常驻海外的中方员工超过 650 名。最远的地方抵达非洲西北之角塞内加尔，距离中国 14 000 多公里。"

"感谢你们数万公里，几度春秋。"

现场有许多同事都哭了，我也忍不住热泪盈眶。"企业"之"企"，无"人"则"止"，除去具体业务，企业终究是一群人和他们的故事……

㊀ 传音控股 2019 年营收为 253.46 亿元，同比增长 11.92%；归属于上市公司股东的净利润为 17.93 亿元，同比增长 172.80%；市场占有率方面，根据 IDC 统计数据，非洲市场占有率为 52.5%，排名第一。

创始人对组织的影响

我最早跟传音相识,是 2017 年 8 月受邀到深圳总部讲企业文化。当时传音比现在还要低调得多,更没有引起资本市场的关注,但创始人竺兆江(以下简称"竺总")比我预想的要更为健谈,他在课后进行了长时间的点评,语速飞快,思维更快。

我至今都记得他的一些观点,也是传音思考方式的一种体现,诸如"用 1 原则:要么 No.1,要么 Only 1,要么 First 1(要么做第一,要么做唯一,要么第一个做)""越想钱离钱越远,而是要做长期的事""做企业要外遵规律,内循人性""爱、利他、致良知、敬天爱人""相信人性是本善的"等。

1. 谦逊的成功者

竺总是 1973 年生人,但精神状态完全像个年轻人。课后一起吃饭时,他一直跟我说那几个案例讲得好,令他颇受启发,很值得传音学习。这让我多少有些意外,因为我当时所讲的案例中,有几家的年营收只在 10 亿元左右,而传音已经是将要达到 200 亿元体量的大公司了。但很明显,创始人依然可以把自己放得很低。他不习惯用"伟大"这样的词来展望公司的未来,更喜欢强调传音只是取得了"阶段性成功",而一个企业的行事风格、精神气质,往往就是在这些细微处埋下的。

2. 超级产品经理

不过,相对于竺总为人的低调、谦逊,他在业务上却堪称精湛。

我第一次参加传音的会议是在 2017 年秋天,关于产品决策。竺总全场都没怎么说话,直到结束时,他开始对一些重点问题进行点评。

"做产品必须要清楚,你的这款产品究竟 stand for what(代表什么)?"

"产品是根本,关键是能不能把各条产品线的黑桃 A 做出来,一定要做到极致。"

"听话要听音,细节不一定都懂,但要把逻辑听到,听到背后的逻辑和声音。"

"各部门一定要站在'整体最优'的角度思考问题。"

"不要以 Function 为考核单元,而要以大项目经理拉通到底。"

……

传音在非洲市场的综合竞争力塑造,如图 9-6 所示。

图 9-6　传音在非洲市场的综合竞争力塑造

我还记得竺总反复强调,传音高管要始终保持对市场的敬畏心。要是看一个市场,至少得泡上六天,才能把市场看深入,别指望出差半天、一天就能把情况搞清楚,不可能的。

后来我到印度市场调研,当地高管对竺总的评价,也能印证他上述这番话所言非虚。

3. 忘我的勤奋

印度高管介绍,George(竺兆江英文名)带他们一起走访市场时,每天九点钟就出门,一直工作到晚上八九点,夜里还要做研讨,连着做了十多天,不知疲倦。⊖他们进一步谈到,George 有惊人的洞察力(a great

---

⊖ 印度大多数企业早上的工作时间,都比中国要晚,普遍在十点钟之后,午饭大多在下午一点钟之后。

observer）；对市场的理解非常深入，几乎了解市场的任何事（he knows everything of the market）；点子非常多（so many ideas）。他们猜 George 应该有 90% 以上的时间都花在市场上，才令他如此精通业务。

我可能永远都忘不了，那位印度高管表情极为用力地形容他的中国老板："George is extremely hardworking（乔治极端勤奋）！"

在他的影响下，传音的高管似乎也视一切辛苦如平常。传音文化中有一句口头禅与此相关——"努力到无能为力，拼搏到感动自己"。

2017 年年底，我跟传音高管一起开战略会。由于航班晚点，我在 29 日周五的深夜才飞往上海，到酒店时已是 30 日凌晨一点，本以为会议早就结束，但又进行到三点；接着开小会至五点；然后七点半，大家边吃早饭边研究议题。当天的研讨非常热烈，中午简单吃了点茶歇，一直开到下午四点半，大家才算告别 2017 年的工作，一起吃了顿饭。

我在传音经历过许多次这样的会议。以至于后来每次有企业界的朋友，跟我谈工作辛苦的时候，我总会本能地想起传音和竺总。2017 年，我飞了 91 次，飞行里程超过 15 万公里，已感觉疲惫不堪，而竺总飞了 22 万公里。

4. 有人情味的老板

在我打过交道的企业家中，竺总是非常令人难忘的一位。用学术点的语言说，他的成就动机、亲和动机、影响动机都非常高，而且他的底层价值观与行为高度一致，所体现的结果就是，他很真实地面对这一切。

另外，竺总极为低调，你很少能在媒体上找到有关于他的报道。一方面，这无关对错，只是一种个人风格与选择；另一方面，他把企业看得比个人声名重要得多。在我的印象中，竺总始终是一位很有亲切感的老板，没一丁点儿架子，有人情味，对兄弟们讲情分。

我常常想，理性是我们做人、做组织所追求的，但是只有非理性的部分，更准确地说，是超出理性之外的部分，才让我们为人更加真实，才让组织愈加动人。

组织机制问题

本书在理论部分谈到过,一个企业要想形成组织起来的力量,要么统一于技术,要么统一于市场。通常组织里只能有一个重心,并以此为轴,将组织内的各项能力关联起来。"双头蛇"的成功率是很低的,它可能是组织的终极状态,但不应成为企业的早期选择。

1. 市场驱动型的组织

传音在中国市场不卖一台手机,它在非洲的成功秉承的是区域集中化战略的原则。在经营理念上,传音极为强调"以目标消费者为中心,以价值创造者为本";"think globally, act locally"(全球化思维,本地化经营);"深度洞察当地市场特点和消费者需求""高度适切本地需求进行产品规划和运营""做让消费者喜爱甚至感动的产品"等。

传音人习惯说,"质量是底线,创新是根本"。这里的"创新"指的不只是技术创新,还有"产品本地化创新"。传音认为,"本地化创新"才是"本地化"的灵魂所在与制胜法宝。

为此,传音做出过许多努力。例如,针对非洲消费者在弱光环境下拍出的照片常常只剩下眼睛和牙齿的这一痛点,传音很早就自研 AI 影像算法,对大量的非洲人 3D 影像数据进行识别和学习,针对性地找到解决方案,进行针对性的曝光补偿,为非洲深肤色消费者打造出了满意的拍照效果。类似的创新还有很多,诸如本地化语言、符合非洲审美的外观设计、防油防汗、多卡多待、长待机电池、快充等。

我曾拜访过华为在尼日利亚拉各斯的办公室,对方向我介绍,因为传音手机的存在,华为在此地三进三出。我也问过华为手机的高管,如何评价传音?他很坦诚地谈到,华为在非洲市场并没有真正做到"以客户为中心"——"华为在非洲并没有脱下西装"。

"那传音呢?"我追问。

"传音就从来没有穿过西装。"他回答。

2. 产品部与地区部的联动

传音这种贴地飞行的打法,当然需要组织层面的支撑。在传音,两类人才颇受倚重,分别是产品经理和国家经理,背后对应的组织设置即为产品部和地区部。传音有三大手机品牌 TECNO、itel、Infinix,按不同品牌设有产品经理;同时,传音在数十个国家做生意,主要集中在非洲和东南亚,按不同国家设有国家经理。

按照本书在理论部分的说法,产品事业部、区域事业部相结合的组织设计,可称之为"航空港"模式:地区部相当于地勤,多品牌相当于东航、南航、海航等航线,它们共同交汇于某一地区,形成矩阵式管理,而具体实施时究竟以哪类事业部为主,哪类为辅,则要根据不同阶段、不同形势、不同的战略侧重点而定。

2018 年之前,传音的三大手机品牌得到了很好的发展。之所以这样做,顾客维度的考虑是,用多品牌战略去尽可能地覆盖不同的目标消费者。竞争维度的考虑是,传音首先做的是 TECNO,面向本地中产阶级,换言之,服务的是土力客群;然后用 itel 打低端,抓住山寨机的侵扰;用 Infinix 做高端及线上,起到防卫作用,也让传音的产品线更加完整。因此,从整个公司层面看,三个品牌之间是竞合关系。

这样做的好处很明显,每个品牌在终端的力量都很强,又相互组合,最终让传音在非洲取得了手机市场份额第一的地位。

但随着事态的发展,各品牌必然要进行自我强化,于是,每个品牌中又有了属于自己的高中低端机型,此时的竞争格局已不再是以一致对外为主,以相互竞争为辅,而是内耗逐渐增大,兄弟品牌之间的界限变得模糊。此时启动组织变革,就有其必要性了。

3. 组织变阵与机制调整

许多企业都喜欢讲组织变革,但我想提醒的是,不要概念先行地做变革,更不要受所谓的管理新趋势、组织创新论的左右,而是仍要回到一些最朴素的问题上:真的有必要做组织变革吗?为什么?为什么现在就要做?

对企业来说，只有持续发展才是目的，其他的皆为手段。从传音的经验可以看到，此时困扰它进一步发展的主要矛盾变了，因此才需要启动组织变革。换言之，不变不行了。许多人都喜欢谈变革的时机，但我认为"时机"这个词太空灵了，它似乎很有玄机，但又令人难以把握。我更愿意做进一步的解释：企业发展要面临的主要矛盾，决定了变革的必要性、紧迫程度；这种变革的必要性，决定了变革的时机是否适当。

2018年之后，传音进行组织变阵，由某区域的负责人进行品牌组合，减少内耗，谋求整体最优。

许多企业都经历过类似的变革。但有必要强调的是，尽管是矩阵式管理，但依然需要明确主辅关系，即究竟谁是经营主体，谁是策略中心。有的企业喜欢搞责任共担，进而鼓励员工自驱动、自协同，致力于培养那些没有责任边界的尽心员工。但恕我直言，这条路看似很美好，实际上走不通。企业内值得鼓励的是"雷锋精神"，但不要鼓励"雷锋行为"，那很可能催生出更多的混乱。在多数情况下，责任共担看似两头忙、更有保障，但由于双方的责任都不完整，责权利更难以匹配，更容易导致的就是，有好处时都来争功，出了问题则相互"甩锅"。

人性如此。作为管理者，我们要去适应人性的需要，而不是让人性来适应我们。同时，尽量不要去挑战人性，因为人性通常是经不起挑战的。更无须对人性抱有太高的估计，符合常情常理的办法，往往最管用。

借用本书的概念体系，矩阵制管理中可选择的方案是：地区事业部是经营主体，产品事业部是策略中心，即对于三个品牌事业部的产品经理来说，必须向某一地区的国家经理兜售自己的产品解决方案。而作为一方大员的国家经理，"守土有责"，他必须基于当地"战局"，结合长短期利益，在有限的预算下衡量投入产出比，最终在各品牌间做出取舍。而整个公司层面，则要对产品事业部进行绩效双计，至于多个品牌之间的侧重与协同，那便是总部战略部要考虑的问题了。

这样，产品部和地区部就像两个轮子，让整个公司转动起来，相当于驱动系统是放在后轮上的，即以地区部为经营主体，对区域的营收和利润负责；产品部必须发挥自己的专业影响力，相当于内部咨询部门。但换个角度想，谁说这不是对专业能力的一种考验呢？毕竟，掌握方向的手柄可是连在前轮上的！

组织形态问题

1. 文化的整体性与适应性

用户导向在传音是一种文化，但它不只是一种观念、意识，同时也体现为一种战略选择、一套组织支撑，背后有一整套的经验与方法加以落实，即它是以系统形式存在的，然后让更多的人不断去适应这种文化，形成习惯，再逐渐进化。

一个企业的文化问题，是一个体系性的问题，而不只是一个观念性的问题。况且对于实践者而言，通常也不是观念先行的。他们更习惯在没有找到逻辑前，先找到方法；在解决问题后，再总结出道理。

不过，当我们在比较不同企业的成功经验时，的确能够发现他们的思维方式不同，这种差异性首先是由它们在不同行业下的生存之道所决定的，即体现为文化的适应性。

但需要加以警惕的是，不是所有的文化都有正向作用，就像不是所有的经验都是有效的。许多经历只是经历而已，没有太多意义。我们不能因为一个企业活下来了，其经验就值得学习，很可能只是它没有做错太多而已。但对于行业领军企业，尤其细分领域冠军，它一定有成功的道理。

就像在传音，大家很少谈论工匠精神，喜家德就有着浓郁的匠人文化，但一谈到市场洞察、消费者洞察，人们就会竖起耳朵。传音高管曾跟我讲，手机行业变化太快了，许多门道还没来得及积累，就又变了。

许多连锁企业，都喜欢只用一张牌来打全国，甚至全球市场，倡导标准一致、听话照做的管理理念。但是在传音，市场必须进行分类管理。就像我常说的，"没有分类就没有管理"。传音会仔细研究每类市场的特点、针对性的业务策略、组织模式、人才要求，并将这些方面总结为一整套的打法。这是一种行之有效的经验沉淀，而且极为务实。

这很可能是因为，传音很早就要同时面对 N 个国家做生意，始终不存在一个统一的大市场，它必须因地制宜地找到解决方案，而不能照搬旧有的方法论。

传音开会时，很喜欢讲"解方程式"，实际上就是针对不同市场，投入什么、产出什么，打法极为灵活，按照具体情况办事。用老百姓的话说，就是"按照事儿来办"。

2. 持续成长与自我突破

这些年我很喜欢做的一件事，就是让好的公司遇见好的公司，以此不断走向自己的反面，突破成长的瓶颈。德邦是做物流起家的，以流程管理见长，而传音的本地化创新能力，值得德邦学习。同时我也相信，人们在观念层面的改变，很难从知道走向做到，而必须要经历"看到—感到—改变"（see-feel-change）的过程。于是在 2018 年夏天，我安排了一次传音高管与德邦高管的互访。正是在这一年，传音正式提出"把能力建在组织上"。

我还记得，传音高管在参访德邦的数字指挥中心时，看着 N 块大屏幕上的实时数据，感慨还可以进一步向管理要效率。而当德邦一行到访传音前，竺总叮嘱我帮他过一遍分享材料，挑出对德邦有益的内容，他再做修改。似乎"以目标消费者为中心"的习惯，早已是他血液的一部分了。

但令我没想到的是，竺总为准备这次参访，还专门去了一趟德邦的营业网点，仔细了解了德邦的产品体系和管理状态，并在交谈中分享了他的建议。此举让德邦高管很受触动，这就是市场导向型的企业家啊。

我们常常希望组织形态能够发生变化，例如，从自上而下的金字塔模式转向倒三角模式，或是从重视管理转向重视创新。但组织形态的根本性问题，是由人的思想所决定的。如果人没有发生改变，任何改变都很难发生。

3. 二次创业与组织进化

一个企业在成长过程中总是在变得更大和更完整。相伴而来的往往是矛盾丛生，剪不断理还乱的管理困扰，这也是成长之痛。

传音的前十年，总体上是顺利的。但随着企业规模迅速做大，面对日渐多元化的员工队伍，如何更好地凝聚共识，降低内耗，真正成为"一个传音"，就变得尤为重要了。这种多元化从空间上是由不同的产品系列、不同地区、前线销售与后方职能、中方员工与本地员工等问题所带来的；从时间上是由"创始团队"与"职业经理人"、"内涵式发展"与"外延式发展"的不同路径，以及新生代员工的诉求等问题所带来的。

许多处于二次创业阶段的企业中都有类似的现象。这背后的原因是，只要有成长，就会有分化；只要有分化，就会有"比较"。而人不换位是很难完成换位思考的，这也成为许多管理问题的根源。人与人之间的组合，不可能天然地实现效率最大化。一个企业小的时候，可以靠阿米巴模式激活个体，分而治之；但大了之后，必须重视"合"的逻辑，谋求流程贯通，想再依靠打补丁的方式提升效率，已经行不通了。

但更根本性的问题，包括人与人之间的分歧，只能依靠在二次创业的过程中被消化掉。换言之，高管共识有可能在会议室里达成，但兄弟同心只能在战场上实现，新的文化只能在胜利中形成。组织二次创业的前提，是业务的二次创业和人的二次创业。

最近两年，传音很明显的变化就是从非洲市场走向新兴市场，从手机业务走向生态布局，奔向二次创业。

我还记得竺总有一次在内部讲话中谈到，"我希望传音始终是一家有足够的想象空间的公司，这样才能保证员工在公司的持续成长，到时你们就不用去看其他公司的职位了，在传音都有"。后来这段话也出现在他写给新员工的信中。

传音在上市后很重要的一件事便是重塑了自己的使命、愿景、价值观，将新版使命确立为"让尽可能多的人尽早享受科技和创新带来的美好生活"；并开始积极构建非洲移动互联生态；文化也不断年轻化，推出"青鸟计划"，提倡"和我一起，改变世界"……

传音2020年新版核心价值观，如图9-7所示。

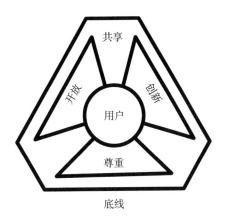

图 9-7　传音 2020 年新版核心价值观

因为传音，我去过许多次非洲，跟传音的海外员工、本地员工成为朋友，留下了许多美好的回忆，也让我对世界的理解变得更加完整。后来再看电影《走出非洲》时，我便有了更多的代入感：每每想起传音，想起传音年轻的伙伴；想起跟点点、建辉一起在尼日利亚跑过的市场；想起本地员工 Fola，还有 Yemmy 的家、她孩子的学校；想起在埃及尼罗河上喝过的酒；想起传音的那句话，"你与世界的距离，只差一个传音"……

吉姆·柯林斯在探讨企业成长命题时，提出"保存核心，刺激进步"的说法，即理念上持续、稳定，方法上追求进步。我认为是贴切的。

面向未来，传音现有的业务组合很可能发生改变，但我相信它的初心依旧。就像竺总在 2011 年《传音企业文化大纲》开篇写下的第一句话：

"传音是一群有想法、有追求的年轻人，以高于自愿的信念，一起做一件有意义的事。"

这是创始人的心愿，也是一群人的心愿。

跋

未完成的组织管理研究

在很大程度上,这本书是对我以往的学术生涯、过去这些年的一次阶段性总结。如今它完成了,我终于可以把这件事放下了。

我是在给奈雪的茶、鲜风生活等成长型企业担任管理顾问期间,下决心写这样一本书的。近两年,我接触到了越来越多的年轻创业者,他们让我充分意识到,商业世界开始换代了,而且速度很快。他们中的许多人是把握商机的一把好手,企业也得以迅速成长,但是对于组织问题却没有什么清晰的概念,更谈不上有完整的认识,这迟早会限制企业的进一步发展。于是我决意把许多工作都暂时停下来去写书,而且它对我有一个很明显的好处,就是以后可以少讲很多话,先来看我的这本书就好了。

我一度担心,自己没有足够的时间和精力来好好完成它。但没想到一场突如其来的新冠疫情,让所有人都要暂时待在家里,也让我真正把心静下来，开始对组织问题完成系统思考，于是想表达的内容也变得愈加完整，这本原定 10 万字的小书，最终被写成了 25 万字。

书中的许多道理都是我在写作过程中才想清楚的，这也让我深刻体会到，人们通常不是在工作中进步，而是在反思中进步的。工作中总是忙于应对各种急务，工作中只有工作，但工作间歇的片刻反思，更容易令人获得心灵上的成长。

写作本书对我有一个巨大的帮助，就是帮我建立起了自己的学术品位，即对管理理论的对错、优劣、美丑形成了更为明确的审美偏好。这一收获完全在意料之外，令我由衷欣喜。

我不敢说，这是一本多么出色的作品；但我敢说，这是一本充满诚意的作品。我想尽力搭建起一个完整的理论框架，然后把我的想法、我欣赏的组织理论安排在合适的位置上，这本书在很大程度上完成了我的心愿。但除此之外，也有许多我自己并不满意的地方。

本书的遗憾之处

我在跟本书的策划编辑交流想法时谈到，我想写一本组织管理领域的"准教科书"，因此本书的整体定位尽管要谋求一种兼顾，但是在理论与实践之间更偏向理论，在经典与趋势之间更偏向经典，在思想与工具之间更偏重思想。

对方在读完第一章后给我留言，说他终于想清楚了这本书是怎样一种风格，即"严肃的管理专著论述＋行云流水的管理散文风"。这番话完全戳中了我的心思，我就是这么想的。但事实上，这中间的分寸感我拿捏得并不算好。

首先是本书在结构安排上过于工整了。我希望它能在各个方面都尽量严丝合缝、不留死角，但也因此显得过于刻板和僵硬，不够松弛与柔软，我的下一本书一定会是一本管理散文风的"小书"，读起来轻松、活泼，而不再会是这样一本准教材了。

其次是本书在论述风格上过于克制了。熟悉我的朋友认为，这本书还赶不上我在总裁班讲课，它太"收着"了，而没有了那种挥洒自如的风采，表达上也不够锋利。⊖

事实上我必须承认这一点，直到写作末期，我都在计较着自己的表达是否足够准确，没能让自己放松下来。许多时候，我在写作时都会想到，这句话如果用英文表达，逻辑上是否简洁、明确，而不是用中文写得如何精彩。也因此，我在写作过程中的确享受到了思维上的乐趣，但很少享受到表达上的欢乐。

另外，本书暗含的一个写作对象，是一个非常"正常"的组织。它不是"卓越"组织，在身体素质上不是运动员级别的，但也不是一个病人，而只是一个"普通"企业。因此，本书对使命、愿景等相对"激越"的概念，总是刻意保持着一定距离，保持着一种较为克制的态度。

最后是本书在价值观和立场上偏向保守，对待新生事物的态度不是热烈拥抱，而是冷眼旁观，包括《组织的逻辑》这一选题，就显得有些保守，偏向于稳定，而非变革。

事实上，曾有一段时间我也很喜欢谈趋势，毕竟我还算是个青年学者，应与时俱进。但这两年我愈加冷静下来，反倒经常检视自己此前的观点，是否有情绪大过理智的部分，究竟有没有言过其实，或夸大其词。但另一方面，我其实也在探索理论创新的空间。

本书中我比较得意的部分，是对平台企业战略选择及"中间市场"的阐述，那完全是我自己想出来的一套逻辑，但遗憾的是，本书并没有对组织的边界问题展开论述。除此，本书对组织的假定是"理性组织"，实际上这一假定并不完整，因此也不够准确。关于这两个问题，我接下来会再写专著进行讨论。

另外，我知道自己对经典理论的热爱，是我身上的一个毛病。还记

⊖ 本书的案例部分，同样有不尽意之处，我在写作及修改时心里是明白的。我只能说，我必须首先保全案例企业的利益，并在此前提下，尽量呈现出一组完整的逻辑。言尽于此。

得 2016 年春，我和太太到斯坦福大学拜访周雪光老师，他建议我摘掉理论的眼镜，才能看到更真实的世界。他的这一提醒令我至今难忘。我估计自己写完这本书，应该就能把经典理论彻底放下了。

总体来看，本书写得有点过于"满"了，留白的地方不多，不够轻灵，导致它更适合在台灯下阅读，而不是在电脑前或手机上浏览。这是我有心结的地方。其实我很想写一本给管理者的枕边书，但本书很显然不是，它很可能让人看得睡不着觉，或是看得想睡觉。

这些遗憾之处，只好留给接下来的研究与写作去弥补。

要感谢的人

我之所以将本书看得很重要，也是因为十年前的 2010 年，我给十年后的自己写过一封信。信在朋友手里，到年底才会送还给我。信的内容，我已经完全不记得了，只记得十年前我给自己立下的人生理想是：成为卓有识度的管理学家。

今年刚好是我 36 岁的本命年，我想无论如何，我应该拿出一本代表作，对以往做一次总结。我的人生和学术研究都应该往前更进一步了。

能完成这本书，完全离不开一些师长和朋友对我的帮助，甚至如果不是因为遇到他们，我的人生都不知道会变得怎样。

首先要感谢我的导师杨斌教授。我本科学的是生物，硕士、博士期间都跟随杨老师学习管理学，我是从一张白纸被导师训练出来的。本书所展现的中观视角及思维方式，几乎完全得益于导师对我的悉心培养。导师于我有再造之恩。

感谢和君集团的王明夫先生。参加和君商学院的经历，最早启发了我对真实场景下管理问题的思考，后来引领我走上理论联系实际的研究道路。多年来，明夫先生更是对我的职业成长及生活提供了很多帮助。

感谢中国人民大学的包政教授。我曾有将近一年时间在全国游学，其中在人大待的时间最长，包政教授的课程令我受益最多。包政教授最早启发了我对组织问题的关注，本书中许多观点的源头最早来自包政教授对我的启发。在我的心目中，他是我的老师。

感谢私董会教练张伟俊先生。尽管他不喜欢我管他叫"老师"或称呼他为"您"，他身上总有那种平易近人的亲切感，因此我们能成为忘年交，但正是伟俊老师，开启了我对领导力领域的认识。本书涉及领导力的部分，应主要归功于伟俊老师对我的点拨。

感谢浩然和书玲，于我亦师亦友。最早正是你们带我发现了人性之美与组织之妙，你们身上所展现出来的人性温度与专业风采，多年来一直令我难忘，并激励着我前行。

同时感谢曾经的《中国人力资源开发》杂志社的伙伴们，感谢我在和君管理研究院的前同事们，感谢你们的一路相伴并给过我那么多的帮助。多年来，我一直在追寻"管理学在中国"之路，尽管遭遇过挫折，但我始终不会放弃。

感谢我所在的和君集团，让我能与一群志同道合的伙伴一路同行。感谢德邦快递、传音控股、喜家德、慧谷化学、奈雪的茶、鲜风生活等企业的陪伴，是你们在很大程度上帮我提升了对组织问题的理解，让我有机会穿梭在理论世界与实践世界之间。对此我深表感谢。

谢谢和君商学 HRD 班的同学们，近五年来，我做得最不后悔的一件事就是开办了 HRD 班，多了你们这一群兄弟姐妹。谢谢你们一直以来对我的信任、鼓励和帮助。

感谢机械工业出版社副社长陈海娟，《组织的逻辑》这一书名最早是在 2014 年我与海娟姐的交流中敲定的，但没想到拖了这么久我才把它写出来。感谢本书的策划编辑，他在本书出版的过程中提供了诸多宝贵建议。

最后还要感谢我的家人。谢谢我的父母。我没想到从小跟爸妈在市场上做生意的经历，是对我最好的商学启蒙，成了我一生的财富。谢谢父母对我的养育和教育，还要谢谢他们在我写作本书时对我的照顾。

谢谢我的太太。她是本书的第一位读者，给我提供了最多的修改意见，让本书的逻辑变得更为顺畅。如果不是她的帮助，本书应该不会是现在这个样子。还要谢谢她在我写作期间，忍受了我的坏脾气。

如今这本书终于要完成了，喜悦之情当然是有的。同时，我也终于可以从写作状态中抽离出来，回归到我所熟悉的工作场景中去了。不同的是，我比此前更清楚自己的不足之处到底在哪儿，必须在哪些方面下功夫，而这只是我的第一本书。

未尽之路

做面向真实世界的管理学研究，是我从研究生时代就埋下的愿望。过去这些年的经历也让我更加确信，这条路是值得长期走下去的。

我很欣赏北京大学人类学教授高丙中先生的一段话："学术并非都是绷着脸讲大道理，研究也不限于泡图书馆。有这样一种学术研究，研究者对一个地方、一群人感兴趣，怀着浪漫的想象跑到那里生活，在与人亲密接触的过程中获得他们生活的故事，最后又回到自己原先的日常生活，开始有条有理地叙述那里的所见所闻。"

我总觉得这样的学术方式是生动的、贴近泥土的，甚至也是浪漫的。只是遗憾的是，这样的研究路径在中国管理学界还很冷清。

我曾在 2015 年 2 月和君集团十五周年庆典上，发表过一则演讲，名为"管理学的第三次春天"，其中谈到，"管理学的第一次春天发生在工业时代的美国，第二次春天发生在石油危机后的日本，很有可能，管理学的第三次春天已经悄然而至，就发生在互联网时代的中国，我们每个人都身处其中。管理学领域开始出现了新的理念、新的趋势、新的方法。这一次，只有中国人能解决中国的问题"。

现在五年过去了，我依然相信这一判断是对的，同时也更加清醒地意识到，理论创新不可能一蹴而就，它必须完整地走过三个阶段：有自己的经验材料，有独特的问题意识，有自洽的理论体系，而无法跨越式发展。如果不从第一阶段做起，恐怕永远也到不了第三阶段。

我依然很享受穿梭在理论世界与实践世界之间，我依然很喜欢在不同的企业之间做一些比较研究。欧内斯特·戴尔在《伟大的组织者》一书中的一段话，很符合我此刻完稿时的心境，他也是如此热爱做组织领域的研究：

"在各种组织中，尽管存在着一般模式，却有着差异；尽管环境有差异，却存在着类似性……我们可能不会立即建立起一种普遍适用的理论，但也许可以建立起当前有用而最终普遍适用的理论的某些部分。"

继续走下去，向着管理学第三次春天的方向……

丛龙峰　管理学博士
和君商学首席管理学家
2020 年 7 月于南开园

参 考 文 献

[1] 弗雷德里克·莱卢. 重塑组织 [M]. 进化组织研习社, 译. 北京：东方出版社，2017.

[2] 杨国安. 组织能力的杨三角：企业持续成功的秘诀 [M]. 北京：机械工业出版社，2010.

[3] 黄铁鹰. 海底捞你学不会 [M]. 北京：中信出版社，2011.

[4] 彼得·德鲁克. 管理的实践 [M]. 齐若兰, 译. 北京：机械工业出版社，2006.

[5] 切斯特·巴纳德. 经理人员的职能 [M]. 王永贵, 译. 北京：机械工业出版社，2007.

[6] 切斯特·巴纳德. 经理人员的职能 [M]. 孙耀君, 等译. 北京：中国社会科学出版社，1997.

[7] 安东尼·吉登斯. 现代性与自我认同：现代晚期的自我与社会 [M]. 赵旭东, 译. 北京：生活·读书·新知三联书店，1998.

[8] 田涛, 吴春波. 下一个倒下的会不会是华为：任正非的企业管理哲学与华为的兴衰逻辑 [M]. 北京：中信出版社，2012.

[9] 刘澜. 领导力的第二本书：从经典学领导力 [M]. 北京：机械工业出版社，2016.

[10] 彼得·德鲁克. 个人的管理 [M]. 沈国华, 译. 上海：上海财经大学出版社，2003.

[11] 约翰·杜尔. 这就是 OKR：让谷歌、亚马逊实现爆炸性增长的工作法 [M]. 曹仰锋, 王永贵, 译. 北京：中信出版社，2018.

[12] 安迪·格鲁夫. 只有偏执狂才能生存 [M]. 安然, 张万伟, 译. 北京：中信出版社，2013.

[13] 楠木建. 战略就是讲故事：打造长青企业核心竞争力 [M]. 崔永成, 译. 北

京：中信出版社，2012.

[14] 约翰 E 特鲁普曼.薪酬方案：如何制定员工激励机制 [M].胡零，译.上海：上海交通大学出版社，2002.

[15] 江涛，丛龙峰.新物种乐视：如果有一天它倒下我们还会想起什么 [M].北京：华夏出版社，2016.

[16] 查尔斯·汉迪.第二曲线：跨越"S 型曲线"的二次增长 [M].苗青，译.北京：机械工业出版社，2017.

[17] 王明夫.资本经营论 [M].北京：中国人民大学出版社，2004.

[18] 李书玲.寻找规律：中国企业常见管理问题的本质理解与应对思路 [M].北京：机械工业出版社，2013.

[19] 威廉 E 罗思柴尔德.通用电气成功全书 [M].杨斌，译.北京：机械工业出版社，2008.

[20] 郭威.新组织设计：流程与结构 [M].北京：经济管理出版社，2011.

[21] 赫伯特·西蒙.管理行为 [M].詹正茂，译.北京：机械工业出版社，2004.

[22] 弗雷德里克·泰勒.科学管理原理 [M].马风才，译.北京：机械工业出版社，2007.

[23] 丛龙峰.商业理性与组织人性 [J].中国人力资源开发，2013（2）：22-27.

[24] 黄卫伟.以奋斗者为本：华为公司人力资源管理纲要 [M].北京：中信出版社，2014.

[25] 郭威，包政.企业基础管理水平对流程再造成败影响的实证研究 [J].商业时代，2011（9）：89-90.

[26] 包政.管理的本质 [M].北京：机械工业出版社，2018.

[27] 周放生.台塑式管理 [J].商界评论，2010（5）：112-117.

[28] 拉里·博西迪，拉姆·查兰.执行：如何完成任务的学问 [M].刘祥亚，等译.北京：机械工业出版社，2003.

[29] 包政.战略营销管理 [M].北京：中国人民大学出版社，1997.

[30] 艾利·高德拉特，杰夫·科克斯.目标：简单而有效的常识管理 [M].齐若兰，译.北京：电子工业出版社，2006.

[31] 大野耐一.丰田生产方式 [M].谢克俭，李颖秋，译.北京：中国铁道出版社，2016.

[32] 包政.营销的本质 [M].北京：机械工业出版社，2015.

[33] 针木康雄. 丰田英二：实在而执着的经营者 [M]. 应允，译. 北京：新华出版社，1996.

[34] 阿尔文·托夫勒，海蒂·托夫勒. 财富的革命 [M]. 吴文忠，译. 北京：中信出版社，2006.

[35] 迈克尔·哈默，詹姆斯·钱皮. 企业再造：企业革命的宣言书 [M]. 王珊珊，译. 上海：上海译文出版社，2007.

[36] 卡尔·维克. 组织社会心理学 [M]. 高隽，译. 北京：中国人民大学出版社，2009.

[37] 藤本隆宏. 能力构筑竞争 [M]. 许经明，李兆华，译. 北京：中信出版社，2007.

[38] 马克斯 H 博伊索特. 知识资产：在信息经济中赢得竞争优势 [M]. 张群群，陈北，译. 上海：上海人民出版社，2005.

[39] 松井忠三. 解密无印良品 [M]. 吕灵芝，译. 北京：新星出版社，2015.

[40] 理查德 L 达夫特. 组织理论与组织设计精要 [M]. 李维安，等译. 北京：机械工业出版社，2004.

[41] 亨利·法约尔. 工业管理与一般管理 [M]. 迟力耕，张璇，译. 北京：机械工业出版社，2013.

[42] 黄铁鹰. 谁能成为领导羊 [M]. 北京：机械工业出版社，2006.

[43] 吴晓波. 腾讯传 [M]. 杭州：浙江大学出版社，2017.

[44] 康至军，施琦，蒋天伦. 人力资源开发阅读地图：如何让培训更有效 [M]. 南京：江苏人民出版社，2010.

[45] 三矢裕，谷武幸，加护野忠男. 创造高收益的阿米巴模式 [M]. 刘建英，译. 北京：东方出版社，2010.

[46] 小艾尔弗雷德·斯隆. 我在通用汽车的岁月 [M]. 刘昕，译. 北京：华夏出版社，2005.

[47] 包政. 企业的本质 [M]. 北京：机械工业出版社，2018.

[48] 熊彼特. 经济发展理论 [M]. 孔伟艳，朱攀峰，娄季芳，译. 北京：北京出版社，2008.

[49] 金炳完. 李健熙 27 法则：三星快速成长 300 倍的秘密 [M]. 张哲雄，译. 北京：电子工业出版社，2013.

[50] 钟华. 企业 IT 架构转型之道：阿里巴巴中台战略思想与架构实战 [M]. 北

京：机械工业出版社，2017.

[51] 亚德里安·斯莱沃斯基，大卫·莫里森，劳伦斯·艾伯茨，保罗·克利福德. 发现利润区 [M]. 凌晓东，译. 北京：中信出版社，2007.

[52] 谢德荪. 源创新：转型期的中国企业创新之道 [M]. 北京：五洲传播出版社，2012.

[53] 陈威如，余卓轩. 平台战略：正在席卷全球的商业模式革命 [M]. 北京：中信出版社，2013.

[54] 道格拉斯·麦格雷戈. 企业的人性面 [M]. 韩卉，译. 北京：中国人民大学出版社，2008.

[55] 立石泰则. 死于技术：索尼衰亡启示 [M]. 王春燕，译. 北京：中信出版社，2014.

[56] 埃德加 H 沙因. 企业文化与领导 [M]. 朱明伟，罗丽萍，译. 北京：中国友谊出版集团，1989.

[57] 理查德·斯科特，杰拉尔德·戴维斯. 组织理论——理性、自然与开放系统的视角 [M]. 高俊山，译. 北京：中国人民大学出版社，2011.

[58] 加雷斯·摩根. 组织 [M]. 金马，译. 北京：清华大学出版社，2005.

[59] 吉姆·柯林斯. 从优秀到卓越 [M]. 俞利军，译. 北京：中信出版社，2006.

[60] 肖纳 L 布朗，凯瑟琳 M 艾森哈特. 边缘竞争 [M]. 吴溪，译. 北京：机械工业出版社，2001.

[61] 沃伦·本尼斯，罗伯特·托马斯. 极客与怪杰：领导是怎样炼成的 [M]. 杨斌，译. 北京：机械工业出版社，2013.

[62] 丛龙峰. 做面向真实世界的管理学研究 [J]. 管理学报，2017（9）：6-8.

[63] 丛龙峰. 德胜的组织理性建设——如何做到无为而治？ [J]. 中国人力资源开发，2013（10）：20-33.

[64] 丛龙峰. 韩都衣舍：小组制背后的组织能力 [J]. 商业评论，2015（5）：44-59.

[65] 小米生态链谷仓学院. 小米生态链战地笔记 [M]. 北京：中信出版社，2017.

[66] 官同良，王祥伍. 借力咨询：德邦成长背后的秘密 [M]. 北京：中华工商联合出版社，2016.